常见皮肤性病检验与诊疗

CHANGJIAN PIFUXINGBING JIANYAN YU ZHENLIAO

赵小英　贾育蓉　张　斌　编著

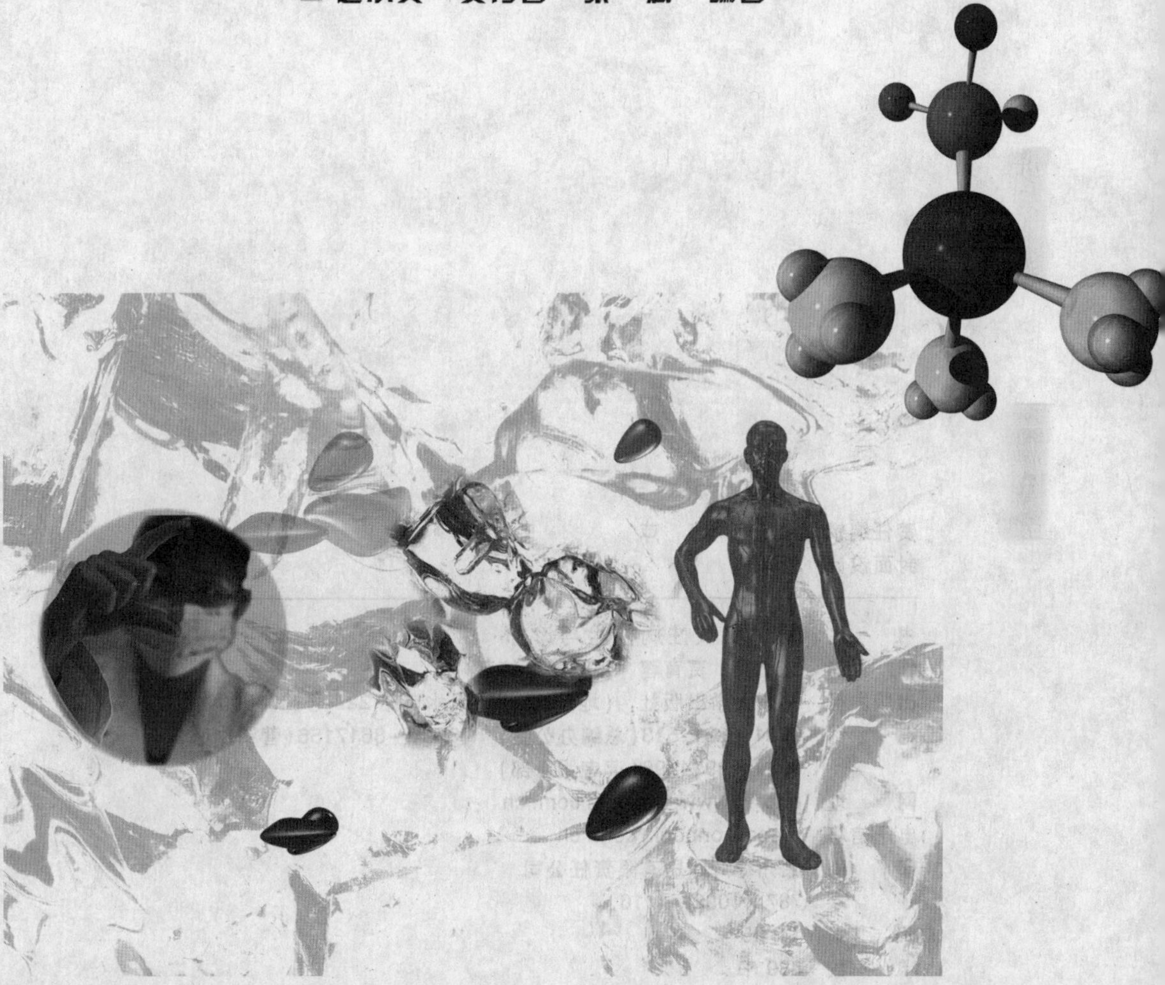

兰州大学出版社

图书在版编目(CIP)数据

常见皮肤性病检验与诊疗/赵小英,贾育蓉,张斌编著. —兰州:兰州大学出版社,2010. 6

ISBN 978-7-311-03572-3

Ⅰ. ①常… Ⅱ. ①赵… ②贾… ③张… Ⅲ. ①皮肤病—诊疗 Ⅳ. ①R751

中国版本图书馆 CIP 数据核字(2010)第 118596 号

责任编辑 佟玉梅 张 萍
封面设计 管军伟

书 名 常见皮肤性病检验与诊疗
作 者 赵小英 贾育蓉 张 斌 编著
出版发行 兰州大学出版社 (地址:兰州市天水南路 222 号 730000)
电 话 0931-8912613(总编办公室) 0931-8617156(营销中心)
0931-8914298(读者服务部)
网 址 http://www.onbook.com.cn
电子信箱 press@onbook.com.cn
印 刷 兰州德辉印刷有限责任公司
开 本 787×1092 1/16
印 张 14.25
字 数 339 千
版 次 2010 年 6 月第 1 版
印 次 2010 年 6 月第 1 次印刷
书 号 ISBN 978-7-311-03572-3
定 价 28.00 元

前　言

皮肤病是指发生于人体皮肤、黏膜及皮肤附属器的疾病。性传播疾病是指通过性接触而传染的疾病。很多皮肤病不仅造成患者机体上的痛苦，而且往往给患者带来思想上的负担和工作上的影响，尤其性病对人类危害极大，已引起我国政府和广大医务工作者以及全社会的广泛重视。

皮肤病和性病的病因复杂，受多方面因素的影响。与先天、遗传、免疫、内分泌、个体素质、宿主的反应状况及年龄、性别、社会经济地位等内外因素都有着密切的关系。有的因素本身不引起疾病或与疾病无关，但对皮肤性病的发生发展有一定影响或成为病情加重的原因。另外，皮肤性病中的一些疾病有时无明显临床症状或症状轻微未引起重视，有些可累及内脏器官，有的皮肤病变是内脏疾病的外在表现，如不早期诊断和治疗则可能导致严重的后果。因此掌握一些皮肤性病相关检验及组织病理知识显得尤为重要。

全书共有22章，每一章节依次分为概述、诊断要点、鉴别诊断、治疗及预防，并重点强调理化检查及皮肤组织病理在皮肤性病诊断中的重要作用。本书第一、三、四、七、九、十二、十三章节由贾育蓉编写；第二、五、六、八、十、十一、十四章节由张斌编写；第十五至二十二章由赵小英编写，其中各章节的检验部分由赵小英指导共同编写。本书内容实用、言简意赅，对常见皮肤性病诊疗方法作了较全面的阐述，适合皮肤科临床医务人员、基层医务人员和相关科室人员参考学习。

随着分子生物学、细胞生物学、免疫学及其相关的诊疗水平的提高，皮肤性病学的发展也是日新月异，尽管编著者在编写过程中已竭尽全力，书中难免存在不少缺点和错误，望广大读者批评指正。

编　者

2010年5月

目 录

第一章　病毒性皮肤病

第一节　单纯疱疹

单纯疱疹(herpes simplex)是由疱疹病毒(HSV)中的人类单纯疱疹病毒引起的感染，该病毒分为两型，即单纯疱疹病毒Ⅰ型(HSV-Ⅰ)和单纯疱疹病毒Ⅱ型(HSV-Ⅱ)。HSV-Ⅰ型病毒感染后常引起生殖器以外的皮肤、黏膜(口腔黏膜)和器官(脑)的感染，如疱疹性口炎、疱疹性角膜炎、疱疹性湿疹、疱疹性甲沟炎等。常反复发作，易在发热、劳累、月经期等机体抵抗力低下的情况下复发。妊娠期妇女感染后，病毒可经胎盘侵犯胎儿，诱发流产、早产、死胎、先天性畸形(如小头、小眼、发育迟缓和智力低下)。HSV-Ⅱ型主要引起生殖器部位皮肤黏膜感染。病毒经呼吸道、口腔、生殖器黏膜以及破损皮肤进入体内，潜居于人体正常黏膜、血液、唾液及感觉神经节细胞内。当机体抵抗力下降时，如发热、胃肠功能紊乱、月经、妊娠、病灶感染和情绪改变时，体内潜伏的HSV被激活而发病，并且此病毒感染与唇癌、宫颈癌、阴茎癌及前列腺癌的发生密切相关，故应引起重视。

人是单纯疱疹病毒唯一的自然宿主，此病毒存在于病人、恢复者或者是健康带菌者的水疱疱液、唾液及粪便中，传播方式主要是直接接触传染，亦可通过被唾液污染的餐具而间接传染。

【诊断要点】

一、临床特点

本病分为原发性和继发性感染，临床表现为：

1.原发性单纯疱疹感染主要为婴幼儿的疱疹性龈口炎或女婴阴道炎。损害为孤立性小水疱，破溃后形成糜烂或浅溃疡。

2.继发性感染由HSV-Ⅰ型病毒引起的，皮损好发于口唇、眼睑、鼻周；由HSV-Ⅱ型病毒引起的，皮损常见于生殖器、阴茎、阴唇和臀部。

3.典型损害为红斑基础上簇集分布的粟粒至绿豆大水疱，薄壁，内容澄清，破溃后结痂，愈后可遗留暂时性色素沉着。

4.自觉症状轻微、微痒或灼热感。一般无明显全身症状。

5.本病有自限性，一般1~2周可自愈。

6.皮疹易在同一部位复发，又称复发性单纯疱疹。

二、实验室检查

对非典型皮疹，特殊类型和内脏感染时需作实验室检查判断，病毒分离阳性即可明确诊断，此法为HSV诊断的金标准，但病毒培养与接种要求条件较高。用免疫组化法和血清特异性抗体检测可区别HSV-Ⅰ和HSV-Ⅱ。

1.细胞学检查：

(1)疱液涂片检查。取疱疹疱液涂片，用Giemsa染色可见气球变性细胞，细胞核中有包涵体。

(2)疱疹刮取物涂片镜检。可见多核巨细胞和核内嗜酸性包涵体。涂片镜检阳性率约为50%，阳性结果可初步判定为疱疹病毒感染，但不能鉴别是哪种病毒感染。

2.病毒学检查：皮损处采样或血液、脑脊液、唾液等标本接种细胞培养基进行体外培养，作进一步检查，复发性疱疹早期疱液培养阳性率为80%~90%，发病48 h后疱液病毒培养的假阴性率升高。

3.免疫荧光检查：疱疹刮取物涂片进行直接荧光抗体检查，敏感性较高且迅速，只适用于早期损害。

4.血清抗体测定：对原发性单纯疱疹患者，测定血清中的抗体有助于诊断。常用方法有酶联免疫吸附试验(ELISA)或免疫印迹法(WB)检查血清中的HSV特异性体，可区别HSV-Ⅰ和HSV-Ⅱ感染。

5.免疫组织化学检查：固定的标本作免疫组织化学染色，可区别HSV-Ⅰ和HSV-Ⅱ感染。

6.PCR检查法：此法检查特异性HSV核酸片段，灵敏度很高，但易出现假阳性反应。

7.脑脊液检查：对疱疹性脑膜炎，CSF的典型改变是淋巴细胞增多，糖含量比血糖高50%，利用免疫印迹法检测脑脊液的HSV-IgG抗体可能是较好的辅助诊断方法；对脊髓神经根病变者，CSF中的白细胞增多甚至脓性，蛋白增加，糖含量下降。肌电图示神经传导减缓及纤维颤动，本病是女性原发性感染的主要并发症。

8.组织病理：表皮内水疱，起初为网状变性形成的多房性水疱，以后聚合为单房性水疱，水疱周围可见气球变性细胞，核内可见嗜酸性包涵体。真皮乳头层水肿有炎性细胞浸润。

根据簇集性水疱好发于皮肤、黏膜交界处及易复发等特点，一般可作出诊断。

皮肤处刮片作细胞学检查，如见到多核巨细胞和核内嗜酸性包涵体，或用PCR检测疱液中HSV-DNA有助于本病的诊断；病毒培养鉴定是确诊HSV感染的金标准；血清HSV-IgM型抗体检测有辅助诊断价值，尤其是被HSV感染的新生儿，而IgG型抗体对诊断价值不大，可用于流行病学调查。

【鉴别诊断】

1.带状疱疹：发病前一侧牵扯性神经痛，一般较严重，有多处群集性水疱性斑片，沿神经分布排列呈带状，病程2周左右，可获终身免疫，一般不易复发。

2.接触性皮炎：有明显接触史，局部水疱较大，正常皮肤无触痛。

3.丹毒：面部单纯疱疹有时要与面部丹毒鉴别，丹毒主要表现为局部红、肿、热、痛，压痛明显，血象检查白细胞及中性粒细胞升高。

4.口角炎：红斑、脱屑、细小皲裂，无水疱，两侧口角均发，多见于儿童和青少年。

【治疗】

一、局部治疗

1. 3%硼酸溶液或生理盐水：用于水疱或局部红肿明显者，湿敷至损害消退。

2.莫匹罗星软膏：用于溃破者，外涂患处，一日2次。

3. 3%阿昔洛韦软膏：局部涂敷，一日数次。

4. 0.5%新霉素软膏：局部涂擦。

二、全身治疗

1.丙种球蛋白，每次3 mL，肌肉注射，隔日1次，共3~4次。

2.西咪替丁：每次口服0.2 g，一日3~4次，连用5 d。

3.口服维生素C、维生素B_2或复合维生素B。

4.阿昔洛韦：每次口服0.2 g，一日5次。严重病例可静脉注射给药，将阿昔洛韦0.2~0.3 g加入5%葡萄糖注射液中静脉滴注，一日2~3次，连用5 d。

5.继发感染者用抗菌素(青霉素，头孢类抗生素)。

【预防】

原发性单纯疱疹感染均因接触了单纯疱疹患者引起。单纯疱疹病毒可经口、呼吸道传播，也可通过皮肤、黏膜、眼角膜等疱疹病灶处传染。单纯疱疹病毒的活动感染患者与无症状的排毒者，他们的唾液、粪便中皆有病毒存在，故本病患者应避免接触其他儿童与幼婴。复发性单纯疱疹感染的发生是由于体内潜伏的单纯疱疹病毒被激活以后引起的，目前尚无理想的预防复发的方法，主要应消除诱使复发的刺激因素。

单纯疱疹的病程一般为1周，即使不治疗，只要没有继发细菌感染，1周以后也会痊愈。但此病极易复发，重症可引起邻近淋巴结肿大。

第二节 带状疱疹

带状疱疹(herpes zoster)由水痘—带状疱疹病毒引起。本病仅发生于过去有水痘病史的人。初次感染表现为水痘，常见于儿童及中老年人，发病儿童在水痘病愈后，病毒可长期潜伏在脊髓后根神经节中，当机体抵抗力下降，免疫功能减弱或一些诱发因素，如寒冷、热、压迫、X线照射和白血病等的作用下，水痘—带状疱疹病毒可再度活动，生长繁殖，沿周围神经而波及皮肤，出现皮疹，即带状疱疹。患带状疱疹后患者一般可获得对该病毒的终生免疫。

【诊断要点】

一、临床特点

1.皮疹特点：基本损害为不规则的片状红斑，继之出现群集的水疱，粟粒至绿豆大小，有的中央可有脐窝，水疱在红斑的基础上出现，排列成带状。疱内容物清亮，严重时可呈血性，水疱彼此融合，可发生坏死溃疡。皮疹的单侧分布为该病的一大特点，可见数堆水疱沿周围神经支配的皮肤节段呈带状分布。

2.神经痛为本病又一特征,可在发疹前或伴随皮损发生。往往年龄愈大疼痛愈为显著,有时疼痛可剧烈难忍。疼痛发生在皮疹出现前,表现为患处皮肤感觉过敏,轻触之就诱发疼痛。疼痛也常持续至皮疹完全消退后,有时可持续数月之久。

3.本病有自限性,病程一般为半个月左右。水疱可自行干瘪、结痂,愈后遗留少许色素沉着,除非发生坏死溃疡,一般不留瘢痕。愈后获终身免疫,一般不易复发,免疫力低下者例外。

4.好发于春、秋两季,患者以中老年居多,也好发于长期服用类固醇皮质激素或免疫抑制剂者。常发于肋间神经及三叉神经可支配的皮肤区域。

5.几个发生在特殊部位的带状疱疹:

(1)发生在三叉神经眼支支配区域的带状疱疹:单侧面的额部、头皮红斑水疱,眼周可明显肿胀。结膜潮红充血,在结膜乃至角膜上出现水疱,可发生溃疡性角膜炎,愈后形成角膜云翳而影响视力,严重时可致失明。疼痛比较剧烈。

(2)耳带状疱疹:由于病毒侵犯面神经及听神经所致,表现为患侧面瘫,耳鸣、耳聋等听觉症状,在外耳道及鼓膜上有疱疹。

(3)内脏带状疱疹:病毒由脊髓后根神经节侵及交感神经及副交感神经的内脏神经纤维,引起胃肠道及泌尿道症状,也可发生节段性胃肠炎及单侧件膀胱黏膜溃疡。当侵犯腹膜、胸膜时,则可在这些部位发生刺激甚至积液等症状。

(4)带状疱疹性脑膜炎:病毒从脊髓神经节后根向上侵及中枢神经系统,表现为头痛、呕吐、惊厥或其他进行性感觉障碍,尚可有共济失调及其他小脑症状等。

(5)泛发性带状疱疹:多见于免疫功能低下的人,如患有HIV感染、恶性肿瘤(特别是淋巴瘤)或服用免疫抑制剂的人,病毒通过血行播散,全身泛发水痘样皮疹,伴高热,肺、脑等全身中毒症状,病情严重,可导致死亡。

(6)坏疽性带状疱疹:多见于老年人或营养不良的患者,水疱中心出现坏死,愈后留有瘢痕。

二、实验室检查

在临床上不作为常规检查,一般用于非典型带状疱疹的诊断。

1.组织培养:可发现带状疱疹病毒。

2.细胞学检查:疱液涂片可见多核气球状细胞。

3.免疫荧光检查:可见血清中有特异性的抗体,水疱中含有补体结合抗原。

4.血清C_3a,C_4a含量升高,血清C_3a,C_4a含量与带状疱疹的严重程度呈一定正相关。

5.组织病理:显示表皮中有网状变性水疱,水疱边缘部可见多核巨细胞,空腔中可见气球样细胞,偶可在核内找到嗜酸性包涵体。

【鉴别诊断】

1.单纯疱疹:好发于皮肤与黏膜交界处,分布无一定规律,水疱较小,易破,疼痛不显著。常易复发。

2.接触性皮炎:有接触史,皮疹与神经分布无关。自觉烧灼、剧痛,无神经痛。

【治疗】

以抗病毒消炎、止痛和局部对症治疗为主。

一、全身疗法

1.抗病毒药物：阿昔洛韦（无环鸟苷）口服或静脉滴注；阿糖胞苷，静脉滴注；聚肌胞每次2 mg，1周2~3次，肌肉注射。

2.止痛剂：可选用消炎痛、卡马西平、甲氰咪胍等，亦可选用中成药七叶莲片（野木瓜），严重的尚可作普鲁卡因局部封闭，维生素B_1、B_{12}等亦可酌情应用。

3.免疫调节剂：转移因子、α-干扰素、胸腺肽或丙种球蛋白等可酌情选用，以减轻症状，缩短疗程。

4.皮质激素：对老年和眼受累患者，早期给予中等剂量的强的松20~40 mg/d，有缩短病程、缓解神经痛的作用。

5.针刺：发于上肢及胸部者取合谷、曲池，发于下肢者取阳陵泉、足三里、三阴交，亦可用耳针，均具止痛效果。

二、局部疗法

以干燥消炎为主，若疱疹未破时可外涂硫黄炉甘石洗剂或无环鸟苷霜，一日2~3次；若疱疹已破溃，需酌情以3%硼酸液湿敷或外涂莫匹罗星软膏、0.5%新霉素软膏等，一日2~3次；若疱疹性角膜结膜炎，可用0.1%疱疹净或病毒唑、无环鸟苷及干扰素等滴眼液滴眼。

三、物理疗效

氦氖激光照射，紫外线照射及频谱电疗等均有一定的消炎、止痛效果。

第三节 水 痘

水痘（varicella）是由水痘—带状疱疹病毒引起的感染，传染性强。主要好发于儿童，一般感染后可获终身免疫，但病毒可潜伏于脊髓后根神经节内，待机体抵抗力低下时，可引起神经皮肤再感染，表现为带状疱疹。水痘—带状疱疹病毒感染后，大约经2周潜伏期后全身皮肤出现斑丘疹、水疱疹，可发展为脓疱疹。皮疹向心性分布，躯干皮疹多于面部、四肢。一般水痘呈自限性和良性经过，但成年人首次感染水痘—带状疱疹病毒者，常发生病毒性肺炎，一般病情较重，病死率亦高。孕妇患水痘的表现亦较严重，并可引起胎儿畸形、流产或死产。在细胞免疫缺陷和机体抵抗力低下时可引起特殊类型的水痘及播散性水痘。

【诊断要点】

一、临床特点

1.冬、春季发病为主，好发于1~10岁的儿童。潜伏期2周左右，起病较急，可有发热、头痛、全身倦怠等前驱症状。儿童较轻微，发热一般在39 ℃以下，在发病24 h内出现皮疹，皮疹先发于躯干，逐渐波及头面部及四肢，呈向心性分布。

2.皮损特征为同时存在有丘疹、水疱、结痂性损害，皮疹绿豆大小，周围绕有红晕，疱液清，疱壁薄，易破，常有瘙痒。经2~3 d水疱干瘪结痂，痂脱落一般不留瘢痕，但在继发细菌感染时愈后可留有瘢痕。

3.自觉症状微痒，黏膜可发疹。口腔、咽部、眼结膜、外阴、肛门等处黏膜亦常受累。早期为红色小丘疹，迅速变成水疱，破溃形成浅表性溃疡，有疼痛。

4.本病多为自限，一般病程为2~3周。

二、实验室检查

在皮损不典型时，可根据实验室检查来作出综合判断。

1.疱疹刮片：刮取新发水疱基底组织涂片，作Giemsa染色可见多核巨细胞及核内包涵体，此法不能区别疱疹病毒类型，可通过特异性荧光标记抗体进行鉴别。

2.病毒分离：对缺乏皮疹的脑炎或肺炎患者，可采集脑脊液、痰液或其他标本接种到人胚肺成纤细胞进行培养，以分离病毒。

3.电镜检查：直接检查疱液中的病毒可初步诊断，但不能区别疱疹病毒类型。

4.血清学检查：可用酶联免疫吸附试验（ELISA）和直接免疫荧光法或凝集试验查疱液中的抗原，也可检查血清中的水痘—带状疱疹病毒抗体。病程中抗体效价升高4倍以上具有诊断意义。

5.病毒DNA检查：应用PCR等检测病毒DNA。

6.组织病理：表皮深部多房性水疱，有气球状变性，水疱内表皮细胞或变性细胞核中可见到嗜酸性核内包涵体。真皮乳头肿胀，毛细血管扩张，血管、毛囊及神经周围有多形核白细胞、淋巴细胞或浆细胞浸润。

【鉴别诊断】

1.丘疹性荨麻疹：突然发生的绿豆至花生米大小红色风团样或丘疹样损害。顶端有水疱，皮损可数个成片状分布，剧痒。患者无前驱症状，口腔内无损害，头皮上无损害。

2.带状疱疹：疱疹呈带状排列，沿身体一侧的皮肤周围神经分布，有局部疼痛。

3.脓疱疮：本病好发于鼻周围和四肢暴露部位，起初为水疱，易形成脓疱和黄色厚痂，经挠抓而播散，全身症状不明显。

4.其他病毒感染：单纯疱疹病毒感染下也可引起水痘样皮损，这类播散性的单纯疱疹病毒感染常继发于异位皮炎或湿疹等皮肤病，确诊需依赖病毒分离结果。近年来发现肠道病毒，尤其是柯萨奇病毒A组可引起广泛的水痘样皮疹，通常发生于肠道病毒高发的夏末和初秋时，常伴有咽部、手掌和足底部皮损，这一点有助于水痘与肠道病毒感染的鉴别。

【治疗】

一、全身疗法

水痘为良性自限性疾病，患病后应隔离患儿，注意护理，预防并发症，发热可卧床休息，口服抗组胺药可控制剧烈瘙痒，有高热者可酌情给予退热剂。病情严重且有并发症者以及2~12岁的儿童患者，早期服用阿昔洛韦20 mg/(kg·d)，可减轻病情，促使皮疹很快结痂，缩短病程。青少年患者可口服阿昔洛韦，每日5次，每次800 mg，5~7 d；伐昔洛韦（万乃洛韦），每日2次，每次300 mg，7 d；喷昔洛韦，每日3次，每次50 mg，7 d。对阿昔洛韦耐药者可用膦甲酸

400 mg/(kg·d)，静脉滴注，每日3次，直至治愈。对重症大疱型出血型、坏疽型新生儿水痘，亦可早期静脉滴注阿昔洛韦（无环鸟苷）、阿糖腺苷、干扰素等。

二、局部疗法

局部外用1%含酚炉甘石洗剂、0.5%酞丁安（酞丁胺）搽剂、1%喷昔洛韦霜，有继发感染者外用莫匹罗星（百多邦）软膏。水痘性角膜炎可用0.1%碘苷（疱疹净）眼药水或利巴韦林（病毒唑）眼药水点眼。

【预防】

患者应呼吸道隔离至全部疱疹干燥结痂为止。在集体机构中，对接触病人的易感者应留验3周（可自接触后第11天起观察）。被病人呼吸道分泌物或皮疹内容物污染的空气、被服和用具，应利用通风、紫外线照射、曝晒、煮沸等方法消毒。国外有报道对免疫缺陷、患水痘的孕妇和新生儿可应用水痘特异性免疫球蛋白（VZIG）预防。胎盘球蛋白或水痘痊愈期血清（水痘消失1个月内收集）仅限于体弱者或原有慢性疾病者应用，胎盘球蛋白效果不肯定。

因一般水痘症状较轻，过去认为不太需要水痘—带状疱疹病毒疫苗预防。后来发现白血病患者易死于水痘并发症，因此，为白血病患者使用水痘—带状疱疹病毒疫苗可取得较满意的效果。近年由于并发甲组链球菌感染使水痘患儿的病情危重，病死率高，因此，美国已于1995年实行对没有患过水痘的婴儿、儿童、少年和成人必须接受水痘—带状疱疹病毒疫苗来预防水痘的措施。

第四节　Kaposi水痘样疹

Kaposi水痘样疹（Kaposi's Varieclliform eruption）是指在原有的皮肤病（多为遗传过敏性皮炎或湿疹）基础上感染单纯疱疹病毒或牛痘病毒而发生的一种皮肤病，又称为疱疹样湿疹、种痘性湿疹及柯萨奇湿疹等，主要表现为原有炎症性皮肤病的基础上突然发生多数脐窝状水疱和脓疱。

【诊断要点】

一、临床特点

1.好发于5岁以下患湿疹的婴幼儿，多有种痘或接触单纯疱疹感染者史。此病潜伏期1~2周。

2.皮损为在原有皮损上突然发生的多数密集扁平水疱，很快变为脓疱，疱中央有脐凹，周围有红晕，约1~2周后干燥结痂。

3.患儿可伴有高热、食欲下降等全身症状，伴局部淋巴结肿大。

4.大多数患儿预后良好，极少数可并发脑炎及内脏损害。

二、实验室检查

1.血常规检查：发病早期白细胞总数升高，发疹后则减少，而淋巴细胞相对增多。

2.Tzank细胞学检查：疱底涂片可见有巨细胞。

3.组织病理：表皮内或表皮下可见水疱或脓疱，并有明显的网状和气球状变性，有的可见多核的上皮细胞，真皮有大量炎性细胞浸润，其中以中性粒细胞较多。

【鉴别诊断】

根据有单纯疱疹接触史和在原有炎症皮肤上出现多个脐窝状水疱和脓疱等临床特点，伴全身症状即可诊断。

1.牛痘性湿疹：本病有种痘或接触痘疮史，组织病理检查，基底层细胞原浆内有牛痘病毒包涵体。

2.水痘：水痘发疹前全身症状轻微，无原发湿疹等皮疹，皮疹散发于全身。

3.脓疱疮：脓疱疮无原发湿疹，特征为浅表脓疱，易破溃形成蜜黄色脓痂，无脐凹状，无明显全身症状。

【防治】

1.对患有湿疹或遗传过敏性皮炎的患儿应避免种痘，防止与单纯疱疹患者接触。

2.加强护理，支持疗法，对症处理。

3.损害广泛者可用丙种球蛋白或胎盘球蛋白，3~6 mL/d，每日1次或隔日1次。

4.有细菌感染者可用抗生素。

5.局部以抗炎、收敛、防止继发感染为原则，可用3%硼酸、0.1%雷夫奴尔或0.05%呋喃西林、1:2 000黄连素溶液湿敷，外用抗菌素软膏。

第五节　传染性软疣

传染性软疣(molluscum contagiosum)是由传染性软疣病毒所致的表皮增生性传染性皮肤病。该病毒属于痘类病毒，好发于儿童和青年人，常通过直接接触和污染的用具(如浴巾)传染。近年来发病有增多趋势，主要表现为单个或多个半球形蜡样光泽的丘疹，顶端脐凹状，可挤出白色乳酪样的软疣小体。有人认为有家族性遗传过敏体质的人对此病毒比较敏感，易于泛发。在免疫功能低下或使用了免疫抑制剂及皮质类固醇时，皮疹可泛发。

【诊断要点】

一、临床特点

1.好发于儿童及青年女性皮肤柔嫩者。

2.潜伏期2~3周。

3.典型损害为米粒至豌豆大小的半球形丘疹，表面呈蜡样光泽，呈灰白或珍珠色，继发感染也可发红。中心有脐凹，质地由坚韧渐变软，从顶端挑破可挤出白色乳酪状物又称“软疣小体”，这是本病的特征性损害。

4.皮损可发生于全身各个部位。儿童及非性接触感染的成人以面部、颈部、躯干、四肢多见，经性接触传染者好发于下腹部、耻骨、腹股沟、生殖器及大腿内侧，同性恋者好发于肛周，无明显自觉症状或微痒。

5.病程缓慢，一般经过6~9个月即可消退，也可持续3~4年，甚至个别皮损可持续5年以上。病程与数目无关,愈后不留瘢痕。

二、实验室检查

1.组织病理:以表皮病变为主,表现为高度增生,皮突延伸入真皮,真皮结缔组织受压形成假包膜并分为多个梨状小叶。表皮基底细胞胞浆内有均质性圆形或椭圆形、折光性强的病毒包涵体,下方为嗜酸性,逐渐向上为嗜碱性,最后可突破角质层使表面呈火山口状。

2.细胞学检查:皮损刮片显示胞质内有包涵体。

3.免疫荧光抗体:可检测软疣病毒抗原血清,抗体检查还没有公认标准。

4.电镜检查:感染的表皮细胞质内有大量病毒颗粒。

【鉴别诊断】

对于单发的较大的或合并感染的软疣要注意与角化棘皮瘤、化脓性肉芽肿等鉴别,并结合病理检查作出诊断。

【治疗】

一、外治法

1.消毒皮肤后,用消毒镊夹住疣体,将内部软疣小体全部挤出,用2.5%碘酊充分涂抹,压迫止血。

2. 用0.1%维甲酸酒精、3%酞丁胺霜外涂。

3.万灵丹腐蚀剂:樟丹1.5 g,水杨酸25 g,普鲁卡因1 g,白糖1.5 g,95%酒精调成糊状,贴敷疣体。

4.鸦蛋子仁捣烂贴患处,每日换药1次,一般2~3次即可治愈;或用鸦蛋子油(鸦蛋子1份,花生油浸泡半月)点涂患处。

5.烧碱加生石灰等量,用2%普鲁卡因溶液调成糊状,外敷疣体,当局部有灼热感时,停止敷药。

6.复方水杨酸火棉胶(水杨酸、乳酸各30 g,弹性火棉100 g),将患处用温水泡5 min,待擦干后,直接用本品涂抹疣体,每日1次。本品为较好的角质溶解剂,为易燃物,应注意保存。

二、注射疗法

1.可用2.5%碘酊0.1~0.2 mL;或用18%盐水酌加2%普鲁卡因溶液,每次0.5~1 mL,注射于疣体基底部,1周左右疣体干燥脱落。

2.干扰素0.5~1 mL,疣体注射,每周1次;也可用干扰素溶液局部喷洒。

三、内治法

1.病毒灵0.1 g,每日3次,口服;乌洛托品0.3~0.6 g,每日3次,口服。

2.用10%水杨酸铋油2 mL,肌肉注射;1%酒石酸锑钾3~5 mL,静脉滴注,每周2次;干扰素2~5 mL,肌肉注射,每周1次。

四、其他疗法

可酌情选用冷冻、电灼、激光等方法。

【预防】

对传染性软疣及时有效的治疗在预防自身接种和相互传染方面是有益处的，同时要隔离患者，其内衣和毛巾应充分消毒。有报告对于免疫力正常的个体，传染性软疣是一种自限性疾病，典型的单个症状多在2个月内消退，如果不治疗整个病程通常可持续6~9个月，也有持续数年者。治疗传染性软疣既方便又有效的方法主要是外科治疗或外用尖锐湿疣药物疗法。

第六节 疣

疣(warts)是由人类乳头瘤病毒(HPV)感染所引起的皮肤疾病。不同的HPV可引起不同的疾病，在临床上主要有寻常疣、跖疣(HPV—1,2,4)、扁平疣、疣状表皮发育不良(HPV—3,5)以及尖锐湿疣。人是HPV的唯一宿主，主要通过直接接触传染，外伤常为重要因素。疣的发生与机体免疫状态有重要关系，特别是细胞免疫防御机制能起主要作用。

【诊断要点】

一、临床特点

(一)寻常疣(verruca vulgaris)

1.好发于儿童和青年。初起为小丘疹，渐增大呈黄豆大或更大，表面角化粗糙、坚硬，呈灰黄、污黄或污褐色。

2.皮损好发于手背、手指及足缘等处，亦可发生于身体其他部位，发生于甲周者称甲周疣，发生于甲床者称甲下疣，发生于足底的寻常疣称为跖疣。有时皮损呈细长丝状突起称为丝状疣，有时为一簇集多个参差不齐的指状突起，称指状疣。

3.皮损初起为针尖大小圆形或多角形的丘疹，逐渐发展为黄豆大或更大，呈皮色、灰色或污黄色，表面粗糙，角化明显，坚硬，可继续发展呈乳头样增殖。摩擦、碰撞容易出血。疣的数目不定，可有一个或多个，散在分布。甲周疣或甲下疣向下蔓延使甲掀起，破坏甲的生长，易使甲碎裂、疼痛及继发感染。

4.无自觉症状，病程慢，可在2年内自然消退。

(二)跖疣

跖疣(verruca plantaris)是发生在足底部的寻常疣，因该部位角质层较厚，受到挤压，故临床表现不同于寻常疣。

1.初为细小发亮丘疹，逐渐增至绿豆大小，表面角化粗糙，灰黄或污灰色，周围境界清楚，绕以增厚的角质环，如用小刀将表面角质刮去，表面可见出血点。有时疣表面有微量血液外渗，凝固后呈小黑点，为其特征。

2.有时损害可互相融合为一角质片块，又称镶嵌疣(mosaicwarts)。

3.好发于足跟、跖骨头或趾间受压处，偶尔也可发生于手掌，称掌疣。

4.损害常伴触疼。

(三)扁平疣(verruca planae)

好发于青少年,故又称青年扁平疣。

1.好发于青少年颜面、手背、颈、胸及前臂等处,起病较突然。

2.损害为正常皮色,为淡红或淡褐色扁平丘疹,米粒大到绿豆大,圆形或多角形,表面光滑,境界清楚。

3.皮疹数目较多,常散在或密集分布,可见由于搔抓后的自体接种现象—皮疹沿抓痕处呈串珠状排列。

4.一般无自觉症状,病程呈慢性,可自行消退,消退前瘙痒明显,愈后不留痕迹。

二、实验室检查

(一)寻常疣

1.组织病理:表皮角化过度,颗粒层和棘层肥厚,呈乳头瘤样增生,颗粒层及棘层上部可见到HPV感染细胞,即空泡细胞,表现为核皱缩,周边绕以空泡和粗糙透明胶质颗粒。表皮突延长,朝向皮损中心排列。真皮乳头毛细血管扩张、扭曲。

2.电镜检查:可观察到特征性病毒颗粒,但阳性率不高。

3.HPV-DNA检测:常用PCR和核酸杂交法,可对HPV分型。

4.血清学检查:目前不能用血清学方法对HPV进行确诊及分型。

组织病理检查和HPV-DNA检测可明确诊断。

(二)跖疣

1.组织病理:病理改变与寻常疣基本相同,但整个损害陷入真皮,角质层更厚,有广泛的角化不全。空泡化细胞及炎症浸润更明显。

2.电镜检查:同寻常疣。

3.HPV-DNA检测:同寻常疣。

4.血清学检查:同寻常疣。

(三)扁平疣

1.组织病理:表现与寻常疣相似,表皮角化过度,角质层呈网篮状,颗粒层和棘层肥厚,其上部可见多数空泡化细胞,角质层呈网篮状,基底层内含大量黑素。

2.电镜检查:同寻常疣。

3.HPV-DNA检测:同寻常疣。

4.血清学检查:同寻常疣。

【鉴别诊断】

(一)寻常疣

1.疣状痣:本病多幼年发病,为密集的淡褐色至褐黑色丘疹,常排列成线状,表面粗糙,呈疣状增生。无自觉症状。

2.疣状皮肤结核:本病为不规则的疣状斑块,周围有暗红色浸润带,上覆痂壳和鳞屑。组织病理有特异性结核肉芽肿。

(二)跖疣

跖疣应与鸡眼、胼胝相鉴别。

1.鸡眼:好发于经常摩擦及受压部位,如足底,趾间。损害为圆锥形角质增生,其扁平基底向外略高于皮面，尖端向内压于真皮乳头上，产生明显压痛。经常摩擦受压，穿鞋不适、长期步行或足畸形常为诱发因素。

2.胼胝：为局限性表皮角质增厚，边缘不清楚，表面光滑，触之坚实。无主观感觉，主要发生于掌、跖突出部位。

(三)扁平疣

1.汗管瘤：本病主要发生于眼睑周围，其他部位如胸、面颊、腋窝、腹部及外阴较少。为皮色、淡黄色至棕褐色的小丘疹，表面有蜡样光泽的半球丘疹，1~2 mm直径大小，数个至百个以上，常密集而不融合。慢性病程很少自行消退。常无自觉症状。

2.毛发上皮瘤：本病好发于面部的鼻唇沟。多发、对称、正常肤色的半球形或圆锥形小结节或丘疹，有时有透明感，有时可有毛细血管扩张，个别损害可融合成较大结节。开始见于儿童或青年，有家族发病倾向。皮疹持续存在无变化，可慢慢发生新疹。

【治疗】

数目少时首选冷冻或激光，数目多时可内服用药，用免疫调节剂治疗。

一、局部治疗

(一)寻常疣

1.液氮冷冻治疗：此方法最常用，简便有效，适用于皮损较小、数目少时。用消毒棉签蘸液氮后直接压迫皮损处，每次20~30 s，重复2~3次，待其结痂脱落，如基底仍未脱掉则可再次冷冻。注意冷冻后局部可出现水疱，应防止继发感染。

2.激光：局麻后用CO_2激光将疣体烧灼硬化，输出功率5~7 W，时间为0.5~2 min。烧灼后可配合手术将碳化部分疣体切除，基底部再进行浅烧灼一次，止血包扎。

3.对于基底部较小的疣，如丝状疣，可用刮匙直接刮除后加压止血。

4.其他局部外用药物，如10%福尔马林溶液、10%水杨酸软膏、水晶膏等，此类药物有一定腐蚀性，注意勿伤及正常皮肤，也勿过量。

(二)跖疣

1.数目少时也可采用冷冻、激光疗法，治疗同寻常疣。

2.还可采用手术挖除法。

3.针刺疗法：用针灸针消毒后在损害局部刺入一定深度，不时捻针，并保留十余分钟。

4.放射治疗：采用接触治疗的方法治疗单发灶，每次5 Gy，每周2次，总量可达30 Gy。对于多发损害可选表层治疗，剂量应适当减少。

5.局部外用：氟尿嘧啶(5-Fu)软膏或10%福尔马林液。

(三)扁平疣

1. 5%氟尿嘧啶(5-Fu)霜、3%肽丁胺霜等点涂疣面。

2. 0.1%维甲酸霜局部外用。

3.木贼、香附、板蓝根、山豆根各30 g，煎水后趁热洗患处部，或用上述成分制成粉末敷于患处，每日1次。

4.对于数量较少的皮损，可选用液氮冷冻、电灼或激光治疗。

二、全身治疗

疗效常不肯定,对于严重多发病例可作为辅助疗法。

(一)寻常疣

1.左旋咪唑每日用150 mg,分3次,口服,服3 d停11 d,连用3个月。

2.板蓝根或柴胡注射液2 mL,肌肉注射,每日1次,10~20次为一疗程。

(二)跖疣

同寻常疣。

(三)扁平疣

1.左旋咪唑50~150 mg/d,分次口服,服3 d停11 d,6周为一疗程。

2.乌洛托品每次0.3~0.6 g,每日3次。

3.氧化镁每次0.5~1.0 g,每日3次。

4.聚肌胞每次2 mg,肌肉注射,每周2次,4周为一疗程。

5.转移因子每次2 mg,皮下注射,每周2次,3周为一疗程。

6.内服生薏仁30 g/d,水煎服;或服祛疣散(板蓝根、玄明粉、当归、莪术各等份研末),每次3~6 g,每日3次。

第七节 疣状表皮发育不良

疣状表皮发育不良(epidermodysplasia verruciformis)的特点是全身泛发性扁平疣样损害。系HPV-5、HPV-8、HPV-9、HPV-10、HPV-12、HPV-15型病毒引起,又称泛发性疣病,本病多幼年发病,并有家族遗传史。本病常伴掌跖角化、指甲改变、智力发育迟缓,其中由HPV-5型所致的皮损会恶变,也有的学者认为本病与先天性细胞免疫缺陷有关,是一种癌前期病变。

皮损为米粒大至黄豆大的扁平疣状丘疹,圆形或多角形,暗红、褐红或紫红色。发生于面、颈、手背者皮损似扁平疣,发生于躯干、四肢者皮损似寻常疣。临床上皮损可分为3型:

1.扁平型:较多见,皮损广泛发生,颜色较深。

2.花斑癣型:为色素稍淡的扁平丘疹,皮损几乎不高起。

3.点状瘢痕型:较少见,皮损轻度凹陷,角化轻微。

【诊断要点】

一、临床特点

1.多数为幼年发病,但亦可初发于任何年龄。

2.病程长,可持续终生不退,约20%病人皮损经过10~30年的潜伏期发生癌变,多发生于暴露部位。最初为Bowen样表现,后发展为鳞癌。

3.皮损呈米粒到黄豆大扁平疣状丘疹,暗红、紫红或褐色。

4.好发于面、颈、手背及前臂,数目众多,广泛对称分布,严重者可泛发全身。

5.由HPV-5型引起的皮损可见大片鲜红色或红棕色斑块及脱色斑，常伴掌跖角化、指甲改变、雀斑样痣及智力发育迟缓。

6.皮损有时自觉瘙痒。

二、实验室检查

1.组织病理：表皮角化亢进，棘层肥厚，棘层和颗粒层空泡形成，角质层松解呈网状表现，其上部及颗粒层内可见三五成群的病变细胞，胞体大，胞浆蓝染，有的可呈泡沫状，核大圆。这些细胞间无细胞间桥。在癌前期病变中，其表现类似光化性角化病改变。出现不典型及角化不良细胞。

2.HPV-DNA检测：常用PCR和核酸杂交法，可对HPV分型。

【鉴别诊断】

1.疣状肢端角化症：皮疹好发于手足背面、膝、肘等处，为疣状扁平丘疹。组织病理为表皮上部细胞无空泡形成。

2.扁平苔藓：皮疹为紫红色丘疹，剧痒，常有黏膜损害，其病理为表皮角化过度、不规则棘层肥厚，基底细胞液化变性，真皮带状细胞浸润。

【防治】

一、治疗

无满意疗法。可试用氟尿嘧啶(5-Fu)软膏、X线照射等。

迄今无特殊疗法，可参照疣的治疗。电干燥法或刮除法能消除较小的皮损，但多数并不满意。可试用液氮冷冻、激光、微波治疗或X线照射等，但过量X线照射对HPV-5引起的皮损可能有致癌作用。发生癌变时，给予抗肿瘤治疗；或用外科手术切除恶性损害。

1.外用药：局部应用5%氟尿嘧啶软膏、0.05%~0.1%维A酸霜、0.5%他卡西醇乳膏对早期恶性损害和癌前损害是有效的。

2.维A酸：全身应用对疣状表皮发育不良性损害有改善，而且异维A酸比阿维A酯更有效。异维A酸1 mg/(kg·d)，用药6~9个月若无明显不良反应，则10~25 mg，每周2次，维持数月。癌前损害出现可重复使用。维A酸虽不能使EV-HPV相关皮损消退，但能防止日光性角化和原位癌的发展。

3.干扰素：国外学者已试用过不同剂量的α,β,γ-干扰素(1万、1.5万、3万、6万、9万单位/d)，但改善是暂时的。有用异维A酸或阿维A酯与IFN-α(150万~600万单位/d)联合治疗，对晚期HPV相关癌有效，亦可用IFN-α或γ进行皮损内注射。

二、预防

1.远离紫外线、电离辐射。

2.远离创伤性治疗，如电离子、激光、自身疣体埋植治疗。此类治疗易形成“同型反应”，导致难以祛除的瘢痕，且可加重病情。

3.远离激素类药物。

4.多喝水、多吃蔬菜、水果，可做水果面贴。

5.由于本病的发生有家族遗传倾向，应避免近亲婚配，提倡优生优育。

6.因癌变的损害仅见于暴露部位,应告诫患者注意避免日晒,如外出宜戴帽,着长衣长裤或外涂避光剂。

7.经常随访观察,以防癌变。

三、预后

约20%的病人某些皮损可发展成鳞癌或基底细胞癌。此外,尚可伴掌跖角化、指甲改变、雀斑痣及智力发育迟缓。

第八节 手足口病

手足口病(hand-foot and mouth disease)是由肠病毒所致的以手、足、口出现水疱为特征的传染病。病情轻微,有自限性,好发于婴幼儿。

【诊断要点】

一、临床特点

1.好发于婴幼儿,潜伏期3~5 d。

2.可有低热、全身不适、腹疼等全身症状,继而在口腔、咽部、软腭、颊黏膜、舌和齿龈等部位出现1~3 mm的水疱,周围有红晕,水疱迅速破裂发展成糜烂和溃疡。

3.掌跖或指趾侧背面、臀部的皮损开始为红色斑丘疹,很快变成周围绕以红晕的小水疱,呈圆形,薄壁,数目几个到几十个。

4.本病一般7~10 d自愈,不留痕迹,预后良好。

二、实验室检查

1.血常规检查:外周血白细胞总数正常或增多,分类中性粒细胞降低,淋巴细胞和单核细胞升高,可伴有不典型细胞。

2.血清学检查:在急性期可查到中和抗体,但此抗体出现时间较短。恢复期补体结合抗体的滴度较高。

3.病毒培养:可用疱液、口腔分泌物、脑脊液、粪便、直肠拭子及血液等细胞接种或乳鼠接种作细胞培养,分离出病毒。

4.组织病理:表皮内水疱形成,陈旧水疱在表皮下,表皮有明显的网状变性及气球变性,无包涵体及多核巨细胞。真皮上部血管周围有较多淋巴细胞及组织细胞炎性浸润。细胞内及细胞间水肿,生发层网状变性。

【鉴别诊断】

应与疱疹性咽峡炎相鉴别。咽峡炎局限于口腔内水疱、溃疡,手足和臂部无皮疹。

【防治】

一、治疗

本病经1周后可自愈,一般对症治疗,可应用抗病毒药,如阿昔洛韦、利巴韦林(三氮唑核苷)等。中药以大青叶、夏枯草或导赤散加减。

目前此病没有较有效的治疗方法,但可以采取以下措施缓解:

1.服用抗病毒的药物,如病毒唑、病毒灵等。

2.保持局部清洁,避免细菌的继发感染。

3.口腔因有糜烂,小儿吃东西困难时,可以给予易消化的流食,饭后漱口。

4.局部可以涂金霉素鱼肝油,用以局部减轻疼痛和促使糜烂面早日愈合。

5.可以口服B族维生素,如维生素B_2等。

6.若伴有发热时,可以用一些清热解毒的中药。

该病一般1~2周可以自愈,不会留下后遗症,但它也不是终身免疫,即以后还可能感染发病。

二、预防

在预防方面,应注意在夏季此病流行时,尽可能少带孩子到公共场所,平日教育小儿要养成良好的卫生习惯,做到饭前、便后洗手,对玩具、餐具要定期消毒。做到早发现、早治疗、早隔离。若此病在托儿所或幼儿园内流行时,首先应将患儿与健康儿童隔离,将玩具用消毒液消毒。

可将金银花、茵陈、生薏仁、大青叶(即板蓝根的叶子)、甘草等放入水中,煮开后20 min倒出,当茶饮用。三五天即可,但体虚、容易拉肚子的孩子不要喝。

对于口里长疱疹、有溃疡、口气臭的孩子,除了上述药方之外,还可用灯芯草、藿香、生石膏、防风、淡竹叶煎水饮用,可清心火。对于食欲不振的孩子还可在灯芯草药方里增加麦芽,以开胃。

如果孩子手足出现疱疹,则可采用外洗法,用野菊花、紫草、地肤子、苦参等煮沸,冷却至适中温度时浸泡手足,以起到清热、化湿、凉血的作用。

第九节 传染性单核细胞增多症

传染性单核细胞增多症(infectious mononucleosis)又称腺性热,是由EB病毒引起的一种急性传染病。临床以发热、咽峡炎、肝脾淋巴结肿大以及末梢血中淋巴细胞显著增多并出现大量异常淋巴细胞为主要特征,有异嗜性抗体。带病毒者及病人为本病的传染源,通过直接接触和飞沫传染,病毒可能先在咽峡部淋巴组织内增殖,后浸入血液导致病毒血症,继之累及淋巴系统和各组织器官。

【诊断要点】

一、临床特点

1.儿童及青少年患者多见。潜伏期长短不一,4~15 d,成人的潜伏期可更长。

2.起病可急可缓,多数患者可有全身不适、头疼倦怠、纳差、恶心、畏寒等前驱症状。

3.典型症状有发热,体温38~39 ℃之间,也可高热,持续1~3周或更久;淋巴结肿大呈全身性，以颈淋巴结最常见，腋下及腹股沟部次之。淋巴结直径4 cm，质地中等硬，无明显压痛，不化脓、不融合、不对称。消退需数周至数月。肠系膜淋巴结肿大引起腹痛及压痛，约50%患者可有中度脾大，偶可发生脾破裂，10%患者肝大，肝区疼。出现肝功能异常，少数患者可出现黄疸。

4.发病数日后先可出现咽峡炎，特点为弥漫性膜性扁桃体炎，硬软腭接合部位可出现多数小出血点，自诉咽痛、吞咽困难。

5.约10%~15%的病人发病后4~10 d可出现皮疹，一般为斑疹或斑丘疹，也可为麻疹型、猩红热型、水疱样或荨麻疹样。好发于躯干及上肢，有时可发生于面部及下肢。皮疹多在几日内消退，无脱屑，无明显瘙痒等症状。

6.少数严重的病例出现神经系统症状，其他尚有肺炎、心肌炎、肾炎等症状。

7.病程为1~3周，少数可迁延数月，预后好。病后可持久免疫，复发不常见，但复发时病程短，病情轻。

二、实验室检查

1.血象：起病一周后白细胞总数显著升高，10~12 d后可达(30~60)×10^9/L，分类以单核细胞为主，淋巴细胞亦可增多。发病后1~21 d可出现异型淋巴细胞，占10%~20%，血小板计数减少，血沉增高。

2.骨髓象：可有异型淋巴细胞出现，中性粒细胞出现核左移。

3.血清学检查：

(1)嗜异性凝集试验。90%患者血清中含有与绵羊红细胞发生凝集的嗜异性IgM抗体，在发病后1~2周开始上升，4~6周达高峰，持续2~5个月后逐渐下降。一般认为抗体效价在1:80以上具有诊断价值。

(2)EB病毒抗体测定。针对病毒衣壳抗原的抗体特异性高，阳性率为100%，IgM抗体多在临床症状出现时即可检测。持续4~8周，IgG抗体可持续终生。早期抗体中的抗-D抗体，与病情严重程度有关，在发病后3~4周达高峰，持续3~6个月。病毒相关性核抗体在发病后3~4周时出现，持续终生，此抗体检测有助于嗜异性抗体阴性患者的诊断。

4.脑脊液检查：出现中枢神经系统改变时应检查脑脊液，脑脊液显示淋巴细胞增高和白蛋白升高。有时可见到异型淋巴细胞时，即可明确诊断。

【治疗】

1.本病无特异性治疗，治疗主要是以支持性的对症治疗为主。患者在急性期宜卧床休息，但在发热、咽炎以及全身不适等症状消退后即应起床活动。即使没有明显的脾肿大也有脾破裂的危险，因此发病后2个月内应避免举重物以及参加对抗性的运动。

2.由于EB病毒感染与Reye综合征很少有关联，因此对乙酰氨基酚比阿司匹林更合适作为退热止痛剂。

3.皮质类固醇曾显示出加快退热和缓解咽炎的作用，但应仅限于治疗特殊并发症(如即将发生气道阻塞)的患者，激素对血小板减少和溶血性贫血的疗效尚未完全肯定。

4.口服或静脉注射阿昔洛韦可减少口咽部EB病毒的排放，但对无并发症的患者是否一定要使用此药尚缺乏足够的依据。对EB病毒全身感染或与移植有关的B细胞性淋巴细胞增殖综合征的疗效也未肯定。

第十节 风 疹

风疹(german measles)是由风疹病毒引起的呼吸道传染病,好发于儿童和青少年。冬、春两季多见,可形成小流行,但一般临床表现轻微,早孕妇女感染此病毒后有致畸的报道。

【诊断要点】

一、临床特点

1.潜伏期2~3周,平均18 d。

2.前驱症状轻微,过程较短,持续1~2 d,可出现枕骨下、耳后淋巴结肿大,还可出现口腔黏膜疹,为散在于软腭悬雍垂等处的玫瑰色斑疹或出血点、淤点,针尖大或稍大,对早期诊断有帮助。

3.前驱期后1~2 d自头面部出疹,迅速播散至颈部、躯干和四肢。皮疹稀疏,一般为粉红色斑及斑丘疹,背部皮疹可融合。皮疹自第二天就开始消退,4~5 d退完不留痕迹。

二、实验室检查

1.血常规检查:早期白细胞总数减少,淋巴细胞增多,可出现异常淋巴细胞及浆细胞。

2.血清学检查:

(1)血清风疹病毒抗体检测。用酶联免疫法或直接免疫荧光检测等方法检测,一般在出疹后5~14 d,血清中IgM抗体阳性率最高,以后逐渐下降,IgM抗体阳性表示近期感染。先天风疹综合征患儿血清中IgM抗体可持续1年以上。风疹减毒活疫苗接种后,血清IgM抗体也可升高。IgG抗体可在发病后1~2个月内开始明显升高,可持续数十年或终生。

(2)血凝抑制试验。此法一直是诊断风疹的标准方法。抗体滴度1:16以上为阳性。恢复期此抗体滴度若较前增加4倍以上,说明有新的感染。

(3)风疹病毒培养。鼻咽部、血液、尿液、粪便、脑脊液等标本中可分离到病毒,一般在出疹前7 d到出疹后7 d内,鼻咽部分离病毒阳性率较高。

(4)病毒核酸检查。PCR或分子杂交技术可检测风疹病毒RNA,血清风疹病毒抗体检测或风疹病毒分离阳性可予以确诊。

【鉴别诊断】

1.麻疹:潜伏期6~10 d,前驱症状较重,皮疹出现以耳后颈、发际始,渐蔓延至面、躯干、四肢手掌,足底亦受累。皮损颜色逐渐加深呈暗红色,全身反应重。

2.猩红热:潜伏期1~7 d,起病急剧,突然高热。表现为头痛、咽痛、恶心、呕吐等症状。典型的临床表现由急性咽炎(扁桃体)和出疹两部分组成,皮疹最早见于颈部、腋下和腹股沟处,于24 h内很快由上而下遍及全身,皮疹特点为红色细小丘疹,呈鸡皮样,抚摸似砂纸样。

【防治】

一、治疗

1.一般疗法:风疹患者一般症状轻微,不需要特殊治疗。症状较显著者,应卧床休息,治疗常采取抗病毒治疗,静脉滴注利巴韦林(病毒唑)。通过内服中药,外用炉甘石洗剂或止痒药水,能够有效控制病情,改善症状。对于轻症者可口服板蓝根冲剂,每次6 g,每天3次或野菊花、蒲公英、大青叶各15 g,水煎服,每天1剂。

2.并发症治疗:脑炎高热、嗜睡、昏迷、惊厥者,应按流行性乙型脑炎的原则治疗。出血倾向严重者,可用肾上腺皮质激素治疗,必要时输新鲜全血。

3.先天性风疹:自幼应有良好的护理、教养,医护人员应与病儿父母、托儿所保育员、学校教师密切配合,共同观察病儿生长发育情况,测听力,矫治畸形,必要时采用手术治疗青光眼、白内障、先天性心脏病等,帮助患者学习生活知识,培养劳动能力,以便使其克服先天缺陷。

4.药物治疗:除对症治疗外,干扰素有助于减轻病情。

二、预防

因本病症状多轻,一般预后良好,故不需要特别预防,但先天性风疹危害大,可造成死胎、早产或多种先天畸形,因此预防应着重在先天性风疹。

1.隔离检疫:病人应隔离至出疹后5 d。但本病症状轻微,隐性感染者多,故易被忽略,不易做到全部隔离。一般接触者可不进行检疫,但妊娠期、特别妊娠早期的妇女在风疹流行期间应尽量避免接触风疹病人。

2.自动免疫:国际上经过十余年来广泛应用风疹减毒疫苗,均证明为安全有效,接种后抗体阳转率在95%以上,接种后仅个别有短期发热、皮疹、淋巴结肿大及关节肿痛等反应,免疫后抗体持久性大多可维持在7年以上。在接种对象方面不同国家尚不统一,例如美国主张1岁至青春期的青少年,特别是幼儿园和小学中的儿童为主要免疫对象,因为小儿风疹发病率最多,并且可传播给孕妇等成人,青春期及成年妇女也应接种。先天性风疹已明显减少。尽管目前对于风疹疫苗病毒株对人体、胎儿的影响了解得不够,但活疫苗的弱病毒确能通过胎盘感染胎儿导致胎儿畸形,因此孕妇不宜接受此类活疫苗。

免疫球蛋白预防风疹的效果至今尚不肯定。

第十一节 麻 疹

麻疹(measles)是由麻疹病毒引起的一种急性传染性皮肤病,主要特征为发热、咳嗽、流涕、眼结膜充血、口腔黏膜疹及全身斑丘疹。麻疹病毒是一种RNA病毒,呈球形,大小约14nm,衣壳外有囊膜,囊膜有血凝素,有溶血作用,此病毒抵抗力弱,对干燥、日光、高温均敏感,紫外线、过氧乙酸、甲醛、乳酸和乙醚等对麻疹病毒均有杀灭作用。患者为主要的传染源,其口,鼻、咽、眼的分泌物均含有病毒。病毒随飞沫侵入上呼吸道和眼结膜,在局部的上皮细胞内繁殖,引起局部炎症,并由局部入血形成病毒血症,引起广泛病变,全身皮肤和黏膜的毛细血管内皮细胞亦被病毒所感染。

【诊断要点】

一、临床特点

1.好发于6个月至5岁小儿，成人麻疹病情较重。本病四季均可发生，以冬、春季最多。

2.潜伏期一般为9~11 d。

3.前驱期：一般为4 d，表现有高热、眼结膜充血、畏光、流泪、流涕、咳嗽等，并伴全身不适。发病后2~3 d可在第二门齿对面两侧颊黏膜上，出现针尖大小，蓝白色或紫色小点，周围红晕，出现koplik斑，为麻疹早期的特征性表现。初起仅2~3个，很快增多，且可融合，到发疹期，可波及整个颊黏膜以及唇内侧、牙龈等处，在发疹后的2 d消退。

4.发疹期：起病后4 d开始发疹，初见于耳后、发际、颜面，然后迅速蔓延至颈部、上肢、躯干及下肢。皮疹为大小不等的玫瑰色斑丘疹，压之褪色，疹盛时可互相融合，疹间皮肤正常，皮疹在2.5 d内出齐。出疹高峰时，体温可高达41 ℃，全身中毒症状加重，可出现倦怠、嗜睡、烦躁甚至惊厥、抽搐等，颈淋巴结和肝、脾均可肿大。

5.恢复期：出疹5~7 d后，体温下降，全身中毒症状减轻，皮疹按出疹顺序逐渐消退，疹退后遗留棕褐色色素沉着斑伴细小糠状脱屑。

6.整个病程约2周。

7.病后获终身免疫，再次发病者极少，个别人可能患2次麻疹。

8.麻疹患者如果治疗、护理不当，易出现并发症，较常见的有支气管肺炎、中耳炎、脑炎及心血管功能不全、结核病变播散等。

二、实验室检查

1.血常规检查：白细胞总数前驱正常或增多，出疹期减少，淋巴细胞相对增多。

2.细胞学检查：于前驱期末至发疹后1~2 d阳性率高，鼻咽拭子涂片Wright染色或Giemsa染色，可检出多核巨细胞，阳性率可高达90%以上。

3.血清抗体检查：采用ELISA或免疫荧光法检测患者血清中麻疹IgM抗体，在发病后2~3 d即可检测到，并作为早期特异的诊断方法。血清血细胞凝集抑制抗体，中和抗体和补体结合抗体检测，恢复期上升4倍以上方有诊断意义。

4.生化检查：发疹期血清乳酸脱氢酶(LDH)增高，具有特征性。

5.RT-PCR技术可检测到麻疹患者咽拭子，含漱液、涎液、尿液等多种标本中的MV基因。快速、灵敏、特异。

【鉴别诊断】

1.风疹：本病潜伏期14~21 d，多见于幼儿，中毒症状及呼吸道症状轻，起病1~2 d即出疹，为稀疏散在淡红色斑丘疹，1~2 d内消退，无色素沉着及脱屑。耳后、枕后、颈部淋巴结肿大是其显著特点。

2.猩红热：潜伏期2~5 d，前驱期发热，咽痛，起病2~4 d内出疹，皮疹为针头大小密集猩红色斑疹，压之褪色，皮肤弥漫性潮红，退疹时脱屑较严重，白细胞总数及中性粒细胞明显升高。

3.幼儿急疹：潜伏期10~15 d，多见于2岁以内婴幼儿，骤发高热，呼吸道症状轻微，患儿精神好，高热持续3~5 d骤退，热退时或退后出疹，无色素沉着，亦不脱屑，是本病的特征。

4.埃可病毒疹：潜伏期3~5 d，多见于夏、秋季，出疹前有发热、咳嗽、腹泻，皮疹为紫红色斑丘疹，疹退小脱屑，无色素沉着。

【防治】

一、治疗

至今尚无特殊抗麻疹病毒药物，因此，治疗麻疹重点在加强护理、优化环境、对症处理和预防并发症，应以中西医结合来处理麻疹患者。

1.一般处理及对症治疗：患者应在家或送医院隔离治疗至少至出疹后5 d，如并发肺炎应再延长隔离5~10 d，最好单间隔离，不与有呼吸道感染者接触，专人护理更为恰当。居室应保持空气新鲜、晒到日光、温暖整洁、湿度适宜，但患者不宜直接吹风或过分闷热。应卧床休息至体温正常、皮疹消退。衣着被褥不可过多，以防高热惊厥或出汗过多发生虚脱。口腔、鼻、眼及皮肤应保持清洁，可用生理盐水或温开水每天至少清洗口、鼻、眼2次。多喝温开水或果汁补充水分，饮食宜营养丰富且易消化，清淡为好。恢复期食欲增加时可每天加一餐，以促进康复，特别要补充维生素A以提高免疫力，可口服20万单位/次；或每天10万单位，分2次。已证实患麻疹时给予足量维生素A可大大改善其预后。重视对症治疗，高热时可给小剂量退热剂或头部冷敷，剧咳和烦躁不安者可试用少量镇静剂。为减轻中毒症状，特别对体弱多病者可在早期给予人血丙种球蛋白制剂0.2~0.6 mL/kg，肌肉注射，每天一次，共2~3次。

2.中医中药治疗：对于出疹不畅者可用鲜芦根30 g，水煎服，每天1剂，喝芦根水是孩子出麻疹时的一种常用辅助疗法。麻疹出疹期2~5 d不等，因而在疹前期治疗着重以发散皮疹为主，此时给予辛凉透表、清热解毒的芦根水可以使毒外透，避免内陷，以防止其他并发症的发生。

中医认为麻疹系热毒蕴于肺脾二经所致，治则为初热期驱邪外出，宜辛凉透表，可用升麻葛根汤加减，外用透疹药以促疹出，用生麻黄、芫荽子、西河柳、紫浮萍各15 g，置锅内煮沸，以其热气蒸熏患者，待药汁稍冷后可用其擦洗面颈、四肢等，以助透疹，须注意保暖和防止烫伤。出疹期治疗宜清热、解毒透疹，除继续外用透疹药蒸洗外，可内服清热透表汤，热症重者可用三黄石膏汤或犀角地黄汤。体虚、面白、肢冷者宜用人参败毒饮或补中益气汤。恢复期热降疹收时宜养阴清热，可服沙参麦冬汤或竹叶石膏汤加减。

二、预防

提高人群免疫力是预防麻疹的关键，故对易感人群实施计划免疫十分重要。如果发现麻疹病人，则应采取综合措施防止传播和流行。

1.自动免疫：易感者都应接种麻疹减毒活疫苗。初种年龄不宜小于8个月，因恐来自母体的抗体中和疫苗病毒使之失效。我国目前定于8个月时初种，4岁时加强一次。国外主张在15个月时初次接种更为保险，并认为在1岁以内接种者，应在1年后加强一次。疫苗应保存在2~10 ℃暗处，每次皮下注射0.2 mL，1次即可。各年龄剂量相同，于麻疹流行季节前一个月接种最好。易感者在接触麻疹病人后2 d内，应接种麻疹疫苗，可防止发病或减轻病情。流行时易感者80%接种了疫苗，可于2周内控制流行。接种疫苗后反应轻微，5~14 d后可有低热数日，偶见稀疏淡红皮疹。

有发热和急、慢性疾病者，应暂缓自动免疫；有过敏体质、活动性结核、恶性肿瘤、白血病及应用免疫抑制剂或放射治疗和先天性免疫缺陷者，不应接种麻疹减毒活疫苗；凡8周内接受过输血或血制品及被动免疫制剂，以及4周内接受其他病毒减毒活疫苗者均应推迟接种，以免影响效果。

接种麻疹减毒活疫苗后血清抗体都有上升，阳性率可达95%~98%，最早于12 d血液中即可出现血凝抑制等抗体，1个月时达高峰，抗体效价在(1:16)~(1:128)。2~6个月后渐降，一般仍维持一定水平。部分接种者4~6年后可全部消失，故复种年龄可在4~6岁时。婴儿主动免疫覆盖率达到90%以上时，可形成无病区。

有些国家将麻疹疫苗与风疹疫苗、流行性腮腺炎疫苗同时接种，不影响其免疫效果。

2.被动免疫：年幼体弱及患病者如接触麻疹病人，5 d内进行被动免疫可免于发病，5~9 d内进行则仅能减轻病情。可肌注丙种球蛋白(10%)0.2 mL/kg，或胎盘球蛋白0.5~1.0 mL/kg，或成人血浆20~30 mL。被动免疫力仅能维持3~4周，3周后又接触麻疹患者需再注射。

3.综合预防措施：发现麻疹病人应立即作疫情报告，并进行呼吸道隔离至疹后5 d，有并发症者延至10 d。凡接触患者的易感儿应检疫3周，并根据情况给予自动免疫或被动免疫，接受免疫制剂者，应延长检疫至4周。在麻疹流行期间，应大力宣传患者不出门，医药送上门，易感儿不串门。集体机构加强晨间检查，对可疑者应隔离观察。

第十二节　小儿丘疹性肢端皮炎

小儿丘疹性肢端皮炎(infantile papular acro—dermatitis)被认为是一种与HBV感染有关的皮肤病。由于这种患儿乙肝表面抗原均为阳性且大多数有肝炎表现，目前，认为本病是乙肝病毒感染的一种皮肤表现，可能与乙肝病毒的抗原抗体复合物沉积有关。

【诊断要点】

一、临床特点

1.好发于6~12岁儿童。

2.多无前驱症状，突然发疹。

3.皮疹为扁平实性丘疹，针头到绿豆大，呈暗红、紫红或淡褐色。

4.好发于四肢末端，手、足背开始，可扩展至腹、臀及上肢伸侧，最后延伸到颜面和颈部，但一般躯干无皮疹，2~8周自然消退。

5.无明显自觉症状。

6.可伴低热及浅淋巴结肿大。

7.大多数病人伴有急性肝炎，肝酶逐渐增高，特别是醛缩酶和碱性磷酸酶可升高。乙肝表面抗原为阳性。

二、实验室检查

1.血清学检查：

(1)血清ALT、AST可增高,特别是醛缩酶和碱性磷酸酶可升高。乙肝表面抗原为阳性。

(2)间接免疫荧光法检测血清中HHV-6特异性IgM和IgG抗体。

2.病毒培养:外周血单个核细胞、器官组织、唾液中可分离出病毒。

3.病毒核酸检查:PCR可检测血清中HHV-6的RNA。

根据下列情况可诊断:

(1)血清中HHV-6特异性IgM和IgG抗体阳性;

(2)外周血单个核细胞中可检出HHV-6的RNA;

(3)感染组织中可见到典型的气球样细胞,即可诊断。

【治疗】

由于本病具有一定自限性,可作一般对症处理,治疗伴发的乙肝病毒才是最主要的。

第十三节 传染性红斑

传染性红斑(erythema infectious)又称第五病,它可能是由病毒引起的一种轻度的传染病。

【诊断要点】

一、临床特点

1.春季多见,好发于4~12岁儿童。

2.潜伏期1~2周。

3.皮疹首发于面颊部,呈水肿性融合成片的红斑,蝶形分布,基本损害为成片的玫瑰色红斑,边界清楚,无鳞屑,类似于丹毒。1~2 d后可扩展到手足和躯干,呈花边样损害。

4.颊和生殖器黏膜可发生暗红色斑疹。

5.皮疹6~10 d从中央开始消退,面部先消,退后无明显痕迹。

6.全身症状轻微。

二、实验室检查

1.血常规检查:白细胞总数减少,淋巴细胞增多。晚期出现嗜酸性粒细胞增多。

2.血清学检查:用放射免疫或酶联免疫方法检测血清中细小病毒B19特异性IgM抗体,可持续2~3个月;IgG抗体出现较晚,持续时间较长。

3.病毒核酸检查:采用PCR或斑点杂交技术检测患者血液或骨髓中病毒DNA。

4.组织病理:表皮细胞水肿,真皮乳头层血管扩张,内皮细胞肿胀,在血管毛囊和汗腺周围有组织细胞浸润,为慢性炎症改变。

【治疗】

对症处理,无需特殊治疗。大多数患儿只需注意休息,吃易消化的食物,多饮水,如有发热者可口服退烧药,如有其他症状可给予对症治疗,皮损处可外搽炉甘石洗剂以止痒。

本病多呈自限过程，预后良好。

第十四节　幼儿急疹

幼儿急疹(exanthema subitum)又称婴儿玫瑰疹或第六病。是6型人类疱疹病毒所致的婴幼儿急性发热发疹性疾病。主要表现是持续高热，3~5 d后体温突然下降，而皮肤出现玫瑰色的斑丘疹，经呼吸道飞沫传播。

【诊断要点】

一、临床特点

1.好发于冬、春季节，多见于6~24个月的婴幼儿。

2.潜伏期10~15 d，平均10 d，多无前驱症状。

3.起病急，突发高热达39~40 ℃或以上，持续3~5 d自然骤降，1 d内可降至正常。发热期患儿精神尚好，少数患儿可出现惊厥、抽搐、恶心、呕吐等。耳后及颈部淋巴结常肿大。

4.皮疹为玫瑰色斑丘疹，周围绕以红晕，直径1~5 mm，散在或融合分布，压之褪色。类似风疹、麻疹或猩红热，经1~2 d后退尽。

5.损害先见于颈部及躯干，很快蔓延至四肢，甚至全身。腰部及臀部较多，但颊、肘、膝以下肢体及掌跖较少发疹。皮疹在1 d内达到高峰，1~2 d消退，无脱屑及色素沉着。

6.白细胞先升高后减少，淋巴细胞可高达70%~90%。

二、实验室检查

发病1~2 d白细胞升高，但随着皮疹的发展白细胞减少至(3~6)×10^9/L，中性粒细胞很低，而淋巴细胞很高，高达70%~90%。热退后在几天之内白细胞计数恢复正常。

【鉴别诊断】

1.麻疹：发热和皮疹同时出现，伴有呼吸道卡他症状，有koplik斑。

2.风疹：发热6~24 h出现皮疹，皮疹1~2 d内消退，淋巴结肿大明显。

3.药疹：有用药史，血常规中淋巴细胞不增高。

【治疗】

本病为自限性疾病，无特殊治疗方法，主要是加强护理及对症治疗。

一、一般治疗

患儿卧床休息，注意隔离，避免交叉感染，要多饮水，给予易消化食物，适当补充维生素B、维生素 C 等。

二、对症治疗

高热时物理降温，适当应用含有扑热息痛或布洛芬成分的婴幼儿退烧药(例如泰诺林、百服宁、美林等)，一旦出现惊厥时给予苯巴比妥钠或水合氯醛，可适当补液。

中医治疗早期宜疏风解表，出疹期宜清热凉血。症状较轻者，可用金银花、地骨皮、蒲公英、牛蒡子各6 g，水煎服，每天1剂，也可采取针灸疗法，高热时取十宣穴用泻法。出疹期取风池、曲池、合谷穴，用泻法不留针。

第十五节　急性发热性皮肤黏膜淋巴结综合征（川崎病）

急性发热性皮肤黏膜淋巴结综合征 (acute febrile mucocutaneous iymph node syndrome, MCLS）又称川崎病(Kawasaki disease)，是一种以全身血管炎为主要病变的急性发热性皮肤黏膜发疹伴淋巴结肿大的疾病，本病病因尚不明确，有一定自限性，预后较好，约0.5%~1%患者合并心脏损害可至猝死。

【诊断要点】

一、临床特点

1.好发于婴幼儿，无明显季节性。

2.持续高热达5 d以上。

3.双侧球结膜充血，口唇干裂潮红，可有杨梅舌。

4.手足硬肿，潮红，指趾端脱屑，甲出现横沟。

5.颈淋巴结肿大。

6.病后3~5 d可出现多形性皮疹，可为麻疹样、猩红热样或多形红斑样。一周左右可消退。

以上特点具备4条方能诊断。此外，50%以上患者可出现心血管受累，表现为心肌炎、心包炎、心肌梗塞和猝死（1%左右）。实验室检查白细胞增多，有核左移，血小板增高，血沉快。心电图约70%病人异常。超声心动及选择性冠状动脉造影可确定冠状动脉瘤。

二、实验室检查

1.血常规检查：外周血中性粒细胞增高，并有核左移，出现中毒颗粒，血红蛋白及红细胞在初期有轻、中度下降，50%~70%病例发病1周后血小板显著增高，骨髓巨核细胞增生，认为其与血栓形成和心功能不全有关。在初期和恢复期血小板凝集功能亢进，血沉增快。

2.生化检查：C反应蛋白（CRP）强阳性，血清白蛋白降低，血清总蛋白及白蛋白与球蛋白比值有减少及下降倾向，α_2球蛋白显著增加，丙种球蛋白增加不显著，血清天门冬氨酸氨基转换酶（AST）显著增高，血清IgM、IgG升高。病变早期血清补体效价上升，但抗链球菌溶血素“O”阴性。

3.尿液检查：30%患者可有蛋白尿和无菌性脓尿。亦有尿培养阳性者，多为革兰氏阴性杆菌。

4.其他检查：约1/3病例血清中红细胞冷凝集素及异常血细胞凝集反应阳性。

5.心电图检查：约70%病人心电图异常，为窦性心动过速，ST-T改变，QRS低电压，P-R间期延长，Q-T间期延长，早博。

6.组织病理:病理特征为血管炎,其组织病理形态酷似小儿结节性多动脉炎,但前者常以增殖性病变为主,后者往往呈现有广泛严重的纤维蛋白样坏死的渗出性动脉炎,皮疹处活检发现炎症性水肿和单核细胞为主的细胞浸润。电镜检查发现毛细血管内膜细胞明显受损,真皮也明显水肿,有明显的血管炎症病变,特别在皮疹部位有与变态反应性炎症有关的肥大细胞增加,并发现患儿的皮下组织有立克次氏体样颗粒。

【防治】

一、治疗

由于本病病因不清,故尚无特殊治疗,主要以对症为主,由于存在高凝状态,故主要以抗炎抗凝与对症治疗为原则。

1.阿斯匹林为首选药物,急性期用量为60~100 mg/(kg·d),热退后减至30mg/(kg·d),共用药2~3个月,有冠状动脉病者需长期服用,同时配合潘生丁5 mg/(kg·d)。

2.丙球大剂量注射可防止冠状动脉病并可退热。

3.应用抗菌素。

4.必要时急行冠脉搭桥术或瓣膜置换术。

5.是否使用激素存在争议。

二、预后

本病大多预后较好,仅1%左右的患者可猝死,多见于1岁以内男孩。持续长期高热,白细胞高达$30\times10^9/L$,血沉>100mm/h,多死于冠脉栓塞。

第二章 球菌性皮肤病

第一节 脓疱疮

脓疱疮包括：寻常型脓疱疮、深脓疱疮和金黄色葡萄球菌烫伤样皮肤综合征。

寻常型脓疱疮(impetigo)，俗称“黄水疮”，是由化脓球菌感染引起的一种急性炎症性皮肤病。主要由凝固酶阳性的金黄色葡萄球菌，其中40%是能产生青霉素酶的金黄色葡萄球菌引起，其次为凝固酶阴性的白色葡萄球菌引起，少数为链球菌引起。混合感染也不少见。本病主要表现为浅表脓疱易破溃而结成脓痂，可以自家接种或通过接触传染。儿童由于皮肤细嫩、局部抵抗力差、易遭受伤害等因素而易发集体流行；新生儿由于免疫力低下，分泌功能未充分发育，感染后易泛发全身。某些外界环境，如温度较高、出汗较多和皮肤有浸润现象或机体受到各种刺激、皮肤外伤等可成为发病的诱因。

深脓疱疮(ecthyma)又称臁疮，系由β溶血性链球菌所引起的溃疡性脓疱疮。主要侵犯小腿，常见于体弱及营养差者。此外，某些瘙痒性皮肤病也可继发本病。深脓疱疮主要表现为水疱或脓疱及被黏着性痂所覆盖的溃疡，愈后留有瘢痕和色素沉着。卫生条件差，营养不良，体弱或伴发慢性消耗性疾病为其诱因。

金黄色葡萄球菌烫伤样皮肤综合征(staphylococcal scalded skin syndrome，SSSS)又称新生儿剥脱性皮炎或金葡菌型中毒性表皮坏死松解症，是由凝固酶阳性、噬菌体Ⅱ组71型金黄色葡萄球菌所致的一种严重皮肤感染，该型金黄色葡萄球菌可产生表皮松解毒素，临床上表现为全身泛发性红斑，松弛性大疱以及大片表皮剥脱。本病最常发生于婴儿。

【诊断要点】

一、临床特点

(一)寻常型脓疱疮

1.多见于夏、秋季，好发于儿童。

2.好发于颜面、口周、鼻孔周围及四肢。多继发于痱子、湿疹等。

3.基本损害为成群分布的黄豆大脓疱，疱壁薄，易破溃，破后露出红色糜烂面，脓液干燥后形成蜜黄色结痂、脓疱周围有红晕，可互相融合。

4.自觉有不同程度的瘙痒，常因搔抓而不断将细菌接种到其他部位，发生新的皮疹。

5.轻者一般无全身症状，重症者可伴邻近淋巴结肿大，可有发热、畏寒等全身症状。个别病例可引起败血症或肾炎。

6.实验室检查白细胞总数及中性粒细胞可增高。脓液细菌培养为金黄色葡萄球菌或溶血性链球菌。

(二)深脓疱疮

1.本病多见于营养不良的儿童或老年人,常继发于虫咬皮炎、疥疮、水痘、糖尿病之后。

2.皮损多见于小腿,臀部及腰部亦可受累。

3.损害初为水疱,迅速变为脓疱,向周围及下方发展,中心坏死,表面有污褐色痂皮,可呈蛎壳状。痂不易脱落,周围绕以水肿性红晕,去除后形成边缘陡峭的圆形或椭圆形溃疡。损害数目不等。

4.自觉有灼烧、痒及疼痛感。

5.可伴有局部淋巴结肿大,可自身接种。

(三)金黄色葡萄球菌烫伤样皮肤综合征

1.好发于出生后1~5周的婴儿,偶见于成人。发病前常在皮肤或黏膜部位有金黄色葡萄球菌导致的化脓性感染病灶。

2.发病突然、急骤,首先是在面部口、鼻及眼睑周围发生红斑,24~48 h累及全身,为弥漫水肿性红斑,有压痛,在红斑基础上可出现松弛性大疱。疱壁迅速破裂,疱液清,皮肤很快发生松弛剥脱。表皮脱落后暴露出红润的基底糜烂面,形似烫伤。皮损有明显的触痛表现,并伴有高热、烦躁等全身症状。

3.手足皮肤可呈手套、袜套样剥脱。

4.尼氏(Nikolsky)征阳性,其检查手法有4种:①用手指平均着力压迫疱顶,疱液可向四周扩展;②用手指压迫水疱一侧,疱液在表皮下向前可推进,产生新的水疱或大疱;③用手指从疱顶部可将表皮提起;④摩擦两个相邻水疱间红斑,可将表皮擦掉,裸露出红润的基底面。

5.除唇炎、口腔炎及结膜炎外无明显黏膜损害。

6.可伴有发热、厌食、呕吐等全身症状,有时合并败血症和蜂窝织炎,死亡率较高。

二、实验室检查

(一)寻常型脓疱疮

1.白细胞计数:白细胞总数及中性粒细胞可增高,严重感染时可出现中性粒细胞核左移。

2.尿常规:儿童在链球菌感染时可并发肾小球肾炎,出现蛋白尿、管型。

3.脓液涂片及培养:取脓液涂片可见革兰阳性球菌。培养可分离出致病菌,主要为凝固酶阳性的金黄色葡萄球菌,其中40%是能产生青霉素酶的金黄色葡萄球菌,其次为凝固酶阴性的白色葡萄球菌,少数为溶血性链球菌。新生儿脓疱疮为金黄色葡萄球菌,同时作药敏试验便于针对用药。近年来,由于临床不合理使用抗生素,耐甲氧西林的金黄色葡萄球菌(MRSA)开始增多,MRSA感染的症状轻重不一,严重时可致败血症、细菌性心内膜炎。因此,病原检查和药敏试验在化脓性感染中显得特别重要。

4.血培养:形成败血症者可有金黄色葡萄球菌或溶血性链球菌生长。

5.组织病理:角质层下与颗粒层间脓疱,疱内含有大量中性粒细胞、纤维蛋白和球菌。疱底基层可有海绵形成及中性粒细胞渗入。真皮上部也可出现炎症反应。

(二)深脓疱疮

1.白细胞计数：白细胞总数及中性粒细胞可增高。

2.病原学检查：取脓液或溃疡基底组织作涂片，可见革兰阳性球菌，培养有β-溶血性链球菌生长，偶见金黄色葡萄球菌。

3.组织病理：真皮炎症反应明显，血管扩张，血栓形成，周围结缔组织坏死，形成表浅溃疡，溃疡边缘表皮水肿，棘层肥厚，溃疡表面有纤维蛋白和角质细胞形成的痂，革兰染色可见痂的上层有多数革兰氏阳性球菌。

(三)金黄色葡萄球菌烫伤样皮肤综合征

表皮细胞变性、坏死，表皮有不同程度的松解和水疱形成，裂隙位于颗粒层之上。真皮炎症反应轻微，仅在血管周围有少许淋巴细胞浸润。

【鉴别诊断】

(一)寻常型脓疱疮

1.水痘：多在冬、春季流行，发病前多有发热，全身症状明显。皮疹以大小不等发亮的水疱为主，疱大者可见脐窝，可有红斑、疱疹、结痂等各种不同皮损。皮疹向心性疏散分布，多有黏膜损害。

2.丘疹性荨麻疹：为风团样丘疹上发生水疱，无黄色结痂，瘙痒明显。

3.脓窝疮：常因虱病、疥疮、湿疹、虫咬性皮炎等继发感染而成，脓疱壁较厚，破后陷成窝，结成厚痂。

(二)深脓疱疮

同寻常型脓疱疮。

(三)金黄色葡萄球菌烫伤样皮肤综合征

1.非金黄色葡萄球菌引起的中毒性表皮松解症(如药物)：本病主要见于成人，皮损呈多形红斑型，常伴口腔黏膜损害，病理为表皮全层坏死。

2.新生儿脓疱疮：皮疹以脓疱为主，尼氏征阴性，无表皮松解。

3.脱屑性红皮病：多发生于出生后2~4个月的婴儿。主要表现为全身皮肤弥漫性潮红，且有大量脱屑。皮疹常开始于头皮、眉部和躯干，呈脂溢性皮炎样表现。

【治疗】

一、全身治疗

(一)寻常型脓疱疮

能及早给予有效的抗生素，必要时根据药敏试验选择抗生素，如青霉素、红霉素，并给予支持疗法及时治疗并发症。

(二)深脓疱疮

消除有关病因，争取早期治疗。注意局部清洁，保护创面，避免搔抓或用毛巾摩擦，以免扩散，同时应注意隔离。治疗除一般支持疗法外，应以局部疗法为主，重症患者应用磺胺剂、抗生素制剂等。

对皮损广泛，伴有发热或淋巴结炎者、婴儿、体弱儿童或经外用药长期治疗无效者，可给予磺胺药或根据药物敏感试验给予抗生素。

(三)金黄色葡萄球菌烫伤样皮肤综合征

治疗原则：金黄色葡萄球菌烫伤样皮肤综合征（SSSS）死亡率一般不超过25%（中毒性表皮坏死松解综合征一般为25%~50%）。如果早期能够积极治疗，其预后一般较好。

加强口腔、眼部护理，注意保暖，同时注意被罩、褥单的消毒。外用药应为无刺激性、并有杀菌和收敛的药物，如1/2 000黄连素湿敷。

二、局部治疗

（一）寻常型脓疱疮

原则为清洁、消炎、杀菌、干燥、收敛、防止进一步扩散。注意保护创面，避免摩擦，无菌的情况下剪破疱壁，吸取疱液，可外涂1%樟脑、5%硫黄炉甘石水粉剂或0.5%~1%新霉素软膏，每天多次外涂；也可用10%鱼石脂软膏、百多邦软膏以及红霉素、氯霉素软膏等外涂。

注意皮肤卫生，夏季勤洗澡。隔离病人，防止传染。

（二）深脓疱疮

治疗原则为杀菌、消炎、止痒、干燥。疱壁未破者外搽1%樟脑、10%硫黄炉甘石洗剂，每日7~10次。樟脑可以止痒，使患者停止搔抓，避免本病继续发展，硫黄具杀菌作用，而在患处及其周围厚搽许多扑粉，不但发挥保护作用，也可防止球菌传播。洗剂的干燥作用很强，脓疱一般于3~5 d内干燥脱落，故对早期患者治疗效果比较满意。如有较大脓疱，可用消毒针刺破疱壁，用棉球吸干脓液，然后涂上述药物。脓疱如已结痂，应以消毒药液清洁创面，可用0.5%新霉素溶液，0.1%雷凡诺尔液，1:5 000高锰酸钾液等，然后外用0.5%新霉素软膏，3%磷霉素软膏，5%白降汞软膏或5 000单位/g杆菌肽软膏，2%龙胆紫溶液；如创面渗液较多，可用上述药物配成糊剂敷搽，或用上述消毒药液湿敷。

（三）金黄色葡萄球菌烫伤样皮肤综合征

早期足量应用抗生素对治疗非常重要，其目的有2个：①消除金黄色葡萄球菌感染病灶，切断剥脱毒素（ET）的不断产生；②预防继发感染，因表皮大片剥脱，微生物极易侵入机体，故败血症是金黄色葡萄球菌烫伤样皮肤综合征（SSSS）的常见并发症。在没有进行细菌培养和药敏试验时，最好选用广谱青霉素类药物，并及时进行细菌培养及耐药试验，以便在首选药物疗效较差时可更换新的抗生素。

由于体液的大量丢失，因此应注意水、电解质平衡和营养的补充，支持疗法对于治疗成功有很大的意义。

是否应用皮质激素，仍是一个有争论的问题，一般情况下不应使用。因为金黄色葡萄球菌烫伤样皮肤综合征（SSSS）的病灶部位炎症反应很轻或没有，使用皮质激素后其抗炎作用没有得到发挥，反而由于免疫抑制而造成感染扩散，可能“弊”大于“利”。但患儿如果有明显的中毒症状，或合并败血症以及感染性休克时，在应用有效和足量的抗生素的同时，应合并使用皮质激素，可降低死亡率，当病情稳定后应迅速减量。

第二节 毛囊炎

毛囊炎（folliculitis）为毛囊口化脓性感染，系由金黄色葡萄球菌感染毛囊引起的炎症。主要由凝固酶阳性的金黄色葡萄球菌引起。有时也可以分离出表皮葡萄球菌、链球菌、假单孢菌属和类大肠杆菌。主要表现为毛囊下丘疹,顶端化脓形成小脓疱。近年来由革兰阴性菌引起的毛囊炎也日益受到重视,如克雷伯杆菌、肠杆菌、变形杆菌等。应用皮质激素及机体抵抗力低下等是引起毛囊炎的诱因。

【诊断要点】

一、临床特点

1.皮疹易继发于脂溢性皮炎、神经性皮炎、瘙痒症等瘙痒性皮肤病基础之上,炎热夏季多见,初起为粟粒大红色毛囊性丘疹或毛囊性脓疱疮,顶端化脓形成小脓疱,大多分批出现,互不融合,自觉痒痛。

2.脓疱破裂后可排出少量脓血,但无脓栓。约经1周干燥结痂,但易反复发作,愈后不留瘢痕。

3.成人好发于头面部、颈部、胸背部、臀部、会阴、肛周、四肢等部位,与某些化学、物理因素接触者,则好发于接触部位。小儿则好发于有头发的部位,其皮疹有时可互相融合,愈后可留有小片状永久性脱发。

4.自觉症状为患处轻度疼痛,痒感。

二、实验室检查

1.血常规:白细胞总数及中性粒细胞可明显增高,有糖尿病及免疫功能低下者可有相应改变。

2.病原学检查:脓疱刮片可见革兰阳性球菌,培养有金黄色葡萄球菌或其他细菌生长。

3.组织病理:毛囊口、毛囊深部的毛囊壁及部分毛囊周围组织有化脓性炎症。

【治疗】

一、局部治疗

外用杀菌、止痒和保护的药物,如水氯酊、碘伏、洁霉素液等。

二、全身治疗

根据病情选用适当的抗生素内用。对于慢性反复发作病例除积极寻找有无糖尿病、贫血等全身疾病外,可应用调节免疫药物,如皮下注射转移因子每次2 mg,每周2次,5周为一疗程。

三、物理疗法

早期可应用紫外线、超短波等治疗。

第三节　疖与疖病

疖(furuncle)是一种急性化脓性毛囊和毛囊周围的感染,如多个损害反复发生则成为疖病。病原菌主要为金黄色葡萄球菌,其次为白色葡萄球菌。主要表现为炎性浸润较深的毛囊性结节，中央有脓栓。皮肤擦伤、糜烂等均有利于细菌侵入及繁殖，皮脂溢出也可成为其诱因，机体免疫力低下、贫血、慢性肾炎、营养不良、糖尿病、长期使用皮质类固醇激素者皆易并发疖。

【诊断要点】

一、临床特点

1.夏季多见，皮疹好发于头面颈及臀部，偶可发生于四肢。

2.损害初起为毛囊炎症性丘疹，逐渐增大成红色坚硬结节，2~3 d后，中心可化脓坏死形成脓栓，脓栓脱去后可排出血性脓液和坏死组织，肿胀减退。1~2周内结疤而愈。发生于面部尤其是鼻孔及口唇的疖，因面部有丰富的淋巴管及血管网，且和颅内血管相通，故易引起海绵窦血栓性静脉炎、败血症甚至脑脓肿等。

3.自觉灼痛及压痛。

4.邻近淋巴结肿大，严重者可有发热、头痛等全身不适。

5.对慢性疖病应查尿糖、血糖和血细胞。

二、实验室检查

1.血常规：白细胞总数及中性粒细胞可增高。

2.细菌学检查：脓液涂片可见革兰阳性球菌，细菌培养有葡萄球菌生长。

3.组织病理：早期为毛囊炎及毛囊周围炎，毛囊周围有密集的中性粒细胞和少量淋巴细胞浸润，后期形成脓疡，毛囊、皮脂腺遭到破坏。

【治疗】

一、全身治疗

1.早期应用足量、有效的抗生素。首选青霉素，也可用洁霉素0.6 g，肌肉注射，每日2次，青霉素过敏或耐药者还可用头孢类抗生素、红霉素及磺胺等，必要时结合脓培养及药敏结果选用合适的抗生素。

2.对疖病可注射转移因子(同毛囊炎)。

二、局部治疗

1.早期损害可热敷、外搽鱼石脂软膏、莫匹罗星软膏及碘伏等。

2.晚期成熟损害可切开排脓，局部用凡士林纱条引流。

三、物理疗法

紫外线、红外线、超短波等对缓解炎症均有效，可配合药物同时进行。

【预防】

增加机体抵抗力，注意皮肤清洁，勤换衣服并消毒。避免搔抓，有瘙痒性皮肤病应积极治疗。少食甜食、禁饮酒。不要任意挤压排脓，尤其是发于上唇部者。对慢性复发性疖肿患者要耐心寻找病因，如发现体内有慢性病灶、贫血、糖尿病等要积极治疗。

第四节 痈

痈(carbuncle)系由多个相邻毛囊发生深部感染或由数个疖肿相互融合形成的皮肤深层脓皮病。临床上表现为为红、肿、热、痛的浸润性斑块，表面有多数脓头及多房性脓肿。病因为金黄色葡萄球菌，常发生于机体抵抗力低下者，如糖尿病、肾炎、营养不良、心衰、低丙球蛋白血症、剥脱性皮炎、天疱疮以及长期使用皮质类固醇激素者。

【诊断要点】

一、临床特点

1.多发于老年人及机体抵抗力低下者，如糖尿病患者和皮质激素长期使用者。

2.损害好发于组织致密部位，如颈部、背部、肩部、臀部及大腿等处。通常为一个，但可伴发一个或多个疖。

3.初起为弥漫炎性硬块，紧张发亮，境界不清，局部灼痛。皮损迅速向四周及深部发展，继而化脓坏死，表面出现多个脓点，脓液由多个毛囊口排出，形成蜂窝状脓头及坏死性脓栓，严重者整个患部组织坏死、溶解、塌陷形成火山口状深而大的溃疡。以后肉芽组织生长，结疤而愈。

4.常有局部淋巴结肿大。全身症状较重，患者可有高热、寒战、头痛和全身不适，严重者可继发毒血症和败血症而导致死亡。

5.自觉症状为患部有搏动性疼痛，脓液及坏死组织排出后疼痛减轻。

二、实验室检查

1.血常规：白细胞总数及中性粒细胞可明显增高。

2.细菌学检查：脓液涂片可检出革兰阳性球菌，细菌培养有葡萄球菌生长，败血症期血培养阳性。

3.组织病理：早期为多数相邻的毛囊炎、毛囊周围组织及皮下组织的急性化脓性炎症改变，邻部组织坏死，形成相互沟通的脓肿，脓肿周围组织充血、水肿及中性粒细胞浸润。

第五节 须 疮

须疮(sycosis)是发生于男子胡须部位的化脓性毛囊炎。病原菌为白色葡萄球菌，有时为金黄色葡萄球菌。多发生于30~40岁男性。鼻腔脓性分泌物中的白色葡萄球菌往往是此病的病源，多数病人有皮脂溢出，不良的拔鼻毛习惯及刮脸刺激，也可促使本病的发生。本病的发生不单纯是由于化脓菌感染，还可能与机体素质有关。患者往往对葡萄球菌有特异的敏感性，如对治愈的须疮患者注射葡萄球菌疫苗，可能引起须部毛囊性红斑反应。核黄素缺乏也可能是一种诱发因素。

【诊断要点】

1.多见于中青年男性,好发于上唇近鼻部的胡须。

2.损害初起为一水肿性红斑、毛囊炎性丘疹或脓疮,中心有须毛贯穿。脓疱破后,干燥结痂,经2~3周痂脱而愈,但不断有新疹出现,呈慢性过程。皮损可孤立亦可簇集,呈浸润斑块,其上有散在性脓疱。

3.自觉痒、烧灼或疼痛。

4.严重病人可有睑缘炎及结膜炎,有时眉毛、腋毛、阴毛亦可受损。如果皮疹相互融合,可形成须疮样湿疹（eczema sycosiforme）改变。若毛囊被破坏而形成瘢痕，称狼疮样须疮(lupoid sycosis),狼疮样须疮初起为毛囊性小脓疱,逐渐增多,局部皮肤潮红、肿胀,有时有浸润,其上有小丘疹和脓疱组成的活动性边缘和肉芽肿样炎性改变,使皮损成为狼疮样。这种损害通常从一侧耳前或颏部开始,可向任何方向不规则延伸。头皮可以受累,使毛囊破坏,毛发缺如,如不及早处理可无限期地发展。

【治疗】

平时注意避免剃须时损伤。早期出现丘疹或脓疱时,可用1:5000高锰酸钾液热敷,每日2~3次,再外用0.5%新霉素软膏;慢性型对抗生素疗效不肯定,即使抗生素与皮质激素联合应用效果也难判断,但可试用四环素或红霉素内服10~14 d,狼疮样须疮须内服抗生素。

第六节　丹　毒

丹毒(erysipelas)系由β型溶血性链球菌所致的皮肤及皮下组织内淋巴管及其周围软组织的急性炎症。主要表现为境界清楚的水肿性鲜红斑,伴发热等全身症状。病原菌大多经过皮肤黏膜的微细损伤侵入引起组织感染,故鼻部炎症、抠鼻、掏耳、足癣等因素常成为丹毒的诱因,病原菌可潜伏于淋巴管内,引起复发。

【诊断要点】

一、临床特点

1.发病急剧,常先有畏寒、头痛、恶心、呕吐、全身不适等先驱症状,继之发生高热,婴幼儿有时可发生惊厥。

2.皮损好发于小腿、面部,婴儿多见于腹部。

3.皮损为略高出皮面的鲜红色水肿性斑,表面紧张发亮,边界较清楚,迅速向周围扩大,有时严重者可发生水疱。压痛明显,局部皮温高。丹毒蔓延很快,但少有组织坏死或化脓。婴儿及年老体弱者可继发肾炎、皮下脓肿及败血症。在临床上根据其表现不同而有不同的名称,如红斑上发生水疱者,则称为水疱性丹毒;形成脓疱者,称脓疱性丹毒;炎症深达皮下组织引起皮肤坏疽者,称坏疽性丹毒;皮损连续扩大且呈岛屿状蔓延者,称游走性丹毒;于同一部位反复发作者,称复发性丹毒。由于丹毒反复发作所致皮肤淋巴管受损被阻塞,日久可发生象皮肿，多见于下肢，若发生于颜面者，可形成慢性淋巴水肿样改变。乳癌病人腋部淋巴结清除术后由于淋巴淤滞，也易反复发作丹毒，下肢反复发作可导致象皮肿。

4.常伴局部淋巴结肿大。

5.常有引起本病的局部因素，如足癣，鼻炎等。一般足癣及下肢皮肤外伤可诱发小腿丹毒；鼻腔、咽、耳等处炎症及损伤可诱发面部丹毒。

6.自觉症状有灼痛，触痛明显。

二、实验室检查

1.血常规：白细胞总数及中性粒细胞可明显增高。血沉增高，抗链球菌溶血素“O”升高。

2.血培养：发生败血症时血液可培养出乙型溶血性链球菌。

3.组织病理：表皮细胞水肿、变性。真皮高度水肿，毛细血管及淋巴管扩张，中小动脉内皮细胞肿胀，管腔有纤维蛋白栓塞，血管及皮肤附属器周围有以中性粒细胞为主的浸润，可扩展至皮下组织。革兰染色在组织间隙或淋巴管内见有革兰阳性球菌。

【鉴别诊断】

1.蜂窝织炎：呈弥漫性浸润潮红，境界不清，炎症范围更深更广，可出现明显凹陷性水肿，可软化破溃，愈后有瘢痕。

2.接触性皮炎：有接触史，皮疹多局限在接触部位，自觉瘙痒，无疼痛和全身发热。

3.类丹毒：多见于食品工业人员及屠宰人员，有接触鱼肉机会并有外伤史者，损害多局限于手部，为紫红色斑片，无水疱，全身症状轻微。

4.癣菌疹：足背或小腿部有多数大小不等的红斑，常为双侧性、无压痛、无全身发热等症状，常有活动性足癣灶。

【治疗】

治疗原则为积极抗菌。早期、足量有效的抗生素治疗能解除全身症状，控制炎症蔓延，防止复发。

一、全身治疗

1.首选青霉素，每日480~800万单位，静脉滴注，过敏者可用红霉素1~1.5 g/d，静脉滴注；或选用环丙氟哌酸每次0.2 g，每日2次，静脉滴注，口服阿莫西林每次0.5 g，每日3次，也可用选用抗菌谱较广的头孢类抗生素，一般疗程为10~14 d，在皮损消退后应维持一段时间。

2.加强支持疗法，对于高热、全身症状明显者应以对症处理。

二、局部治疗

1.有水疱破溃者可用1:2000黄连素或呋喃西林液湿敷，可外用抗菌素类软膏，如百多邦软膏、诺氟沙星乳膏等。象皮腿患者可用中药鲜柏树叶、鲜樟树叶、松针各60 g，生姜30 g，切碎煎汤，每晚熏洗一次；西药可用50%硫酸镁热湿敷。

2.物理疗法采用紫外线照射、音频电疗、超短波、红外线等，均有一定疗效。

3.积极治疗局部病灶，如足癣、鼻炎等，下肢损害应抬高患肢。

【预防】

对于反复复发的病例应注意寻找附近有无慢性病灶。叮嘱患者勿挖鼻，积极治疗足癣等易诱发丹毒的疾病。

第七节 蜂窝织炎

蜂窝织炎(cellulitis)是由溶血性链球菌和金黄色葡萄球菌等引起的急性、亚急性或慢性的疏松结缔组织炎症。细菌通过皮肤小创伤而侵入,有的由淋巴和血行感染所致。

【诊断要点】

一、临床特点

1.损害初起为境界不清的弥漫浸润性斑块,迅速扩展至周围组织。局部发热疼痛。

2.红斑表面呈显著凹陷性水肿,严重者可发生水疱和深在性脓肿。

3.常伴有淋巴结炎、淋巴管炎,甚至发生败血症。

4.皮疹好发于四肢、颜面、外阴、肛周等部位,发生在指趾的蜂窝织炎称为瘭疽。

5.急性期常伴高热、寒战和全身不适。

6.慢性蜂窝织炎又称硬结性蜂窝织炎,皮肤呈硬化萎缩改变,类似于硬皮病,有色素沉着或潮红,灼热,但疼痛不明显。好发于小腿远端及踝上部。

二、实验室检查

1.血常规:末梢血白细胞总数和嗜中性白细胞均增高。

2.细菌培养:脓液细菌培养可确定致病菌。

3.组织病理:真皮及皮下组织广泛的急性化脓性炎症改变,有中性粒细胞和淋巴细胞浸润。血管及淋巴管扩张,有时见血管栓塞。毛囊、皮脂腺均遭到破坏。

【鉴别诊断】

1.接触性皮炎:有接触史、皮疹多局限在接触部位,自觉瘙痒,无疼痛及全身发热。

2.癣菌症:足背或小腿部有多数大小不等的红斑。常为双侧性、无压痛、无全身发热等症状,常有活动性足癣灶。

3.类丹毒:多见于食品工业人员及屠宰的人员,或因鱼刺刺破手引起。多发生于手部,损害为片状紫红斑,不易发生水疱,全身症状较丹毒轻。

【治疗】

一、全身治疗

1.早期应用足量高效的抗生素:可选用青霉素每日480~800万单位,静脉滴注;或选用抗菌谱较广的头孢类抗生素,静脉滴注,一般疗程为10~14 d,在皮疹消退后维持一段时间。也可根据培养结果和抗生素药敏试验选用合适的抗生素。

2.补充维生素C、复合维生素B等。

3.对症处理:酌情给予解热止痛药,如APC等。

二、局部治疗

局部外用金黄散或50%硫酸镁热湿敷，也可用紫外线或超短波物理疗法。一旦局部形成脓肿立即切开引流。

第八节 脓肿性穿掘性头部毛囊周围炎

脓肿性穿掘性头部毛囊周围炎(perifolliculitis capitis abscedents et suffodiens)系多数聚集的毛囊炎及毛囊周围炎在深部融合后相互贯穿形成的脓肿。本病是否与细菌感染有直接关系，尚有争议，推测其可能为一种自身免疫反应。

【诊断要点】

1.成年男性多见，主要位于头部，尤其顶、枕部多见。

2.损害初起为毛囊和毛囊周围炎，逐渐增大形成半球形结节，结节软化后形成脓肿，破溃后成为多数瘘孔，有脓汁流出。脓肿间相互沟通，呈"筛状溢脓"。

3.本病呈慢性经过，常一处痊愈结疤痕，另一处又出现新皮损，疤痕间可有互相连接的窦道。

4.病损处毛发脱落，呈不可复性。

【治疗】

一、全身治疗

1.抗菌药物根据脓培养和药物敏感试验结果选用合适的抗生素，还可试用利福平和雷米封治疗。

2.皮质激素可与抗生素合用，初始剂量30~40 mg/d，好转后逐渐减量。

3.使用免疫调节剂，如转移因子等。

二、局部治疗

1.抗菌软膏外用。

2.皮损内注射去炎松或强的松龙混悬液，每周1次。

3.对已有波动感的脓肿应及时切开排脓。

三、物理疗法

紫外线、红外线照射有一定疗效。

第九节 化脓性汗腺炎

化脓性汗腺炎(hidrosadenitis suppurative)是一种大汗腺的慢性化脓性炎症。病原菌主要为金黄色葡萄球菌和链球菌，主要发生于腋窝及会阴部，中青年女性病人多见。

【诊断要点】

一、临床特点

1.好发于中青年女性。

2.主要见于大汗腺丰富的腋窝、腹股沟、乳晕、外生殖器和肛周等部位。

3.皮疹初起为有触痛之红色皮下硬结，渐扩大，增多，表面发生破溃化脓，可形成瘘管，发生在会阴部的可形成肛瘘。

4.病程迁延，反复发作，常导致硬化和瘢痕形成。

5.自觉疼痛明显，有时伴发热等全身症状。

二、实验室检查

1.血液学检查：有贫血改变，低球蛋白血症。

2.组织病理：早期为大汗腺及其周围的炎性改变，因白细胞充满汗管而使汗管扩张。在腺体和真皮周围有淋巴细胞和组织细胞浸润，有时可见成群的球菌，后期可形成脓肿。皮肤附属器破坏，残余的腺体被异物巨细胞包绕，愈合区内可见广泛的纤维化。

【鉴别诊断】

应与皮肤结核、放线菌病、腹股沟肉芽肿等进行鉴别，并要结合细菌学检查及血清学检查的结果，必要时行组织病理检查。

【治疗】

一、内治

1.抗感染治疗：急性期可酌情应用抗生素，一般根据细菌培养和药敏试验决定选用抗生素的种类。常选用的药物有青霉素、红霉素、强力霉素、万古霉素等，但因本病常反复发作，病灶周围纤维化，抗生素可能不易透入，所以药敏试验不一定与临床效果一致。

2.肾上腺皮质激素的应用：强的松龙、地塞米松等应用，可控制炎症，但不宜久用。

3.抗雄性激素治疗：近年来研究应用雄性激素药物环丙氯地孕酮(CPA)治疗化脓性汗腺炎取得了较好的效果。

二、外治

1.中药清热解毒、活血化瘀之剂，水煎熏洗。可选用硝矾洗剂、葱硝汤、二花一黄汤等。

2.外敷拔毒祛腐生新之剂，如五味拔毒膏。

3.待创面肉芽新鲜时，用生肌收敛之剂，如皮粘散。

4.急性炎症期可局部应用50%硫酸镁溶液冷湿敷，也可用紫外线、红外线、超短波照射治疗。

三、手术治疗

根据病变情况，顽固的病例可手术治疗，如腋部穹窿皮肤的切除或其他部位皮损的彻底切除，并进行植皮。

第十节　猩红热

猩红热(scarlet fever)是由A族乙型(β)溶血性链球菌引起的急性出疹性传染病。临床特征有发热、咽峡炎,全身鲜红色皮疹,恢复期出现成片状脱皮。引起猩红热的病原菌是具有红疹毒素的A族乙型溶血性链球菌,红疹毒素(erythrogenic toxin)是引致皮疹的物质,该毒素的产生取决于有无适宜的噬菌体。此外,该链球菌还可产生链球菌溶血素“O”和“S”、链激酶、透明质酸酶等。感染后是发生猩红热还是发生如扁桃腺炎、蜂窝织炎或败血症性链球菌病变等,取决于机体以往接触此菌所产生的抗毒素免疫水平。

病原菌侵入人体后可引起炎症性、中毒性和变态反应性三种病变。①炎症性病变:病菌在侵入的局部,如咽峡和扁桃体等处引起充血、水肿、细胞浸润和渗出等急性炎症性病变,加之产生的透明质酸酶等使纤维组织溶解,感染扩散至周围,引起蜂窝组织炎和淋巴结炎。少数重症患者细菌毒素可侵入血循环,引起发热、不适等败血症征象。②中毒性病变:细菌的外毒素由局部进入血液循环,可引起发热、不适等毒血症征象。红疹毒素引起皮肤、黏膜的毛细血管广泛充血,毛囊周围皮肤水肿、上皮细胞增生、白细胞浸润,形成鸡皮样皮疹。恢复期表皮坏死和角化层脱落,形成脱皮。受毒素影响,肝脾和淋巴结均可见充血和变性,心肌也可变性或坏死,肾脏发生间质性炎症。③变态反应性病变:少数病人于起病后2~3周,在心、肾和关节滑膜等处的胶原纤维发生变性和坏死, 小血管内皮肿胀和单核细胞浸润等非化脓性炎性病变。

猩红热病人、链球菌性咽峡炎病人和健康带菌者都是传染源。多经飞沫传播,也可通过污染玩具、日用品和食物等经口传播,或通过皮肤创伤或产道入侵,形成“外科型”或“产科型”猩红热。

【诊断要点】

一、临床特点

1.潜伏期1~7 d,外科型猩红热的潜伏期较短,约1~2 d。

2.典型的临床表现由急性咽炎(扁桃体)和出疹两部分组成。骤起发热,体温高低不一,轻者38~39 ℃,重者高达39.5~40 ℃以上同时伴有咽痛、呕吐和头痛等症状。若咽部为细菌侵入口,则咽部和扁桃体充血水肿明显,上覆有脓性斑片状渗出性膜。软腭处有细小密集的红疹或出血点。病初舌尖和边缘红肿,突出的舌乳头呈白色,称为白草莓舌(white strawberry tongue)。起病4~5 d时,白苔脱落,舌面光滑鲜红,舌乳头红肿突起,称红草莓舌(red strawberry tongue)。

3.多在起病12 h内出疹,皮疹最早见于颈部、腋下和腹股沟处,于24 h内很快由上而下遍及全身。皮疹特点为红色细小丘疹,呈鸡皮样,抚摸时似砂纸感。皮疹密集,疹间皮肤一片红晕,偶见正常皮肤。用手指按压皮疹,皮疹色褪,苍白状,约10 s后恢复原状,称“贫血性皮肤划痕”。

4.面部潮红,无皮疹,口唇周围苍白,形成环口苍白圈(circumoral pallor)。皮肤折叠处如腋窝、肘窝、腹股沟等处，皮疹更密，可夹有出血点，形成明显的横纹线，称为帕氏线（pastia line）。出疹期间持续发热，待皮疹遍及全身后，体温逐渐下降。

5.皮疹持续2~4 d后沿出疹顺序消退，体温正常，一般情况好转。皮疹消退后1周，开始脱皮，先从面部糠屑样脱皮，渐及躯干，最后四肢，可见大片状脱皮，脱皮期长达6周。

并发症可分为两类：

(1)早期化脓性损害：多见于年幼体弱者。病菌向周围组织扩散，可引起中耳炎、颈淋巴结炎和肺炎等。如病菌进入血液，可引起败血症、脑膜炎和骨关节炎等；

(2)晚期变态反应性病变：在猩红热痊愈后数周内发生，如急性肾小球肾炎、风湿热等。

二、实验室检查

1.白细胞总数增高：可达$(10\sim20)\times10^9$/L或更高，中性粒细胞可达75%以上，有核左移，胞浆中可见中毒颗粒。恢复期嗜酸性粒细胞可高达5%~10%。

2.尿常规检查：可有少量尿蛋白，多为一过性，并发肾炎时蛋白增加，并出现红、白细胞和管型。

3.咽分泌物培养：可有乙型溶血性链球菌生长，用免疫荧光法检查咽拭子涂片可发现乙型溶血性链球菌。

4.血清学检查：一般抗“O”效价在1:400以上，链球菌酶（streptococcus enzyme）玻片试验，早期可测出血清中多种抗体，假阳性很少，且快速，能在2 min之内得出结果，为辅助诊断。

三、诊断标准

1.发热、咽痛、皮肤出现充血红点疹或充血粟粒疹。

2.确诊病例：

(1)骤起发热、咽峡炎、草莓舌或杨梅舌，口周苍白，皮肤皱褶处有皮折红线（巴氏线）。

(2)发热1~2 d内出疹，皮肤弥漫性充血，潮红，期间散布针尖大小红色皮疹，压之褪色，2~5 d后消退。

(3)退疹1周内皮肤有脱屑或脱皮。

(4)血常规白细胞总数增加，中性粒细胞增多。

(5)咽拭子或脓液培养分离出A组β型溶血性链球菌。

(6)咽拭子涂片免疫荧光法查出A组β型溶血性链球菌。

(7)红疹褪色试验呈阳性。

(8)多价红疹毒素试验在发病早期呈阳性，恢复期呈阴性。

临床诊断为确诊病例中的第1、第2、第3、第4项。

实验确诊为确诊病例中的第5、第6、第7、第8项。

【鉴别诊断】

1.药物疹或其他过敏性皮疹：奎宁、苯巴比妥、酚酞、安替比林、颠茄、阿托品等药都有引起猩红热样弥漫性皮疹的可能，但这类疾病缺乏全身症状，而且多有最近服药和接触过敏源的病史。

2.金黄色葡萄球菌感染：金黄色葡萄球菌所致咽炎和败血症可以发生与猩红热同样的皮疹，但皮疹持续时间短暂，无脱皮、无杨梅舌且常有局部或迁延性病灶，疹退中毒症状仍较重，青霉素无效。血培养金黄色葡萄球菌呈阳性。

3.皮肤黏膜淋巴结综合征又称川崎病(Kawasaki disease)：一般发热5 d以上，可有猩红热样皮疹。面部、躯干、四肢均可出现，疹型不一，有正常皮肤，手足有硬性水肿，指端明显，眼结膜充血，口唇皲裂，淋巴结肿大等，继而甲床皮肤有膜样脱皮，血小板可升高。

4.其他出疹性疾病。

【治疗】

1.抗病原治疗首选青霉素治疗，每日2~4万单位/kg，分2次，肌肉注射或静脉滴注，疗程7~10 d。对重症患者，应加大青霉素剂量至每日5万~8万单位/kg，或联合应用其他抗生素药物，并针对病情积极抢救。遇有青霉素过敏者，改用红霉素等治疗。

2.一般治疗做好呼吸道隔离，隔离期为症状及体征消失、咽拭子培养连续3次阴性。可用3%硼酸水或生理盐水漱口，使口腔清洁。急性期卧床休息，供给充分的营养和水分，防止继发感染。皮肤大块脱皮时，用消毒剪刀修剪，不要撕剥，以免皮肤感染。

第三章　杆菌性皮肤病

第一节　皮肤结核病

皮肤结核病(tuberculosis cutis)是由结核杆菌所致的皮肤感染。可以是结核杆菌直接侵犯皮肤或者由其他脏器结核灶内的病菌经血行或淋巴系统播散到皮肤所致的损害。由于结核菌的数量、毒力及机体抵抗力的差异,临床表现可分为不同类型。

【诊断要点】

一、临床特点

(一)寻常狼疮(lupus vulgaris)是皮肤结核中最常见的类型。常发生在既往感染过结核并已致敏者身上的一种继发性皮肤结核。

1.好发于儿童和青年,在面部、臀部等暴露部位多发。

2.典型损害为粟粒至豌豆大的狼疮结节,红褐色至棕褐色,微隆起皮面,呈半透明状,触之质软,结节表面薄嫩,用探引探查时,稍用力即可刺入,容易穿通及出血,称探针贯通现象。结节处玻片压诊,呈淡黄色或黄褐色,如苹果酱颜色,故亦称苹果酱结节。结节可以相互融合形成大片红褐色浸润性块状损害,表面高低不平,质软,其上覆有大片叶状鳞屑。在长期病程中有的损害自愈形成瘢痕,有的结节往往破溃形成溃疡。溃疡边缘不整齐,质柔软,色暗红。在发展过程中,溃疡中央或一侧结疤而愈,但边缘和另一侧则扩展,形成大片、环状、弧形或蛇行性损害,可在已愈的瘢痕组织上再起新的狼疮结节,再破溃形成溃疡,故本病常迁延数十年不愈。本病对组织毁坏性大,愈后结成高低不平的瘢痕,呈索条状,瘢痕收缩可引起畸形或功能障碍。

3.无明显自觉症状,如有继发感染时可伴有疼痛。

4.由于易侵颜面组织,形成瘢痕收缩后可致毁容。

(二)疣状皮肤结核(tuberculosis verrucosa cutis)

1.好发于手指、手背、臀部等暴露部位,经过迟缓,性质顽固,多限于局部,可有局部接种感染。

2.坚硬的紫红色丘疹初起为圆形或椭圆形黄豆大小的紫红色丘疹,质硬,玻片压诊无苹果酱色现象。

3.丘疹逐渐扩大,表面粗糙角化,呈乳头状突起,覆有灰白鳞屑,境界明显,周围有暗红色浸润,逐渐增大形成疣状增生的斑块,对结核菌素的高倍(1:100 000)稀释液试验呈阳性。

呈现“三廓”：中央愈合留下不规则的萎缩性瘢痕，边缘疣状增殖，再外围绕以平滑的红色浸润带。

(三)瘰疬性皮肤结核(scrofuloderma)

1.多见于儿童。

2.好发于颈、腋、胸上部及腹股沟等处，常伴有骨或颈淋巴结核。

3.损害初起为数个与皮色相同的皮下结节，质硬，逐渐增大增多，融合成块，中心软化破溃形成溃疡和瘘管，可排出有干酪样物的稀薄脓液。愈后留瘢痕，损害不断发生，相互连接呈带状分布。

(四)丘疹坏死性结核疹(papulonecrotic tuberculid)

1.好发于青年女性，春、秋季多见。

2.皮损对称散发于四肢伸侧，尤以肘、膝关节附近多见，可延及手背、足背、面部等处，个别病例损害局限于阴茎。

3.基本损害为真皮下部坚实结节，黄豆大小、渐突出皮面，此丘疹可自行消退，但大多数结节呈暗红色，中心坏死形成小脓肿，表面很快干涸结痂，痂下有凹陷性溃疡，愈后留瘢痕。

4.皮疹常反复发生，成批出现，一般无自觉症状。

(五)瘰疬性苔藓

1.常发生于儿童及青年。患者常有淋巴结、骨关节结核或其他皮肤结核史。

2.皮损常对称性地分布于躯干或四肢伸侧，尤以胸背部、肩部、腰部、臀部为多，一般无自觉症状。

3.损害为与毛囊一致的粟粒大平顶丘疹，上覆细小鳞屑，可呈正常皮色或淡红、褐红或黄褐色，有群集倾向。

(六)颜面播散性粟粒狼疮(1upus miliaris disseminatus faciei)

关于本病是否属于结核菌感染尚有争议。

1.皮损好发于眼睑、颊部及鼻两侧附近。

2.基本损害为1~2 mm直径孤立散在或相互融合的结节，皮疹呈淡红、紫红或淡褐色。质软，光滑半透明状。玻片压诊呈苹果酱色，探针贯通现象可呈阳性。

3.发病急，经过缓，病程有自限性，有自然痊愈的倾向。常不并发其他结核，病损中找不到结核杆菌，抗结核治疗无效。结节愈后常留有萎缩性瘢痕。

二、实验室检查

1.结核菌素试验(OT)：可用来测定对结核菌的免疫力，若呈阳性反应，说明曾有过结核菌感染或已建立免疫力；若呈强阳性反应往往说明体内存在活动性结核病灶；若OT阴性也不能完全排除结核感染的可能，因病人细胞免疫功能受损时，可出现假阴性。结核疹用低浓度OT试验，如1:100 000万可呈阳性。

2.细菌学检查：刮去病变组织或分泌物进行细菌培养，约半数病例有结核杆菌生长。皮损中PCR技术可检出结核杆菌DNA，亦可通过涂片、病理切片寻找结核杆菌，结核杆菌抗酸染色法呈红色。

3.组织病理学检查：皮肤结核共同的组织病理特点可见真皮内结核样肉芽肿性结节，结节中心为上皮样细胞及郎罕氏巨细胞组成的结节，周围绕以致密的淋巴细胞浸润，中央可见程度不等的干酪样坏死，也可无坏死。寻常狼疮时表皮萎缩变薄，疣状皮肤结核时表皮呈乳头瘤样或似上皮瘤样增生，丘疹坏死性结核疹时表皮常坏死溃疡，瘰疬性苔藓时真皮上部毛囊或汗管周围有上皮样细胞为主的结核样浸润，无干酪样坏死，毛囊上皮细胞变性，毛囊口因角化过度而有角质栓。

4.胸透胸片检查有助于发现肺和其他脏器的结核感染。

【鉴别诊断】

(一)寻常狼疮的鉴别诊断

1.盘状红斑狼疮：损害见于面部和(或)手背，圆形或类圆形，红斑上有黏着性鳞屑，底面附毛囊角质栓，无狼疮结节及溃疡，玻片压诊试验阴性，结核菌素试验阴性；

2.结节病：结节病的结节较狼疮结节坚实，有浸润感，一般小破溃。结核菌素试验阴性。

3.结节性梅毒疹：梅毒性结节发展较快，可呈匐形状排列，质硬如软骨，铜红色，常破溃，溃疡呈穿凿状，愈后结疤。梅毒血清反应阳性，其病理改变主要为浆细胞浸润及血管变化。

4.深部真菌病：结节常破溃、结疤，真菌培养阳性。组织病理学可查获病原菌。

5.孢子丝菌病：有外伤史，为孤立的结节或溃疡，可沿淋巴管成串状排列。真菌培养阳性，皮损病理检查有助于诊断。

6.结核样型麻风 ：结节较狼疮结节稍硬，患处感觉障碍为其特点，有周围神经粗大及肢体麻木畸形，可出现营养性溃疡。

(二)疣状皮肤结核的鉴别诊断

疣状皮肤结核应与皮肤着色芽生菌病和疣状扁平苔藓相鉴别。

(三)瘰疬性皮肤结核的鉴别诊断

瘰疬性皮肤结核应与孢子丝菌病和放线菌病相鉴别。

(四)丘疹坏死性结核的鉴别诊断

丘疹坏死性结核疹应与皮肤变应性血管炎鉴别。

(五)瘰疬性苔藓的鉴别诊断

瘰疬性苔藓应与毛发性苔藓、扁平苔藓、光泽苔藓、维生素A缺乏以及丘疹性结节病等相鉴别。

(六)颜面播散性粟粒狼疮的鉴别诊断

颜面播散性粟粒狼疮应与寻常痤疮和酒渣鼻相鉴别。

鉴别诊断主要依据组织病理学表现，有无结核或结核样结构，结合病原学检查结果，如细菌和真菌培养等，OT试验对鉴别某些疾病有一定意义。

【治疗】

一、一般治疗

注意适当休息，增加营养，提高机体抵抗力，同时治疗伴发疾病或间发感染。

二、抗结核药物治疗

本病主要用抗结核药物治疗，与其他脏器结核不同者为异烟肼类药物治疗皮肤结核未见有临床耐药性，所以不伴有其他脏器结核的本病患者可用异烟肼类药物单一治疗，伴有其他脏器结核者则采用联合疗法。局限型效果一般较好，寻常狼疮一般在2周内即有好转，溃疡型特别是侵及黏膜者好转更快，1周内即见缩小。血源型则疗效较差，且易复发。复发与病期及治疗总量有关，病期短、治疗总量大者不易复发。大部分皮肤结核用异烟肼100 mg，每日3次，如有效，一般在2~6个月皮损消失，少数病人需6个月以上皮损才能消失，为巩固疗效和预防复发，在皮损消退后宜继续治疗2个月。对硬红斑和丘疹坏死性皮肤结核则在以后春、秋季宜再给预防治疗2个月，以防止复发。

异烟肼可与链霉素、利福平、对氨水杨酸等合用，链霉素每日1 g，总量60~100 g，以往认为对氨水杨酸对瘰疬性皮肤结核有作用，成人日服8~12 g，分4次服用，疗程60~90 d。

维生素D_2对寻常狼疮有效，剂量由每日5万单位开始，在1周内逐渐增至10万单位，以后每日10万单位，可连服4~6个月或更久。有活动性内脏结核、肝肾疾患、高血压、溃疡病者禁用。另可选用乙胺丁醇15 mg/(kg·d)，口服；吡嗪酰胺25 mg/(kg·d)，口服。这些药物毒副反应较多，宜慎用。

三、局部治疗

1.皮损局限者，可考虑手术切除。

2.腐蚀治疗：以纯石碳酸、三氯醋酸等涂抹，然后外敷5%异烟肼软膏。

3.烧灼：常用激光、电灼、冷冻等破坏病灶。

【预防】

开展卡介苗接种，严格工作规程，做好劳动防护和病畜治疗。定期体格检查，及早发现和治疗结核病灶。患病后要主动、积极地做好隔离，集中处理脓液敷料，防止传染给他人。

第二节　类丹毒

类丹毒(erysipelas)系由猪丹毒杆菌感染所致的急性传染性皮肤病。该病原菌主要存在于病猪和病鱼的生肉上，故从事屠宰业、水产业及食品加工业的工作者发病率高，也可见于从事家务者。该病通过皮肤外伤引起感染。

【诊断要点】

一、临床特点

1.发病前有外伤史，有接触肉类、鱼类史。

2.损害多局限，好发于手指，初为红斑，以后扩大为边界清楚的暗红色斑块，水肿性，境界清，不化脓，不破溃，偶可发生水疱。

3.局部症状轻，有痒疼感，一般无全身症状。

4.病程有自限性，3周左右可痊愈。

5.少数病例表现为泛发型，伴有发热、关节痛等全身症状，甚至可引起败血症。

二、实验室检查

(一)细菌培养

1.局部感染可取皮肤或组织直接接种血平板;或置入含有1%葡萄糖的肉汤中,在5%~10%CO_2环境中35 ℃培养24 h后,再转中血琼脂平板。对于泛发型病例(败血症)可抽取血液标本,作血培养。

2.结果:如果血平板上生长有透明、光滑、细小菌落或表面粗糙的较大菌落,革兰染色为阳性杆菌,借助其他生化反应即可鉴定。

(二)药敏试验

为临床选用抗生素提供依据。

【鉴别诊断】

本病与丹毒的病原菌不同,临床表现也不同,本病多有接触肉类、鱼类的病史。

【治疗】

1.首选青霉素。因致病菌对其高敏,用药1周,过敏者可改用磺胺、红霉素、四环素或阿奇霉素,在连续用药1周。

2.局部外敷3%硼酸或0.5%呋喃西林液,涂抹10%鱼石脂软膏或其他抗生素软膏。

3.紫外线照射。

4.加强个人防护,防外伤。

第三节　红　癣

红癣(erythrasma)系由微细棒状杆菌引起的间擦部位的浅表感染。该菌Gram染色阳性,是人体正常菌丛。感染可发生于任何年龄,以成年男性多见。

【诊断要点】

一、临床特点

1.好发于腋下、腹股沟或其他间擦部位。

2.损害为边界清楚之圆形、椭圆形或不规则形斑片,呈浅红色至浅黄褐色。表面附有细小糠秕样鳞屑。

3.无明显自觉症状,病程长。

二、实验室检查

1.涂片检查:皮损处鳞屑可见革兰阳性棒状球菌、菌丝。

2.细菌培养:皮损处鳞屑接种于含20%小牛血清琼脂培养基上,37 ℃培养24~48 h,可长出菌落,Wood灯下菌落呈红珊瑚荧光。

3.Wood灯检查:由于感染局部存在粪卟啉Ⅲ,Wood灯下发出红珊瑚色荧光。

【鉴别诊断】

股癣、花斑癣、脂溢性皮炎。可结合病原学检查及Wood灯检查加以区分。

【治疗】

1.小面积损害局部外用5%水杨酸酒精、洁霉素酒精、红霉素软膏或抗真菌软膏,每日2次,连用2周。

2.面积大者可全身用药,口服红霉素0.25 g,每日4次,共用2周。

3.本病易复发,用2%褐霉酸钠软膏每日2次涂抹患处可根治本病。

第四节 腋毛癣

腋毛癣(trichomycosis axillaris)系由纤细棒状杆菌感染腋毛或阴毛毛干引起的病变。

【诊断要点】

一、临床特点

1.腋毛及阴毛毛干上发生黄色、黑色或红色的集结物。数目多时似“鞘”。

2.毛干变脆易断,失去光泽。

3.患处皮肤正常。

4.夏季多发。

5.病毛直接镜检可见结节状不规则菌鞘包绕毛干,其内有短而纤细之菌丝。

二、实验室检查

1.涂片检查:结节压碎后加入10%KOH溶液,油镜下可见纤细短小的杆菌,革兰染色阳性。

2.细菌培养:用血琼脂培养基,37 ℃培养后菌落生长良好。

【治疗】

1.剃除患处毛发。

2.外用1%~2%福尔马林液及除汗粉剂。

3.外用5%硫黄软膏或水氯酊。

4.注意局部卫生。

第五节 硬红斑

硬红斑(erythema induratum),本病的性质尚有争议,目前,大多认为系一种结核性血管炎。其病因不明,多半发生于16~25岁的青年妇女小腿屈侧,冬季易发病。因此,本病与年龄、性别、寒冷及血液循环状态有关。病人常伴有肺结核、淋巴结核或其他脏器结核。硬红斑有结核样浸润,常发生干酪样坏死,一直被人认为是一种皮肤结核病,但不能查到结核杆菌。有学者认为硬红斑是一种皮下动—静脉血管炎,引起脂肪坏死;但还有认为硬红斑的发病由于结核杆菌从血管内释放,最初为一种局部过敏反应,继之为迟发型超敏反应。因此,该病可能是由于多种因素激发机体自身免疫系统而发生的一种皮肤免疫反应。

【诊断要点】

一、临床特点

1.本病主要发生于青年妇女的小腿屈侧面,常与其他内脏结核并发,臀部及其他部位也偶然发生。病程慢性,往往旧的损害消退及愈合,新的损害相继发生。硬节、溃疡、疤痕及色素斑同时存在。在寒冷的季节,此病容易反复发作。

2.皮损好发于小腿屈面,分布对称,初起时皮肤深层有豌豆至指头大的硬性结节,数目不定,常常为数个或数十个,直径大小不等,为数毫米至数厘米。较小结节埋藏在皮下,呈紫红色,不高出皮面;较大硬节接近皮肤表面与皮肤粘连,炎症波及皮肤,边界不清,皮肤表面往往略微高起,并且变成红色或暗红色的斑块。硬节也可渐渐软化或破溃,皮肤上发生边缘不整而内陷的深溃疡,周围有浸润。溃疡基底为柔软的暗红色肉芽组织,溃疡不易愈合,愈合后形成萎缩性瘢痕,瘢痕上常伴有色素沉着及色素减退。

3.病人无全身症状,只有轻微触痛、胀痛。数月以后,硬结消退,并留有红褐色色素沉着。

二、实验室检查

1.硬红斑皮损中结核杆菌DNA的检测。

2.病理改变:主要变化是在真皮及皮下组织的结核样肉芽肿性浸润,伴有干酪样坏死及血管变化。早期在真皮深部及皮下组织、血管周围有结核样浸润,主要是淋巴细胞、上皮样细胞及少数巨噬细胞。在浸润灶内有明显的干酪样坏死,胶原纤维、弹力纤维及脂肪细胞发生变性及坏死,最终由纤维组织形成瘢痕而代替。真皮深部及皮下组织的动脉及静脉壁增厚,内皮细胞肿胀、增生,血栓形成管腔闭塞,产生由淋巴细胞环绕的干酪样坏死。

【鉴别诊断】

1.结节性红斑:损害常常发生双小腿伸侧面的结节,表面皮肤呈鲜红色,无溃疡发生。结节有自发痛及触痛,病程较短,常伴有关节痛及发热等其他症状。

2.瘰疬性皮肤结核:往往发生在颈部及胸部上侧。常单侧发生,很少见于小腿的屈侧面。有瘘管形成,和下方淋巴结核、骨结核及关节结核密切相关。

3.小腿红绀病:为小腿下部弥漫性对称性青紫斑,无结节及溃疡发生。往往寒冷季节发病。患处皮温低于正常皮肤。

4.梅毒性树胶肿:损害常不对称,结节坚硬,发展较快,溃疡边缘锐利,基底有坏死组织及树胶样分泌物。有性接触史,梅毒血清反应阳性。

【治疗】

1.病人要注意营养,仔细地上缠绷带并抬高患肢休息。

2.多数病例用抗结核药物没有明显的效果,皮质类固醇激素如强的松口服更为有效。

3.皮损内注射:用醋酸去炎松混悬剂等含氟类固醇激素制剂作损害内注射,每周2次,注射2~4次就可以见效,但停药后仍可复发。

第四章　真菌性皮肤病

第一节　头　癣

头癣(tinea capitis)是由皮肤癣菌感染头皮及毛发所致的疾病。根据致病菌种类和宿主反应性不同可分为黄癣、白癣、黑癣和脓癣。头癣好发于儿童,传染性较强,可通过理发工具或接触受染动物而感染。头癣病原菌为毛癣菌和小孢子菌属中的一些菌。在我国较常见的有羊毛状小孢子菌、石膏样小孢子菌、紫色毛癣菌、断发毛癣菌、石膏样毛癣菌、许兰毛癣菌、铁锈色小孢子菌、红色毛癣菌等。头癣由直接接触、间接接触患者或带病菌的动物而引起头癣小范围的流行。

【诊断要点】

一、临床特点

(一)黄癣

黄癣典型损害为碟形硫黄色黄癣痂,中心有毛发贯穿,发无光泽,参差不齐,久之可形成萎缩性瘢痕,造成永久性秃发。致病菌为黄癣菌,常自儿童时即发病,开始为黄红色表皮下的小点,后成毛囊性脓疱,头皮暗红斑和皮脂溢出,脓疱可破裂。脓疱干后形成碟形硫黄色的痂,此时感染似脂溢性湿疹。随着病情的进展,黄癣痂逐渐与毛发融合,边缘翘起,中心黏着,中央有毛干穿过。去除痂后,可见潮湿渗液的红色基底,严重的有较深的溃疡。日久痂处皮肤萎缩毛囊破坏,头发脱落形成黄色的脱发瘢痕。损害广泛时,除额上发际及鬓角处有1~2 cm宽较密的头发外,整个头皮几乎全是大片的萎缩性疤痕,只有稀疏散在的少数头发。黄癣病程多为慢性。

(二)白癣

只感染儿童,皮损开始为头皮上红色小丘疹,很快覆以灰白色鳞屑并向四周扩大成灰白色鳞屑性斑片,呈圆形或不规则形。斑片表面的病发多在距头皮3~4 mm处折断,病发根部有一白色菌鞘。皮损常呈卫星状分布,一般青春期后可自愈,不留痕迹。此病致病菌为小孢子菌。

(三)黑癣

儿童和成人都可发病,常于儿童时期开始感染,病程慢性,可延续许多年。损害开始为头皮上出现散在的点状鳞屑斑,炎症很轻,稍痒,以后逐渐扩大成灰白色的鳞屑斑,外观酷似脂溢性皮炎,病发紧贴头皮折断,留下黑色的小点,所以又称黑点癣。有时病发带白套,也在距头皮2~4 mm处或更高位置,如1 cm以上处折断。致病菌为毛癣菌。

（四）脓癣

白癣和黑点癣的炎症较重者，可形成头皮脓肿。脓癣起病急，患处出现毛囊化脓感染，形成一片或数片红肿的痈状隆起，质地软，有波动感，外观如脓肿，但无细菌性脓肿的大量脓液及严重的红肿热痛。若切开后用力挤压，可有少许浆液性或半透明的脓液。皮损内毛发松动、折断、易拔除。皮损边缘陡直，与正常头皮分界清楚如刀切，稍有痛感，附近淋巴结可肿大。

二、头癣的实验室检查

（一）黄癣

1.真菌直接镜检：黄癣痂或皮屑经10%~20%KOH处理后覆盖片，待10 min左右或火焰上微加温，直接镜检。镜下发内充满孢子，并有许多不规则的突出。菌丝长短及粗细不一，弯弯曲曲似鹿角，称鹿角状菌丝，有诊断意义。病发可采取枯黄或折断的头发镜检，可见发内粗细不一的菌丝与毛发长轴平行，分散在发内，有时分隔似关节孢子，可有或无空泡。

2.真菌培养：采集病变处标本，如病发、黄癣痂、鳞屑、甲屑等接种沙氏琼脂上，室温培养菌落可呈蜡状、绒毛状、粉末状、羊毛状。颜色为白、淡黄、棕黄、红或紫色，为黄癣痂菌落生长。培养物镜检有厚壁、粗糙梭形，多分隔大分生孢子，可有少量小分生孢子。同时，可见球拍菌丝及厚膜孢子。

3.Wood灯检查：病发呈暗绿色荧光。

（二）白癣

1.直接镜检：鳞屑直接镜检可见分枝分隔的菌丝。断发外有菌鞘，由无数的圆形孢子组成，排列整齐，成团或成链状，为发外型感染，有时发内有菌丝。

2.真菌培养：应挑选断发接种于沙氏琼脂上，室温培养2周，见有菌落生长。菌落形态和镜下特征依病原菌不同而不同。

3.Wood灯检查：病发呈亮绿色荧光。

（三）黑癣

1.直接镜检：鳞屑内可见分枝分隔的菌丝。病发直接镜检可见网形的孢子充满发内或呈链状，稀疏或密集排列，为发内型感染。

2.真菌培养：取断发接种于沙氏琼脂上，室温培养，2周内有菌落生长。

3.Wood灯检查：病发不发荧光。

（四）脓癣

直接镜检：取病发直接真菌检查多为发外型感染。发外有圆形孢子，发内可有菌丝，但镜下形态依病原菌不同而异。

【鉴别诊断】

1.脂溢性皮炎：无一定好发年龄，为头发稀疏脱落、头发油腻、头皮屑呈油腻性糠秕状，无瘢痕形成，且面部等皮脂溢出部位常受累，真菌检查阴性。

2.头皮银屑病：银屑病好发于头皮，有时与头癣难以鉴别，本病有一定季节性，冬重夏轻，皮损特点为鳞屑性红丘疹或斑块，上有多层干性银白色云母状鳞屑，头发呈束状，但不脱发。身体其他部位常有鳞屑性丘疹或斑块，真菌检查阴性。

3.石棉状糠疹：主要累及前头顶部，有白色发鞘，随毛干上下移动，白色鳞屑将毛发近端黏着成块，毛囊上有棘状隆起，头发不受侵犯，真菌检查阳性。

4.斑秃：表现为一片或数片圆形或椭圆形头发脱落，无自觉症状。头皮不受累，无皮疹，无瘢痕形成。

【治疗】

一、内治

1.灰黄霉素：儿童灰黄霉素15~20 mg/(kg·d)，口服，高脂餐便于该药的吸收。成人灰黄霉素0.6~0.8 g/d，分3次服用，连续服药3~4周。

2.酮康唑：成人酮康唑200 mg/d，餐后口服，儿童体重在40 kg以下者，2.5 mg/(kg·d)，疗程同灰黄霉素或稍长些。

注意检查肝功能，也可试用疗霉舒。

3.脓癣治疗：除内服抗真菌剂、抗生素外，急性期可短期口服小剂量皮质激素。

二、外治法

1.每10 d理发一次。

2.局部抗真菌药物：常用的药物有10%~20%冰醋酸溶液、复方雷锁辛擦剂、20%~40%硫酸钠、5%水杨酸酒精，1%克霉唑霜、复方苯甲酸软膏、2%双氯苯咪唑霜、10%十一烯酸药水、10%噻苯达唑霜、5%月桂酸酒精等，每天3次外涂。

3.紫外线照射，每日1次，每次20~30 min。

服药3周后及外用药治疗1个月以上，真菌涂片复查连续3次阴性后方可认为治愈。

第二节 体癣和股癣

体癣(tinea corporis)是发生在平滑皮肤上的浅层真菌感染。股癣(tinea cruris)是特指发生在腹股沟、会阴部和肛门周围的皮肤真菌感染。病原菌以毛癣菌、小孢子菌为主，也有表皮癣菌。

【诊断要点】

一、临床特点

(一)体癣

原发损害为丘疹、水疱或丘疱疹，针头至绿豆大小或更大，以后水疱破裂或丘疹扩大成有鳞屑的斑并由中心等距离地向四周扩展，形成环形或多环形损害，可融合成大片。以后，由于局部免疫力的形成，皮损中央消退，但在丘疹和水疱组成的狭窄的边缘仍然活跃并不断继续向四周蔓延，皮损可单发或多发，亦可互相融合。形状一般呈圆形或卵圆形，腰部则常呈不规则带状。自觉瘙痒，长期搔抓刺激，局部皮肤可肥厚浸润呈苔藓样变，日久皮损暗红，有色素沉着。好发于潮湿多汗部位，与机体免疫力和其他一些因素有关，如肥胖、糖尿病、其他消耗性疾病及使用免疫抑制剂或使用皮质激素等，都可促使体癣的发生。活动性损害边缘可检出病原真菌。

(二)股癣

多见于腹股沟部,单侧或双侧,向后可延及会阴、肛周及臀部,向上可累及阴囊、阴茎和耻骨上部甚至腹部,累及阴囊者不多,极少感染阴茎。股癣开始为丘疱疹及小片红斑,逐渐向周围蔓延扩大,但腹股沟间擦部位则不易形成丘疱疹,常为鲜红色水肿性红斑。边缘不清,个别可结痂。皮损延至大腿根部皮肤时,即可显示出典型的体癣皮损。股癣常夏季发作而冬季消退。有反复发作的倾向。糖尿病,局部或全身应用糖皮质激素,机体免疫功能下降,穿紧身衣裤特别是牛仔裤等都是股癣重要的诱发因素。

二、实验室检查

1.直接镜检:活动性损害边缘的鳞屑内可见菌丝和孢子。

2.真菌培养:标本接种于沙氏琼脂上,室温培养,皮肤癣菌生长。

3.组织病理:表皮角质层内可见到真菌,可有角化过度,角化不全,棘层增厚,真皮乳头水肿,血管周围炎细胞浸润。

【鉴别诊断】

1.湿疹:常见红斑、丘疹、水疱、糜烂、渗液等多形性皮疹,皮损境界不清,对称发生,无一定季节性,真菌检查阴性。

2.神经性皮炎:好发于颈部、眼睑、骶尾部等处,主要表现为表皮均匀肥厚,苔藓化。无典型圆形或类圆形形态,真菌检查阴性。

3.玫瑰糠疹:好发于躯干、四肢近端,为圆形或椭圆形斑片,上覆糠秕状细碎鳞屑,无中央自愈倾向,皮损长轴与所在部位皮纹或肋骨走向一致,真菌检查阴性。

4.红癣:是由微小棒状杆菌引起的腋窝、外阴等间擦部位的浅表皮肤感染。皮损为边界清楚的圆形或不规则形均匀一致的斑片,呈浅红色或棕色,上有糠皮样鳞屑。一般无瘙痒,取鳞屑涂片镜检,可查到革兰阴性的微小棒状杆菌。

【治疗】

一、局部治疗

体癣和股癣治疗多以外用药为主,主要是酸类药物,这些药物若同时具有角质解离作用,则更能增加治愈的机会,但对局部也有刺激。近年来,咪唑类抗真菌药物有很大的发展,这是一组抗真菌谱广、作用较快的药物。丙烯胺类药物的杀真菌作用,具有疗程短、疗效高、复发率低的特点。

1.酸类药物,如水杨酸、苯甲酸、冰醋酸(10%)、十一烯酸和过氧乙酸(3%)等广泛应用于临床,皮肤娇嫩处慎用。

2.咪唑类药物,如硝酸咪康唑霜(达克宁霜)、1%~2%酮康唑霜、1%联苯苄唑霜或溶液等,每天外用1~2次,一般坚持治疗2~4周,可获痊愈。

3.丙烯胺类药物,如1%特比萘芬软膏或溶液,每天外用2次,坚持治疗1~2周,可获痊愈。

4.吗啉类,如0.5%阿莫洛芬乳膏,每日1次,疗程2周左右可获痊愈。

5.其他环吡酮胺软膏及复方制剂,如派瑞松霜也可应用,尤其适合炎症明显、瘙痒剧烈的患者。

二、全身治疗

对于广泛性体癣和股癣，也可并用内服药物治疗，但不作为首选治疗。

1.伊曲康唑(斯皮仁诺)，口服，100 mg/d，连服15 d；或200 mg/d，连服7 d，进餐时服药，伊曲康唑可达最佳的生物利用度。

2.酮康唑，口服，0.2 g/d，进餐时服药，疗程2~4周。因其有严重的肝脏毒性及内分泌影响已限制其在临床的应用，现用伊曲康唑等毒性作用小、疗效好的药物所取代。

3.灰黄霉素，成人0.6~0.8 g/d，分2~3次，饭后口服，疗程4周左右。因其疗程较长，疗效欠佳，目前临床已很少应用灰黄霉素治疗体癣和股癣，仅用于头癣的治疗。

4.氟康唑，每周服药1次，每次150 mg，疗程3周。

5.特比萘芬，口服，250 mg/d，疗程2周或第1周口服250 mg/d，以后隔日服250 mg，总疗程3周。

第三节　手癣和足癣

手癣(tinea capitis manus)是发生在手掌和指间的皮肤癣菌感染，也可波及手背。若感染仅累及手背，表现为环形或多环形损害则称体癣；足癣(tinea pedis)主要发生于足跖部及趾间，也可延及足背及踝部。手癣和足癣的主要致病菌是红色毛癣菌、石膏样毛癣菌、絮状表皮癣菌、玫瑰色毛癣菌、白色念球菌及其他酵母样菌等引起。该病顽固，难以根治，病程较长，一般呈慢性，发病率很高，其中红色毛癣菌为主要致病菌。

掌跖的皮肤癣菌感染称手足癣。中医称谓的鹅掌风即包括了手癣。掌跖的非皮肤癣菌感染，如酵母念珠菌等不应称为手足癣而应称为皮肤真菌病。

【诊断要点】

一、临床特点

1.急性损害为丘疹、丘疱疹和水疱，陈旧损害有鳞屑角化。由于发生于手足特殊部位，皮损有一定特点，一般分为水疱型、丘疹鳞屑型、趾间糜烂型、角化过度型、体癣型，也可简单地分为干型(角化过度型)和湿型(水疱鳞屑型)两大类。这些分型都不能将手癣和足癣的症状划分清楚，因为临床上手足癣的表现相互重叠而且常常转化，分型的目的在于治疗的方便，且根据不同的皮损使用不同的药物和不同的剂型。

角化过度型：此型的特征为无水疱及脓疱，主要表现为皮肤角化过度，粗糙无汗。每到寒冷季节常致皮肤皲裂，甚至夏季也不能恢复。皮损多位于单侧手指、鱼际和足跟、足跖、足缘及趾，逐渐发展，严重者可波及整个手、足跖及足背。

丘疹鳞屑型：明显的小片状脱屑，呈弧形或环状附于皮损的边缘，当寄生真菌繁殖活跃时可在增厚的基础上发生红斑、丘疹，此时可有痒感。

水疱型：呈聚集或散发的小水疱，水疱位置较深，疱壁不易穿破，周围无红晕，数天后可吸收脱皮，损害可逐渐向四周扩散，有时小水疱可融合成大水疱，疱液澄清略呈黄白色，可有不同程度的瘙痒，如继发细菌感染可出现脓疱，伴有疼痛。

趾间糜烂型：由于真菌喜在潮湿而温暖的趾间生长繁殖，因而当其长期寄生于指、趾间易导致表皮角质层增厚，并因湿润浸润而发白，有时常伴多汗。移除浸软的白皮即可暴露出红斑糜烂的基底，甚或裂隙。一般好犯第3、4指(趾)间，久之也可波及全部指趾间，奇痒难忍。常有细菌继发感染而发生恶臭，病变常为夏季加重冬季减轻，但也可终年不愈。

体癣型：可由上述诸型尤其是丘疹鳞屑型、水疱型发展至手背、足背，呈弧或环状的边缘，但常与足或足缘的皮损相邻，也可完全融合为一环状，因而与真正的体癣不同，实际是足癣、体癣同时并发，可伴剧痒，夏季为多见。

2.由于病程慢性，常易继发感染或湿疹化，急性期损害用药不当(过于刺激)可致癣菌疹。尤在炎热季节容易湿疹化或继发感染引起丹毒、蜂窝织炎等损害。

3.急性期水疱顶部，慢性的鳞屑性损害中均易查到病原真菌。

二、实验室检查

1.直接镜检：刮取鳞屑，挑取疱壁或脓液加10%KOH液镜检，可见分枝分隔的菌丝，与体癣和股癣直接镜检所见相同，但角化增厚型手癣的直接镜检阳性率甚低，应尽量刮取边缘且位置稍深部的鳞屑或指间的鳞屑，表层大片较厚的鳞屑应予丢弃。有时需反复镜检才会获得可靠的结果。

2.真菌培养：取上述标本接种于沙氏琼脂上，室温培养2周，有皮肤癣菌菌落生长，根据形态和镜下特征可鉴定菌种。

【鉴别诊断】

1.手癣除前述特点外，还应特别注意与下列一些疾病作鉴别。

(1)湿疹：表现为急性，局部红肿，有大小水疱，渗液，糜烂结痂等。掌跖由于角层厚，小水疱不易破，易融合成大疱。大多数表现为慢性，单侧或双侧掌心浸润变厚，干燥，粗糙，边缘较清楚，一般不向外发展蔓延，不累及手背。病程为慢性较为难治，病程中可有急性发作史，有丘疹、水疱糜烂等。

(2)职业性皮肤病：有明确的职业因素，需接触化学试剂或溶剂及其他刺激物，如理发师等。

(3)神经性皮炎：手掌局限性角质增厚似慢性湿疹，但患者多伴有手背及手指背侧苔藓样变，边缘不甚清楚，从无水疱，身体其他部位可有可无典型神经性皮炎损害。

(4)毛发红糠疹：手足有境界清楚的橙红色浸润，伴很厚的角化性鳞屑，易皲裂。身体其他部位有典型的圆锥形毛囊性角化丘疹，淡红或暗红色，可融合成大片黄橙色鳞屑性斑片，但边缘仍有典型的毛囊性丘疹，头皮有脂溢性皮炎。皮损好发于手指和肘膝伸侧，甲板累及主要表现为甲板增厚，可有横嵴及色泽改变等。

(5)进行性对称性红斑角化症：常染色体显性遗传，婴儿期发病至青春期后逐渐减少。掌跖潮红浸润伴有鳞屑，以后逐渐蔓延至手背、足背、肘部、膝部即骨质隆起或易受压力和摩擦处，多呈对称性，但可不治疗，抗组胺药有效，外用激素无效。

2.足癣的鉴别诊断。

(1)足慢性接触性皮炎：常为穿鞋过敏所致，损害为接触鞋内面的部位，多为红斑和脱屑。脱离过敏原皮损会逐渐消退，再接触又会发生。

(2)窝状角质松解症：表现为脚掌或足跟角质层的局灶性剥蚀，圆形表浅，可融合成不规则的大片，常与赤足下水田有关，偶可累及手掌。

(3)Reiter's病：主要表现为尿道炎、结膜炎和关节炎三联征。皮损好发于头皮、口周尤其是掌跖部。开始为丘疹，以后呈有红晕的水疱，表面结痂，可融合成大片。足底典型地表现为角化过度，基底潮红，酷似银屑病的蛎壳样损害。

(4)红癣：好发于腋窝、腹股沟、乳房下，臀沟等处，为淡红至褐红色斑片，边界清楚。在趾间则表现为浸渍发白，临床上与足癣不能区别，但Wood灯下有鲜明的红珊瑚色荧光，有时与足癣同存。足部的任何皮肤疾病都应考虑患者的年龄、职业、着鞋习惯、足的形状及有无各种足病。足的潮湿多汗易诱发足癣，而挤压和负重则易导致胼胝和鸡眼。

(5)胼胝：见于摩擦受压部位，常在足底。表现为质地均匀的黄色角化性斑片，表面光滑、皮纹清晰但边缘不清。

(6)鸡眼：为硬的楔状角质栓，表面削去后见周围有一圈淡黄色半透光的晕，有疼痛和压痛。多见于拇趾胫侧、小趾外侧、趾关节背面及趾间。

【治疗】

对于无合并症的手癣和足癣应分清类型，正确施治。对于继发感染者，应先控制感染；有过敏者应先控制过敏反应，然后再治疗真菌感染。

1.水疱型：用3%硼酸液或10%冰醋酸液浸泡，每日2次，每次10 min。水疱干燥后可外用抗真菌制剂。

2.浸润糜烂型：用硼酸液湿敷收敛，然后外用足粉或咪康唑、联苯苄唑粉等，每日1~2次，干燥后再改用抗真菌霜剂。

3.鳞屑角化型手足癣：以外用各种抗真菌霜剂及含角质剥脱剂的软膏为主。对于角化增厚伴皲裂明显者，可用30%~40%尿素加角质松解剂封包，待角化变薄后再使用咪唑类抗真菌霜，每日1~2次，坚持4周以上。

4.对于顽固性感染可考虑抗真菌药物口服治疗。可选用伊曲康唑100 mg，每日2次，连服1周；或100 mg，每日1次，连续2~3周。对于角化增厚明显者可适当延长疗程，还可用特比萘芬250 mg，每日1次，连服1~2周；或用氟康唑150 mg/d，每周服药1次，连续2~3周。

5.对于合并细菌感染者，应内服抗生素，或静脉滴注头孢噻肟钠2 g/d；局部外用1:2 000黄连素液湿敷，或用中药马齿苋、生地榆、黄柏、明矾煎水洗泡后，局部外用氧化锌油加氯霉素、百多邦、诺氟沙星乳膏等抗生素制剂，待感染控制之后再用抗真菌制剂。

6.对于合并湿疹化及自敏反应者，应先抗过敏治疗，同时积极治疗原发真菌感染，最好内用抗过敏药的同时也内用一些抗真菌制剂，如短期内应用伊曲康唑或酮康唑1周。局部勿用过强的治癣药，而应先控制湿疹。

第四节　甲癣和甲真菌病

甲癣(tinea unguium)是指由皮肤癣菌侵犯甲板所致的病变。最近发现由皮肤癣菌以外的真菌包括酵母菌等均可侵犯甲板，将其统称为甲真菌病(onychomycosis)。甲的真菌感染常继发于手癣和足癣，也可由外伤直接侵犯甲板所致。甲癣最常见的致病菌为红色毛癣菌。由于甲板较厚，外用药难以透入，感染常不易治愈。一般无全身症状也无自觉症状。

【诊断要点】

一、临床特征

(一)分型

1.远侧甲下真菌病：此型最为常见，真菌先感染甲周远端和侧缘的皮肤角质层，后延及甲床。开始时甲板形态正常，以后因炎症刺激而使甲下角质增生、甲板游离缘上抬、甲板和甲床分离。随着病程进展，真菌最终侵入甲板，甲板污浊不再透明，色泽和硬度发生变化，脆性增加，极易破损或呈虫蛀状，最后全甲毁坏殆尽。病程可快可慢，可长可短。该病多来源于足癣的感染，故病原菌多为皮肤癣菌，有红色毛癣菌、石膏样毛癣菌(须癣毛癣菌)、紫色毛癣菌、黄癣菌、断发毛癣菌、石膏样小孢子菌、奥杜盎小孢子菌、羊毛状小孢子菌；酵母菌有白念珠菌、近平滑念珠菌等；非皮肤癣菌霉菌(NDF)有短帚菌、透明柱顶孢菌、球状壳蠕孢菌等。

2.白色浅表甲真菌病：真菌直接侵入甲板，损害位于甲板表浅层。甲板出现白色不透明、边缘清楚的斑，质地较松软易碎，逐步扩大或融合，日久可能色变黄。病原菌种类较多，其中皮肤癣菌中最常见的是石膏样毛癣菌，其他还有红色毛癣菌、杂色小孢子菌、马类毛癣菌等；酵母菌为白念珠菌，仅见于婴儿；非皮肤癣菌霉菌包括头孢霉、曲霉、尖孢镰孢霉等。

3.近端甲下真菌病：感染由近端甲沟部位延及甲下，表现为白斑，开始仅局限于甲根半月部，可随甲板生长逐渐外移，也可自行逐渐扩大。病原菌多为红色毛癣菌(58%)，其他有玫瑰色毛癣菌、黄癣菌、絮状表皮癣菌、石膏样毛癣菌、透明柱顶孢等，如为白念珠菌，称甲念珠菌病。

4.全甲营养不良甲真菌病：上述三型若累及全甲，都可表现为全甲营养不良甲真菌病，全甲均破坏殆尽。

5.甲念珠菌病：见于慢性皮肤黏膜念珠菌病，系念珠菌直接侵入甲板所致。患者甲板污秽，可被全部破坏。甲沟炎症明显，典型手指呈鼓槌状。临床上常见的念珠菌性甲沟炎表现为甲沟慢性红肿，略有压痛。甲板高低不平，不透明，有色泽改变及沟纹等，但仍有光泽，为甲营养不良表现，多和职业因素有关，并不属于甲念珠菌病。

(二)病原菌

1.皮肤癣菌约占甲真菌病的85%，酵母菌约10%，非皮肤癣菌霉菌约5%。病原菌比例随地区和气候不同而不同。

2.甲癣病原菌中红色毛癣菌约占85%，石膏样毛癣菌约占12%，絮状表皮癣菌2%~3%。

3.酵母菌中白色念珠菌约占70%，其他有近平滑念珠菌、热带念珠菌、克柔氏念珠菌、平滑念珠菌、念珠球拟酵母(torulopsosis candida)、白吉利丝孢酵母、红酵母等。

二、实验室检查

1.真菌直接检查：刮取甲屑加10%~20%KOH置镜下见菌丝、关节孢子或酵母样细胞，一般可确定为甲真菌病，但不能确定菌种。真菌直接镜检阳性率约为50%~70%。

2.真菌培养：刮取甲屑，酒精消毒后接种于沙氏琼脂上，培养管内应加氯霉素和放线菌酮，置25~28 ℃培养，4周无生长判为阴性；若培养阳性且为皮肤癣菌，应视为致病菌，有诊断意义。如培养出酵母和非皮肤癣菌，应结合直接检查的结果判断，但大多仍难确定是否为致病菌。真菌培养的阳性率低(约25%~80%)，不能区别腐生菌和病原菌，可掩盖混合感染，且菌种的鉴定需要专门的知识。

有学者建议同时接种20份甲屑标本，若其中5份为阳性且为同一菌种或连续3次培养均为同一菌种有诊断意义。

注意：放线菌酮对许多霉菌有抑制作用。

3.甲板的病理检查：剪取甲板，软化后切片并PAS染色，检查见菌丝、关节孢子或酵母样细胞有诊断意义。必须检查多个切片，病理检查阳性能发现混合感染但不能确定菌种。对有些菌即使病理检查阳性，其意义仍存有争议。

【鉴别诊断】

甲板的形态、质地和颜色的改变并不都是甲真菌病，全身营养或局部血液循环的变化都能影响甲板的生长和发育而产生甲病。不同的疾病可以引起相同的甲板损害，而同一疾病又可引起不同的甲板损害，故仅根据外观不能鉴别。甲真菌病应与其他甲病相鉴别，如银屑病、湿疹、扁平苔藓引起的甲改变以及甲营养不良的厚甲症等。主要靠病甲的真菌学检查来进行鉴别。此外，系统性疾病所致的甲改变也应有相应的皮肤症状。甲真菌病诊断时需考虑多方面因素。

一、皮肤病所致的甲病

1.银屑病：最常见为点状凹陷、甲下角质增生，其次为甲沟纹、甲分离和厚甲等，有时极似甲癣。

2.湿疹：多见为甲横纹、甲板污黄色、高低不平、甲肥厚等。

3.扁平苔藓：约占患者的10%，有时仅累及甲板。多表现为甲纵嵴、点状凹陷、脆甲等。典型损害为甲胬肉，可形成永久性无甲。

4.斑秃：表现为甲营养不良，如甲板破损、纵裂、斑点、横纹、反甲、甲分离、点状凹陷、甲板变薄、甲板增厚、甲脱落、甲板松动等。甲营养不良的程度与脱发程度成正比，但不代表预后的好坏。

5.其他需要鉴别的还有许多皮肤病，如线状苔藓、毛发红糠疹、大疱性疾病、多形红斑、连续性肢端皮炎、Reiter综合征等。

二、其他疾病所致的甲改变

1.遗传性甲病、先天性无甲症、槌状甲、反甲、球拍状甲、周期性甲剥离、先天性外胚叶发育不良表现为与甲有关的各种遗传性综合征等。

2.感染性甲病真菌、细菌、螺旋体(梅毒、雅司、品他等)、病毒(疣、单纯疱疹)、螨(疥疮)等。

3.甲肿瘤：

(1)良性肿瘤。黏液囊肿、纤维瘤、球状瘤、角化棘皮瘤等。

(2)恶性肿瘤。黑色素瘤、鳞癌、基底细胞癌等。

4.免疫反应所致甲病药物过敏、血清反应等。

5.物理性、化学性或机械性甲损伤嵌甲、甲下出血、脆甲、甲破碎、甲层裂、甲过度弯曲、钩甲、厚甲、纵裂、纵嵴等。

鉴别依据应考虑上述各种皮肤病的特点,并在甲外皮肤上有其典型表现,若仅累及甲板则鉴别十分困难,鉴别主要依赖甲板的真菌学检查。

【治疗】

甲癣的治疗方法虽多,但因甲板较厚,外用药物不易透入,难以治愈。内服抗真菌药需长期、较大量的服用且对肝脏有一定的毒性,限制了其作用。目前有几种新型抗真菌药物,可以较短期地应用而达到治疗效果,为甲癣治疗开辟了新途径。

1.特比萘芬:每日250 mg,口服,3~4周;或250 mg,隔日口服,6~8周,停药后病甲继续好转,直至新甲完全长出,适用于指甲癣或轻型趾甲癣患者,对于较重趾甲癣,每日服药的疗程可延长至2个月。

2.伊曲康唑:每月第1周服药,每日服400 mg(分2次),治疗指甲癣服2个周期,趾甲癣3个周期。适用于甲癣和甲真菌病。

3.局部用药:先去除病甲,可选用40%尿素霜封包,用胶布保护正常皮肤,一周后病甲软化,清除病甲后局部外用抗真菌软膏,如水杨酸或咪唑类软膏、霜剂。每日1~2次,还可外用30%冰醋酸、2.5%碘酊、复方水杨酸酊等。这些方法均需要坚持,而且病甲要不断清除,直至完全正常甲长出,一般要坚持半年以上。

第五节　癣菌疹

癣菌疹(dermatophytids)严格讲是一种继发性皮疹,它是对皮肤癣菌感染的一种反应,即皮肤癣菌及其代谢产物通过血液循环在病灶外引起的全身性或局限性皮肤过敏反应,其发生多与原发病灶的炎症强度成正比。

【诊断要点】

一、临床特点

1.患者身体存在急性、活动性真菌病病灶,多为足癣和头癣。

2.在已有活动性癣病病灶以外的皮肤上出现皮疹。

3.皮疹形态多样化无特异性,可以局限也可泛发,最多发生于手足,累及表皮的变态反应表现为湿疹样损害、苔藓样损害或银屑病样损害。

4.累及真皮表现为猩红热样红斑、红皮病样、毛囊性斑丘疹、渗出性皮疹样、丹毒样等。

5.若累及皮下组织表现为结节性红斑样,而累及血管则表现为游走性静脉炎样、荨麻疹和紫癜。

6.病程具自限性,原发病灶愈后皮疹也随之自然消失。

7.本病可伴有全身症状,如发热、畏寒、淋巴结肿大、脾大和白细胞升高。

二、实验室检查

1.真菌检查:发疹部位真菌检查阴性,原发皮肤癣菌病活动性病灶部位可呈阳性。毛癣菌素试验呈阳性。

2.组织病理:癣菌疹可有中度棘层增厚及颗粒层增加,真皮上部可见水疱。皮肤小血管及毛细血管充血,有时小静脉可见有血栓,无明显炎症浸润。

【鉴别诊断】

1.汗疱疹:见于手足多汗者,皮损对称发生于双侧掌跖部及侧缘,成批出现,表现为针头至粟粒大小的浅表性水疱,破后有片状鳞屑,瘙痒不明显。

2.湿疹:多形性皮损,对称发生于躯干、四肢多个部位,常是由外界因素过敏引起,与癣病灶无必然联系。

3.结节性红斑:多见于年轻女性,结节、红斑对称分布于两小腿伸侧,伴有关节痛或咽喉不适等,反复发作,皮损消退后不留痕迹。

4.荨麻疹:发病前常有一定诱因,如药物、食物、接触刺激物等。去除致敏物后皮损消失。还应注意与其他相应的皮肤病鉴别,关键是明确其发生与癣病病灶一致的关系,癣菌素试验可助诊。

根据临床表现,有原发真菌感染灶,发疹部位真菌阴性,毛癣菌素试验阳性,排除类似疾病即可确诊。

【治疗】

一、局部治疗

对症处理,视不同的损害分别选用和缓的湿敷剂,如2%~3%醋酸铅溶液、复方硫酸铜溶液(达里波液)、2%硼酸水,中药马齿苋煎水等湿敷或其他和缓收敛的洗剂、乳剂、泥膏等。中医对湿润糜烂者用祛湿散20 g加到甘草油(或植物油)20 mL中调敷;或紫草地榆油膏、10%黑豆馏油氧化锌油膏外涂。

二、系统治疗

有全身症状者可口服抗组胺药,重症时可加服皮质类固醇激素,也可给予钙剂、维生素C、普鲁卡因封闭,治疗原发真菌感染灶,必要时可内服伊曲康唑、氟康唑、特比萘芬等治疗原发病灶。

第六节　花斑癣

花斑癣(pityriasis versicolor)是由一种叫糠秕孢子菌的真菌引起的,侵犯浅表角质层的慢性皮肤真菌病。这种真菌属条件致病菌,超过3/4的人均可查到这种真菌。该菌正常情况下在皮肤腐生,在特殊情况下致病,如高热、局部多脂、多汗、不卫生、少清洗、营养不良、慢性感染等。炎热季节多发,皮损多位于汗腺丰富的部位,故俗称“汗斑”。

【诊断要点】

一、临床特点

1.本病男性明显多于女性,青壮年多发。

2.皮疹好发于胸、背、颈、上臂、腋窝、腹部、躯干等汗腺丰富部位,热带地区可累及面部及头皮。婴儿表现为额面部皮损。

3.皮损为色素沉着和(或)色素减退斑,初起皮疹为围绕毛孔的圆形点状斑疹,以后可逐渐增大,边缘清楚。邻近损害可互相融合成大片状,周围又有新皮疹出现。皮疹表面附有少量极易剥离的灰色或褐色细糠状鳞屑。陈旧损害为色素减退斑,又称寄生性白斑。

4.一般无自觉症状,部分有痒感。常持续数年,冬轻夏重,有可能自愈或经治疗后痊愈,但易复发。

二、实验室检查

1.真菌镜检:鳞屑在镜下可见菌丝和孢子。孢子为圆形至卵形,厚壁,芽颈较宽,常成簇分布;菌丝粗短,弧型,呈腊肠样,有分隔。此特征有别于皮肤癣菌或念珠菌的镜下所见,可用派克墨水染色后观察。

2.真菌培养:将鳞屑接种在含橄榄油或菜子油的培养基中,32~37 ℃条件下培养,3 d后长出乳酪色酵母样菌落,表面光滑,镜下可见圆形或(和)卵形出芽孢子,初代培养可见菌丝。

3.Wood灯照射皮损可见黄色荧光。

皮屑直接镜检可见花斑癣的菌丝及芽孢,Wood灯下可见黄褐色荧光。病理切片PAS染色对糠秕孢子菌性毛囊炎均有诊断意义。

【鉴别诊断】

1.白癜风:无一定好发部位,主要为片状皮肤色素脱失而呈白色,周边色素沉着,上无鳞屑。

2.玫瑰糠疹:亦好发于胸背部和四肢近心端,为淡红色或玫瑰色圆形、椭圆形斑片,上有糠皮状鳞屑。其长轴与肋骨走向及纹方向一致,查真菌阴性。

3.炎症后色素脱失或色素沉着:先有炎症性皮肤病史,愈合后留下色素斑,表面无鳞屑。

【治疗】

1.抗真菌霜剂外用,如联苯苄唑、咪康唑、克霉唑霜等,也可用5%的水杨酸酒精,50%丙二醇溶液。均为每日1~2次。

2. 2.5%的硫化硒溶液外用,每日1~2次。

3.外用20%~30%硫代硫酸钠液,干后立即外用1%稀盐酸,每日1~2次。

4.酮康唑、联苯苄唑香波浴用,每日1次。

5.酮康唑口服,400 mg/d,分2次服,每周1 d,连续2~3周;也可服伊曲康唑,200 mg/d,连续7 d。服药期间尽可能减少洗澡次数。

6.患者的衣物应清洁消毒,防止再感染。

第七节　着色芽生菌病

着色芽生菌病(chromoblastomycosis)是由几种暗色真菌侵犯皮肤和皮下组织引起的慢性肉芽肿性疾病。发病以热带及亚热带为多,在我国以山东、河南、广东等地多见,致病菌常见的有卡氏枝孢霉、裴氏着色霉和疣状瓶霉。常在朽木和土壤中腐生,通过外伤等途径进入人体,病情顽固,迁延不愈可达数十年,造成肢体残废。

患者以农业劳动者为主,各年龄均可发病。常有皮肤外伤史,主要侵犯暴露部位见于下肢下1/3部位和足部,其次为臀部、颈部、前臂等处,手、颜面、躯干同时亦有出现,黏膜不受累。损害初发为丘疹,发展缓慢,表面过度角化,形成疣状,此为本病早期特点。一般分为5型:

1.结节型。为早期损害,呈暗红色或淡褐色的柔软小结节,表面光滑或呈疣状,或覆有鳞屑,继续发展即成为肿瘤型。

2.肿瘤型。呈乳头瘤样或小分叶状,部分或全部表面覆有污灰色鳞屑、痂皮及角质颗粒,有时扩大成菜花样。

3.疣状型。损害以过度角化为主,表面似寻常疣或疣状皮肤结核。

4.斑片型。多见于四肢,表面干燥,有中心治愈现象或呈萎缩瘢痕,作环状、弓形或蛇行形。

5.肥厚瘢痕型。挤压损害时可排出一种淡白色、干酪样或脓性分泌物,有特殊臭味,易引起继发感染。患病时久,因深部组织纤维化,形成肥厚瘢痕,可致淋巴管受压阻塞,引起象皮肿。经过极缓慢,自觉瘙痒或疼痛。病期长久者可侵犯整个肢体,但附近淋巴结并不受累。

【诊断要点】

一、临床特点

本病诊断不难,应注意与皮肤结核、肿瘤等疾病鉴别,关键是找到真菌学的证据,结合临床表现即可确诊。

1.病人常有外伤史,好发于单侧肢体的暴露部位,如手、腕、踝、膝、小腿、前臂等处。

2.早期损害为小丘疹,逐渐增大变为结节状,继而成为隆起性斑块,色红,表面增生呈疣状或菜花状。以后斑块表面发生浅溃疡,有颗粒状肉芽,渗出少量稀薄脓液,结成黄褐色薄痂,薄痂下常有针头大的黑褐色小点及小脓疡。

3.病情发展缓慢,常常是旧的损害可部分愈合形成瘢痕,周围新的损害不断出现,新旧损害交替存在,久之,因深部组织纤维化,形成肥厚瘢痕,可致淋巴管受压阻塞,引起象皮肿,影响肢体功能,甚至致畸、致残或发生癌变。

4.损害自觉症状轻微。

5.致病菌可经血行播散侵犯中枢神经系统,发生脑脓肿及脑膜炎,亦可播散至全身皮肤,形成多数典型皮损,但甚罕见。

二、实验室检查

1.直接镜检：分泌物（最好是挤压肉芽组织和小脓点所出的脓液）和痂皮作KOH涂片，镜检可见单个或成群的圆形、棕黄色、分隔厚壁的孢子。

2.真菌培养：取痰、脓液、骨髓、血液等标本接种于沙氏琼脂（SDA）上培养，室温下生长较慢，菌落呈灰绿、灰黑或棕黑色，扁平，中央凸起，表面有短绒毛状气生菌丝，菌落背面呈黑色，可见圆形或梨形小分生孢子，直接从菌丝或分生孢子柄长出，即着色芽生菌。

3.组织病理：为慢性化脓性肉芽肿或疣状增殖性改变。在脓肿及多核巨细胞中可见小脓肿及灶性坏死，真皮内有致密、弥漫的炎症细胞浸润，包括淋巴细胞、浆细胞、组织细胞、多核巨细胞及少数嗜酸粒细胞。在真皮微脓肿及多核巨细胞内查见厚壁孢子，HE染色呈深棕色，PAS染色呈红色。

根据临床表现，真菌学检查和组织病理中见到棕黄色厚壁孢子即可确诊。

【鉴别诊断】

1.疣状皮肤结核：损害虽呈疣状增殖，但有粟粒样脓肿，周围有褐色浸润，中央往往残留网状瘢痕，真菌检查阴性。

2.孢子丝菌病：本病有呈疣状者，多见于手及前臂，多数结节常呈线状排列。真菌学检查可鉴别。

3.结节溃疡性三期梅毒：损害颜色呈铜红色，性质坚硬，浸润显著，不呈疣状增殖，既往有性病史，梅毒血清试验常呈阳性。真菌学检查阴性。

此外，应与病毒感染、异物肉芽肿、红斑狼疮、麻风、利什曼病、角化棘皮瘤、皮肤类肉瘤、寻常疣和恶性肿瘤等疾病相鉴别。

【治疗】

本病早期诊断、早期治疗可痊愈。

一、局部治疗

手术切除适用于小面积皮损。切除线应距皮损边缘0.5~1 cm处；若切除面积大于2 cm或损害面积广泛，切除后需植皮。两性霉素B皮损内注射（每5 mg加2%盐酸普鲁卡因1 mL），每周1~2次。局部温热疗法即通过各种方法加热到50~60 ℃以促进皮损消退，常用方法包括蜡疗、电辐射及矿泉浴等，每日1次，每次30 min，对部分病例有效。20%氟胞嘧啶软膏或抗真菌剂封包。中药可外用黑布化毒膏。此外还可考虑用电灼、电凝固、CO_2激光、液氮冷冻等方法。

二、系统治疗

病程长，顽固性损害面积广泛，可静脉滴注两性霉素 B；口服氟尿嘧啶，成人 100 mg/(kg·d)，饭后分 3 次服用；或口服伊曲康唑 200~400 mg/d，疗程 3~12 个月。

第八节 糠秕孢子菌毛囊炎

糠秕孢子菌毛囊炎，又称马拉色菌毛囊炎，是由马拉色菌所致的毛囊炎，糠秕马拉色菌的脂肪分解酶可使毛囊内的甘油三酯被分解成游离的脂肪酸，刺激毛囊口产生大量脱屑，引起毛囊导管堵塞，最终导致堵塞的毛囊口扩张，继而破裂，其内容物释放进入组织，引起毛囊炎。长期应用皮质类固醇激素、抗生素是本病的诱发因素。

【诊断要点】

一、临床特点

1.本病男性多于女性，16~40岁好发。

2.好发于胸背部、颈、肩、上臂、腰腹部，散在对称分布。

3.典型皮损为毛囊性红斑丘疹或脓疱样损害，直径2~4 mm，有光泽，周围可有红晕，数十至数百个，较密集但不融合，可夹杂有小脓疱或黑头粉刺。如发于躯干等汗腺丰富部位，按痤疮治疗无效。

4.自觉瘙痒，也可无明显自觉症状。

二、实验室检查

1.直接镜检：糠秕孢子菌毛囊炎可见毛囊内有大量的孢子、芽生孢子，菌丝很少。

2.真菌培养。

(1)菌落特征：菌落直径平均为3~5 mm，乳白色或淡黄色，表面光滑或粗糙，边缘有隆起的皱褶，质地柔软或松脆。

(2)显微镜特征：油镜下可见卵圆形、球形或圆柱形厚壁孢子，可见单极出芽及合轴出芽生长。芽颈成领圈样结构。

3.生理学试验。

(1)沙氏培养试验：用于鉴定厚壁马拉色菌，它是唯一非嗜脂性的，可在沙氏培养基上生长。

(2)过氧化氢试验：用无菌棉签挑一块菌落置于无菌载玻片上，滴加3%过氧化氢溶液产生气泡为阳性；否则为阴性。此试验用于鉴定限制性马拉色菌，它是唯一的过氧化氢酶试验呈阴性。

(3)七叶苷分解试验：取一环菌种接种在七叶苷琼脂培养基上32 ℃培养2~3 d，观察培养基的颜色变化。使培养基变黑至少1/3的为合轴马拉色菌和钝形马拉色菌，糠皮马拉色菌只能使培养基的顶端变黑或为阴性，斯洛菲马拉色菌、环形马拉色菌和限制马拉色菌为阴性。

4.组织病理：毛囊皮脂腺是本病的主要受累部位，有毛囊扩张及毛囊角栓，毛囊皮脂腺漏斗部及周围上皮炎性浸润或脓肿形成，真皮毛细血管轻度至中度扩张，少数淋巴细胞、单核细胞、中性粒细胞浸润。PAS染色显示在毛囊角栓内，毛囊皮脂腺漏斗部等部位可见染成深玫瑰红色、厚壁、单极出芽的孢子，几乎均为圆球形，聚集成群。

根据典型皮损，镜下查见圆形至卵形、厚壁、芽颈较宽的孢子，含油培养基上长出酵母样菌落可确诊。必要时可作病理检查。

【鉴别诊断】

1.痤疮：面额部多发，亦可发生于颈、胸、背部，皮疹为多形性。丘疹、粉刺、脓疱或囊肿等同时存在，毛囊口扩张，无季节性，抗生素治疗有效。

2.细菌性毛囊炎：好发于毛发多的部位，常单个或少数几个皮疹，以毛囊性丘脓疱疹为主，抗生素治疗有效。

【治疗】

1.尽量去除诱因，避免长期用糖皮质激素或抗生素。

2.以外用抗真菌药物为主，可选择50%阿二醇、咪唑类及丙烯胺类霜剂或溶液，3%~5%水杨酸酯、5%~10%硫黄软膏等。

3.皮损严重且单独外用药疗效不好者可内服伊曲康唑，200~400 mg/d，连服1~2周，以后可改为每月1次，服用低剂量(0.2 g)；氟康唑400 mg，1次顿服。

第九节 孢子丝菌病

孢子丝菌病(sporotrichosis)，是由申克孢子丝菌所引起的皮肤、皮下组织及其附近淋巴管的慢性感染，可致化脓、溃烂及渗出。有时尚可波及各脏器，发病常与皮肤轻微外伤后接触被病原菌污染的物质有关，因此，皮损多局限于暴露部位，形成沿淋巴走行分布的特征性结节，极少数病人可发生系统播散。

申克孢子丝菌为一种土壤、木材及植物的腐生菌，在人体内呈酵母型，在人体外则呈菌丝型。涂片上Gram染色可见中性粒细胞和大单核细胞内有许多Gram阳性的卵圆形小体。在葡萄糖蛋白质琼脂培养基上于室温下培养几天即有生长。

【诊断要点】

一、临床特点

1.本病冬、春多见，农民及矿山工人、泥瓦工、园丁等为易感人群。

2.多有外伤史，皮损好发于四肢远端及头面部。

3.多在局部外伤处产生皮下结节或暗红色浸润性斑块，表面可呈轻度疣状增生或肉芽肿及增殖性溃疡，溃疡边缘呈紫红或紫褐色，有少而黏稠的分泌物，以后病灶逐渐扩大与皮肤粘连，并沿淋巴管蔓延，出现成串排列的皮下结节即为淋巴管型。一般结节呈枣大、无压痛，如不及时治疗可破溃。如结节单纯固定在原发部位，则为固定型孢子丝菌病损害，偶可经血行播散至全身各器官，称为播散型。

4.儿童皮损常发生在面部，如眼眶周围、颊部、颧部、颞部等处，呈串珠状排列的暗红色硬结，疼痛或压痛并不明显。

5.患者全身情况一般较好，无发热，病程慢性，但很少有自愈。

二、实验室检查

1.直接镜检：可疑标本涂片革兰染色或PAS染色，油镜下可见在多核粒细胞内或大单核细胞内外有革兰阳性的长圆形雪茄样或梭形小体。大小为(1~2) μm×(3~7) μm，但只有在少数患者中查到此菌。

2.培养检查：

(1)菌落特征。温室在葡萄糖蛋白胨琼脂培养基上(SDA)为菌丝相生长，SDA在25 ℃葡萄糖血琼脂培养基上生长迅速，初为灰色、褐色至黑色，为湿润、光滑、酵母样菌落，很快菌落形成有皱褶、绒毛样菌落，多次转种，颜色变浅。在胱氨酸葡萄糖血琼脂或脑心浸液葡萄糖血琼脂培养基上，37 ℃培养时呈酵母菌生长。

(2)显微镜特征。菌丝相可见纤细分枝分隔菌丝，直径约1~2 μm。分生孢子梗由菌丝侧呈锐角长出，纤细而长，顶端变尖。分生孢子呈球形、椭圆形，大小不等，直径为(2~3) μm×(3~5) μm。另一类分生孢子呈球形或三角形，较大呈黑色，排列于菌丝四周，称为套袖状菌丝。

3.组织病理：典型的组织病理变化为脓性肉芽肿炎症，假性上皮瘤样增生和三角带病变为其显著特征组织病理。结节的中心为慢性化脓层，脓性渗出以中性粒细胞为主，夹杂着少数淋巴细胞和巨细胞。其外围绕的结核样层，为多数上皮样细胞及多少不等的郎罕多核巨细胞。最外层为浆细胞及淋巴细胞，PAS染色可见到4~6 μm的圆形、卵圆形小体，有时有4~8 mm的雪茄形小体及星状体，星状体为孢子丝菌病的特征性结构。

4.孢子丝菌素皮肤试验：孢子丝菌病患者于感染后5~15 d一般对孢子丝菌素皮试产生迟发过敏反应。24~48 h有结节产生，有较高特异性，是一种较有用的早期诊断方法。

5.血清学检查：免疫扩散和凝集试验可用来检测申克孢子丝菌抗体，对不常见的皮外形孢子丝菌有帮助。

脓液或组织真菌培养有孢子丝菌生长，病理检查可见以组织细胞为主的肉芽肿和嗜中性粒细胞浸润形成的化脓性炎症。在脓肿和多核巨细胞中PAS染色找到孢子或星状体即可明确诊断。

【鉴别诊断】

孢子丝菌病应与许多感染性疾病，如皮肤结核、着色芽生菌病、足菌肿、放射菌病、疖肿、梅毒树胶肿和皮肤肿瘤等鉴别，必须借助组织病理及病原学检查才能区别。

【治疗】

1.首选药物为10%碘化钾溶液口服，每次10~20 mL，每日3次，还可用饱和碘化钾溶液，由每次1 mL渐增量至4~5 mL，每日3次。小儿降低用量的一半。该药的主要副作用是胃肠道刺激，可致恶心、食欲下降，有烧灼感。为避免此副作用，应尽可能在饭后服药，并从小剂量开始，逐渐增量。如病人可以耐受，治疗应延长至临床治愈后4~6周。

2.伊曲康唑，口服，每日100 mg，连续3个月以上。

3.特比萘芬，口服，每日250 mg，连续3个月。

4.氟胞嘧啶，口服，每日1.5~2 g，且可与酮康唑合用，每日200 mg，连续2~3个月。

5.两性霉素B，适用于以上药物治疗无效者，静脉滴注，还可配成0.25%的溶液在局部损害内注射，但该药副作用较大，应慎用。

6.局部损害可考虑切除治疗或采用物理疗法、热疗和冷冻治疗。

第十节　足菌肿

足菌肿(mycetoma)是由多种真菌引起的皮肤、皮下组织及筋膜等的慢性肉芽病变，临床表现为局部脓肿、肉芽肿、窦道形成及骨质受损等综合病征。可有颗粒排出，其中可检出病原菌。

【诊断要点】

一、临床特点

1.患者多为农民，常有外伤史。潜伏期短者数月，长者数年。

2.损害好发于四肢暴露部位，但以足部为多见，特别好发于赤足者，损害局限且呈慢性经过。

3.初起在原外伤部位出现一皮下小结，逐渐增大至黄豆到蚕豆大，与周围皮肤粘连，呈暗红色斑块，中心部形成脓肿，脓肿破溃形成的小瘘管、窦道，排出少量脓汁，脓汁中可发现颜色各异、形态不同的“颗粒”。

4.损害继续向四周蔓延可侵及深部组织、筋膜、肌肉及骨骼等，局部形成巨大肿块(象皮肿)，若骨质破坏可致残。

二、实验室检查

1.真菌镜检：取颗粒用玻片压成两个涂片，用20%KOH液或革兰染色直接镜检，可见颗粒由菌丝和孢子交织形成团块。放线菌性颗粒中的菌丝纤细，直径<1 μm。真菌性颗粒中含有短菌丝，直径2~4 μm，颗粒周边可有许多肿胀细胞，有时尚可见厚膜孢子。

2.培养检查：先将颗粒用70%酒精洗涤，再用含有抗生素的生理盐水冲洗后置于沙氏琼脂或脑心琼脂上培养，用于放线菌培养的培养基应不含抗生素。为了提高阳性率，应同时接种多个平皿，一部分置25 ℃，一部分置37 ℃培养，培养时间达6周以上，得到相应的致病菌后可诊断。

3.组织病理：慢性化脓性肉芽肿炎症特征表现为组织中可发现由病原体和机体坏死组织共同形成的颗粒，颗粒的形态对于病原菌鉴定十分重要。颗粒位于肉芽肿的中心，可有化脓区，外围由栅状组织细胞围绕，再外层为多种炎性细胞浸润，包括多核巨细胞、浆细胞、嗜酸细胞等。

根据患者病程较长，在足部或其他部位出现小结，逐渐发展成为较大肿块，有窦道和瘘管，其脓汁中可发现颗粒，应疑为本病。真菌检查，颗粒经10%KOH及革兰染色检查，可见到菌丝，培养可鉴别菌种。

【防治】

一、治疗

防止皮肤外伤，避免感染。早期诊断，早期治疗是预防和保证治愈的重要措施。

对早期局限性病灶，可采用局部病灶切除法，如果是深部组织病灶，切除范围要广泛，以免留有遗患。依据病原菌不同来选择敏感药物，两性霉素B对本病有效，局部病灶可采用1~2 mg/mL的两性霉素B溶液作局部封闭。如果是系统性感染，可用两性霉素B，静脉滴注。真菌性足菌肿也可选用伊曲康唑和氟康唑，疗程至少3个月，对放线菌和奴卡菌引起的足菌肿，可用抗生素或磺胺类药物治疗。

二、外科治疗

数目少的局限性损害可手术全切，脓肿窦道或侵犯骨质破坏大的损害，可考虑截肢。

三、预后

脓肿侵及邻近结构包括肌肉、肌腱、筋膜、骨骼，引起骨膜炎、骨髓炎和骨坏死，导致严重的畸形和残疾。

第十一节 组织胞浆菌病

组织胞浆菌病(histoplasmosis)是一种传染性很强的真菌病，常由呼吸道传染，先侵犯肺，再波及其他单核巨噬系统，如肝、脾，也可侵犯肾、中枢神经系统及其他脏器。本病可由呼吸道、皮肤黏膜、胃肠道传入，流行区患者及感染动物粪便排泄物者均可带菌，鸡窝也潜藏此菌。当真菌侵入人体后，视患者抵抗力可呈局限原发或播散感染，一般男性患者较多。

【诊断要点】

一、临床表现

(一)肺组织胞浆菌病

1.急性无症状：约95%原发性组织胞浆菌病可无症状。在流行区人群中，肺部可见许多钙化灶，但追溯病史却无明显症状。

2.轻症感染：患者常有干咳、胸痛、呼吸短促、声音嘶哑等上呼吸道感染症状，也可表现为儿童“夏季热”样症状。

3.中度感染：可有发热、盗汗、体重减轻，稍有发绀，间有咯血，有时可从患者痰及骨髓中培养出病原菌，X线可见肺部有散在多数浸润或结节性病变，肺门淋巴结肿大有如原发肺结核，严重播散有如淋巴瘤或其他肿瘤。病变吸收缓慢，少数可纤维化、钙化，淋巴结则仍可肿大，在原发钙化区有一晕为其特征。脾或肝内可见钙化现象，有时成人肺内可呈组织胞浆菌瘤，酷似结核，约2.3 mm大小，中央坏死，边缘纤维化，如此交替出现同心圆，极似结核，但后者的钙化更为显著。

(二)流行性组织胞浆菌病

表现为急性粟粒性肺炎、原发性非典型肺炎等。主要见于吸入大量孢子的患者，潜伏期为7~14 d，有高热、剧烈胸痛、呼吸困难及重度肺炎，有如急性肺部组织胞浆菌病，且较之更为严重，组织胞浆菌素皮肤试验迅速转为阳性。

(三)慢性肺组织胞浆菌病

呈慢性空洞性，以成人男性为多见，很难与慢性空洞性肺结核相鉴别。伴有咳嗽、多痰、间或咯血、低热、逐渐衰弱。X线可见肺部有空洞形成，常不吸收，最终播散至全身。

(四)播散性组织胞浆菌病

1.良性感染：在脾、肝及其他单核巨噬细胞系统有许多粟粒性钙化灶，常由原发性肺部感染播散而引起的散在小结节，愈合后与结核病变的钙化灶极相似。

2.进行性成人感染：肺部症状不明显而呈现与利什曼病相似的脾肿大。可以有贫血、白细胞减少、体重下降，但有时尚可同时发生肺部感染而呈大片实变区，常迅速死亡。

3.儿童暴发性感染：1岁以下儿童呈现急性暴发性感染，多发生于高流行地区，仅少数可自愈或治愈，多数于短期内死亡。

二、实验室检查

1.直接镜检：标本涂片后，用瑞氏、吉姆萨或过碘酸染色，在油镜下可发现2~4 μm的卵圆形、芽生、有荚膜的孢子。一端较尖，一端较圆，周围有一个似荚膜的亮圈。通常在大单核或多形核细胞内，有时在组织细胞外，多聚集成群，可怀疑为组织胞浆菌病。

2.培养检查：血培养应当离心，取中间层作培养，阳性率较高。溶解离心法是从血液中发现此菌的最有效的方法。菌落特征表现为在葡萄糖蛋白胨琼脂(SDA)25 ℃初代培养生长缓慢，菌落初为白色至棕色，继代培养常为白色。血琼脂37 ℃培养可转变为酵母相，可分解尿素，但不能液化明胶。

3.血清学试验：

(1)抗体检测。以组织胞浆菌素作抗原的免疫扩散(ID)和补体结合试验，有80%的患者可为阳性。

(2)抗原检测。伴有AIDS的播散性组织胞浆菌病的最有效的血清学诊断方法。85%~95%的病人尿标本可检测到荚膜组织胞浆菌抗原，在脑脊液和支气管灌洗液中也可检测到。

4.组织病理：本菌侵犯的各个器官其病理改变基本一致，开始为中央部分增生，吞噬细胞内有或多或少的真菌，其后组织坏死，周围呈肉芽肿样改变，最后则愈合而呈纤维化。在急性病例中，组织细胞中有无数孢子，非急性病例中孢子数目较少，出芽少且大小不一致。HE染色示圆形和卵圆形小体，外围一层有如荚膜的透亮晕，此晕与菌体共约2~4 μm大小。PAS染色则不能发现荚膜。

5.组织胞浆菌素皮肤试验：常用(1:100)~(1:1 000)的稀释液0.1 mL作皮内注射。皮内试验不推荐作诊断试验，因阳性结果不能区分现在感染或过去感染，阴性结果也不能排除活动性感染。

本病的诊断依靠痰液、血液、骨髓及淋巴结穿刺活检等标本中找到细胞内有酵母型组织胞浆菌，同时结合临床表现及真菌培养。

【治疗】

1.原发感染者可以不治而愈，播散型则应早期给予足量抗真菌药物，如两性霉素B、庐山霉素、酮康唑、氟康唑或伊曲康唑治疗。

2.局限性皮肤或肺部的原发感染者，在确定没有播散时，可以考虑手术切除，但手术前后应给予抗真菌药物。

第十二节　放线菌病

放线菌(actinomycetes)是一种主要由厌氧放线菌所引起的慢性化脓性肉芽肿性疾患。该病好发于面颈部、胸部和腹部,可向邻近组织蔓延,损害常常破溃形成多发性窦道,脓性分泌物中可排出坚硬的分叶小粒(硫黄颗粒),或由许多革兰阳性菌丝交织在一起的小菌团组成,直径达1~2 mm。少数情况下可发生血行播散,最常见的致病菌为以色列放线菌。

【诊断要点】

一、临床表现

1.临床特点为结节,破溃后形成窦道,流脓并排出坚硬的硫黄颗粒,愈后结疤。

2.好犯部位有面颈部、胸部和腹部等,常致严重畸形,活动障碍。偶可见其他脏器的损害。

(1)面颈部型:最常见,常有拔牙史。放线菌由口腔、咽部黏膜伤口、龋齿或扁桃体等部位侵入,初为局部肿痛,逐渐局部变硬,整个皮肤呈暗红色或黄紫色,此时,局部可变软而发生脓肿。后期脓肿破溃形成多数窦道,其排出物中存在硫黄样颗粒。病变向四周扩展而波及颅骨、眼眶、中耳、舌、颈、肩、下肢、肺、胸膜、脑等部位,窦道反复愈合又溃破,使病程迁延不愈。后期尚可波及骨膜引起骨膜炎、骨质破坏等,此系本病的一个特点。

(2)胸部型:可以由面颈部型或腹部型直接经蔓延而发生,亦可经口腔直接吸入病原菌而发生感染,多侵犯肺或肺底实质区,初呈亚急性肺感染症状,如低热、咳嗽、咳脓样痰,但无血。病变进展后,肺门形成小脓疡,痰即可带血丝。有时尚可波及胸膜、胸壁等处,并穿破表面形成的排脓窦道,此时,即可发生明显呼吸困难、发热、盗汗及消瘦等。早期体征有如肺结核,X线检查呈广泛实质性病变。胸膜积液较常发生,为非包裹多黏性。肋骨可被波及而见骨质破坏。

(3)腹部型:常有腹部外伤史,最常见的原发灶位于阑尾,而后波及输卵管、胆囊及肝等处,初症可不明显,并随所波及的脏器而出现相应的不同症状。如病变发生于结肠则呈现不规则肿块;病变波及肝脏,出现黄疸;病变波及胆囊及泌尿系统时发生相应的功能紊乱。

3.X线检查对诊断肺部损害有助,如病变侵犯骨骼可见骨质破坏等改变。

二、实验室检查

1.直接镜检:以接种针挑取硫黄颗粒置载玻片上压一盖玻片做成两个涂片,革兰染色镜检,低倍镜下颗粒圆形或弯盘状,中央嗜碱性染色,边缘是酸性染色,菌鞘呈放射状排列,呈棒状。在油镜下,见纤细、弯曲、缠绕的革兰阳性丝状、棒状、球杆状菌体。若标本中未找到硫黄颗粒,可直接取脓液作革兰染色,镜下见有短的分枝状纤细的革兰阳性菌丝,提示可能为放线菌。

2.培养检查:疑为此征应同时进行厌氧培养,根据菌落和生理学特征来鉴定致病菌种。将硫黄颗粒置无菌试管中盐水清洗3次,用无菌玻片压碎颗粒,以接种环划线接种于脑心浸脂血琼脂平板、牛肉浸膏血琼脂平板中,置厌氧环境(如烛缸)中37 ℃培养。

3.组织病理：为慢性肉芽肿性改变，内有多数小脓疡，以中性粒细胞和嗜酸性细胞浸润为主，周围有肉芽组织包绕组成颗粒，其内可见Gram染色阳性的细长分枝的放线菌菌体，直径一般<1 μm，颗粒直径30~400 μm。

【鉴别诊断】

应与瘰疬性皮肤结核、肿瘤、肠结核等疾病相鉴别，借助病理检查和放线菌检查可以鉴别。

【治疗】

1.首选青霉素，600~1 200万单位/d，有时可达3 000万单位/d，分数次注射，静脉用药，持续4~6周甚至数月。

2.对青霉素过敏者，可用四环素或红霉素1 g/d，分4次口服。其他如链霉素、氯霉素、林可霉素、异烟肼、利福平等均有效，但剂量需加大，疗程需延长。

3.局部治疗可考虑手术切除及物理治疗。手术治疗适用于清除死骨或切开排脓，也应与全身治疗相配合，如为面颈型可用X线照射。

第十三节 诺卡菌病

诺卡菌病（nocardiosis）是由放线菌中的一类需氧放线菌——诺卡菌所致的急、慢性化脓性或肉芽肿性病变。病原菌多由外伤进入皮肤或经呼吸道吸入引起感染。常见的致病菌有星形诺卡菌和巴西诺卡菌等。

【诊断要点】

一、临床特点

1.感染多由外伤后经皮肤或呼吸道吸入引起。

2.主要有皮肤和皮下组织感染、肺及其他系统的感染等几种。临床类型以肺部损害最多见，类似于肺结核的表现，其次是脑脓疡皮肤损害。

（1）肺诺卡菌病：约75%的病例侵犯肺，呈急性或亚急性起病，表现为小叶性或大叶性肺炎，以后趋向于慢性病程，可类似肺结核样表现。干咳为最初症状，无痰，继而产生黏性脓痰，也可痰中带血，若有空洞形成，可有大量咯血。常伴发热、盗汗、胸痛、消瘦，全身不适，体温在38~40 ℃之间，累及胸膜可发生胸膜增厚、胸腔积液或脓胸，窦道可穿透胸壁，也可伸展到整个腹腔内脏，继而引起血源播散。胸部X线表现多种多样，无特异性。

（2）脑诺卡菌病：约1/3病例有中枢神经系统受侵犯，多由肺部病灶迁徙而来，少数亦可为原发性，病毒侵犯脑膜引起脑膜炎，侵犯脑实质引起多发性脓肿，可出现脑膜刺激症状，有头痛、头晕、恶心、呕吐、不规则发热、乏力、抽搐、麻木、偏瘫、颈项僵直、视力障碍、意识不清等表现。

（3）皮肤诺卡菌病：常由植物损伤皮肤后引起病原菌入侵而发病，也可由肺部病变扩展而来，成链状排列的皮下结节群出现于臂部，表现为孢子丝菌病样诺卡菌病，也可为脓肿及慢性瘘管或疣状损害，类似皮肤结核，也可呈广泛的水泡性皮疹，有的病人可发生坏阻性皮肤诺卡菌病。其表现开始为痛疼的皮下结节，以后迅速溃破，溃疡表面有黏滞性的黄白色脓液。

二、实验室检查

(一)病原检查

1.直接镜检：取痰、脓液、脑脊液、组织块等先经消化再离心集菌即可制片作直接镜检。革兰染色可见细长、弯曲、有分枝的菌丝。抗酸染色多为阳性。

2.培养：取材接种于不含抗生素的培养基内需氧培养，根据菌落特征、生理特性进一步鉴定菌种。

(二)组织病理

为化脓性肉芽肿性炎症，损害内可见Gram染色阳性的细长分枝菌丝。直径0.5~1 μm。有多数炎症细胞浸润，以嗜中性粒细胞为主。

【治疗】

1.首选磺胺类药物，磺胺嘧啶，4~6 g/d；复方新诺明2 g/d，一般用药需3~6个月或更长，用药至少应用至症状和体征全部消失后6周。

2.急性期可用链霉素0.1 g/d，肌肉注射；或四环素、红霉素1 g/d，提倡联合用药。

3.局部手术治疗切开排脓，清除坏死组织。

第十四节　念珠菌病

念珠菌病(candidiasis)是由念珠菌属的真菌(白色念珠菌为主)引起的皮肤、黏膜及内脏器官的急性或慢性感染。念珠菌属在正常情况下广泛分布于自然界和人体口腔、胃肠道、阴道黏膜及皮肤上，免疫力低下的个体，如大量使用广谱抗生素、皮质激素、免疫抑制剂者和患糖尿病及肿瘤的病人，很容易发生念珠菌感染。

【诊断要点】

一、临床表现

(一)黏膜念珠菌病

1.口腔念珠菌病：最常见为鹅口疮，在颊、齿龈、上、下颚等黏膜表面出现凝乳状白色假膜，容易剥离，其下露出鲜红的糜烂面。假膜中含有大量假菌丝及孢子，可伴有舌炎、口角炎或唇炎。严重时黏膜溃破、坏死，可影响吞咽和呼吸。

2.念珠菌性阴道炎：好发于糖尿病及妊娠妇女，阴道黏膜红肿、糜烂，表面有白色薄膜附着，白色或黄色凝乳状分泌物增多，自觉剧烈瘙痒。

3.念珠菌性龟头包皮炎：表现为包皮龟头潮红，干燥象毛玻璃样，有许多针头大小散在的红色丘疹或小脓疱，可发展为糜烂。包皮内侧和冠状沟有肉色奶酪样膜状物附着。

(二)皮肤念珠菌病

1.念珠菌性间擦疹：发生在腹股沟皱褶、肛周以及腋窝、乳房下部、指趾间等间擦部皮肤潮红，有针头大小丘疹、丘疱疹、水疱或脓疱，继之糜烂、渗液、结痂，边缘有片状鳞屑翘起。经常在水中作业者指(趾)缝易累及，局部浸润肿胀，变软发白如腐皮，揭去后露出鲜红色糜烂面，有渗液。

2.念珠菌性甲沟炎和甲念珠菌病：表现为甲沟慢性红肿，触之发硬，有压痛，挤之有少许分泌物。甲板增厚不透明，有色泽改变，为甲营养不良表现。念珠菌从甲床向甲深部感染，使甲下角质增厚和甲混浊，表面有横嵴和沟纹，甲板高低不平，即为甲念珠菌病。

3.慢性皮肤黏膜念珠菌病特点：婴儿期发病，慢性及复发性皮肤、甲、黏膜的念珠菌感染，一般不侵犯实质脏器。常累及头皮、颜面、四肢，特别是手掌、足跖。表现为在红斑基础上的隆起性脱屑，有时见皮角质样或疣赘样角质增生皮损，称为角质增生性慢性皮肤黏膜念珠菌病或念珠菌性肉芽肿。口腔有白膜，口角糜烂。偶有咽喉、食管黏膜受累，出现吞咽障碍及角膜念珠菌病。

(三)深在性皮肤念珠菌病

为念珠菌感染真皮、皮下等深部组织，可由局限性表浅性念珠菌病向深部发展形成脓肿、肉芽肿，或为全身泛发性念珠菌病的症状之一。表现为丘疹、结节、脓疱、脓肿，部分溃破融合形成溃疡及肉芽肿，所属淋巴结也可累及。可出现发热及肌肉疼痛。

(四)内脏念珠菌病

为念珠菌侵犯内脏器官所致。最常见为肠道及肺念珠菌病，前者引起腹泻、水样或豆腐渣样便，泡沫较多等；后者表现为支气管炎，咳黏稠胶状痰，偶有血丝，可发展为肺炎，出现体温升高、咳嗽、双肺湿罗音等。此外，还可感染食管及消化道、泌尿道、脑、心脏等器官，引起食管炎及肠炎、肾盂肾炎、膀胱炎、脑膜炎、肺脓肿和心脏念珠菌病(心内膜炎)等，由这些病变血行播散可引起念珠菌败血症乃至死亡。

(五)播散性念珠菌病

有念珠菌性败血症和皮肤黏膜等多个系统感染。血、尿、脑脊液及胸腹水培养均可阳性。

二、实验室检查

1.直接镜检：根据病变部位收集不同标本，如刮取病变处鳞屑、分泌物或假膜，留取痰、尿液、粪便、脑脊液等标本，用10%KOH或生理盐水制片，镜下可见卵圆形芽孢及菌丝。如查到大量假菌丝，说明念珠菌大量繁殖致病(少数芽孢不说明问题)，可制片染色。

(1)革兰染色显示菌丝：芽孢呈蓝色，着色不均匀；

(2)过碘酸染色显示菌丝：芽孢染成红色；

(3)用1:1 000吖啶橙染色，在荧光显微镜下，菌体呈亮绿色。

2.培养检查：血液、组织液、脑脊液、尿液、分泌物等标本接种于沙氏琼脂上，25~30 ℃培养24~48 h，培养物镜检后移种至玉米吐温80琼脂上，以便进一步鉴定菌种，同时进行发酵或同化试验。也可用直接免疫荧光抗体染色法、间接免疫荧光抗体染色法、免疫荧光菌团法及酶标抗体染色法等，在荧光显微镜下就可以显现出带荧光的菌体形态。在念珠菌正常分布区，真菌培养连续3次以上阳性且为相同菌种方能确定为治病菌。播散性念珠菌病血培养阳性即可确诊。

3.血清学方法：ELISA法或AB-ELISA法检测念珠菌多糖抗原对于部分系统性和播

散性念珠菌病的诊断更为及时、准确，但也有可能出现假阳性或假阴性。

念珠菌病可与皮肤黏膜或内脏的许多疾病相似，其诊断应结合临床及真菌学检查的特点进行综合考虑。

4.组织病理：浅部念珠菌表现为真皮慢性炎症或角层下脓疱，有时可呈海绵状脓疱，在角层的浅部可见少量细长菌丝，菌丝分枝分隔，直径2~4 μm，并有卵圆形孢子，约3~5 μm。PAS染色菌体呈红色，乌洛托品银染色呈黑色。念珠菌性肉芽肿呈明显的乳头瘤增生及角化过度，有游走到表皮内的炎症细胞，在真皮下可见到致密的淋巴细胞、嗜中性粒细胞、浆细胞及多核巨细胞浸润，并可深入至皮下部位，偶尔在真皮中可发现芽孢及菌丝。内脏念珠菌病有两种情况，即在空腔脏器的空腔面中可见灶性坏死及炎性浸润，其中可见念珠菌芽孢而很少有菌丝；在内脏组织中有菌丝侵入。

【鉴别诊断】

1.湿疹：无一定好发部位，皮疹多形性，对称分布，真菌检查阴性。

2.细菌性甲沟炎：往往先有局部创伤，甲周皮肤易化脓甚至溃烂，抗生素治疗效果较好。

3.细菌性或滴虫性阴道炎：白带性状不同于念珠菌感染，白带中找到细菌或滴虫可鉴别。

4.生殖器疱疹：表现为反复发作的群集性小水疱，糜烂可自行愈合。

5.口腔毛状黏膜白斑病：为HIV感染的特征性损害，黏膜上白斑不易刮除，舌侧缘纵向排列的白色绒毛状物为其特征。

此外，消化系念珠菌病应与食管炎、胃炎、肠炎等鉴别。念珠菌肺炎、脑膜炎、心内膜炎应与结核性、细菌性以及其他真菌性感染鉴别。

【治疗】

由于本病属条件致病菌感染，患病者多有潜在的疾病或发生免疫力低下的诱因，故防治本病首先应从根本上着手，要提高机体免疫力，积极治疗原发病，治疗措施可分为局部和系统治疗两方面。

一、局部治疗

主要针对局限于皮肤、黏膜部位的念珠菌病。

1.克霉唑片口含治疗口腔念珠菌病，每次0.25~0.5 g，每日2~3次。

2.制霉菌素片阴道内用治疗阴道念珠菌病，每晚用3%苏打水清洗外阴后放入一片(25万单位)，连续1~2周。

3.用1%联苯苄唑液或霜，2%咪康唑霜，3%克霉唑霜外用治疗皮肤念珠菌症，如间擦疹或甲沟炎等。如损害较湿润，可先用咪康唑或联苯苄唑粉剂外用，干燥后再用霜剂。

4.龟头炎除可外用咪唑类药物外，还可外擦1%龙胆紫或制霉菌素液，2%~3%两性霉素液等药物。部分病例可有刺激，可内用抗真菌药。

二、系统治疗

主要适用于系统性感染，但对于顽固的、反复发作的局部感染也可适用。常选用以下药物：

1.氟康唑对系统性念珠菌病疗效最佳，特别对泌尿系和阴道、龟头念珠菌感染更适合。

一般首剂400 mg/d，静脉滴注或口服，以后200 mg/d维持，根据病情变化决定疗程。一般系统性感染2~4周；皮肤黏膜感染50 mg/d，连续1~2周；龟头和阴道念珠菌病150 mg单剂即可，但应连续3次真菌检查阴性后方可认为治愈。

2.伊曲康唑抗菌谱较广，口服后在皮肤黏膜维持较高浓度。一般用量100~200 mg/d，皮肤损害2周，系统性损害3~4周或更长。对于阴道和龟头的感染，400 mg单剂或200 mg/d连服。

3.酮康唑也可用来治疗念珠菌性阴道炎，口服，200 mg/d，1~2周。

4.咪康唑静脉用药600~1 200 mg/d，2~16周可用于系统性念珠菌病。

5.氟胞嘧啶，口服，3~6 g/d，单用或与咪唑类两性霉素B合用，合用主要适用于长期用药时，为减少药物副作用，防止耐药性发生。

6.制霉菌素口服不易吸收，主要用于治疗胃肠道及黏膜的念珠菌病，口服300~400万单位/d。

7.两性霉素B虽然副作用较大，但仍为治疗系统性念珠菌病，特别是对播散性念珠菌病最为有效，适用于唑类药物耐药者，维持用药时为减少毒副作用，可与氟胞嘧啶等合用。一般用量从每日1 mg/kg开始。

第十五节　隐球菌病

隐球菌病（cryptococcosis）是由新生隐球菌所致的感染性疾病。隐球菌广泛分布于自然界中，属条件性致病真菌。在鸽子的排泄物中含量最高，可通过呼吸道、消化道和皮肤进入人体，主要引起中枢神经系统、肺和肾的病变、亦可侵犯皮肤黏膜、骨骼等组织，严重者可危及生命。近年来免疫力降低的病人逐年增多，本病发病率也呈上升趋势。

【诊断要点】

一、临床特点

根据受累部位不同可分为以下几类。

1.中枢神经系统隐球菌病可分为3种类型：

(1)脑膜炎型。最常见，临床表现为脑膜刺激征；

(2)脑膜脑炎型。病变累及脑膜及脑实质，引起相应部位的症状和体征；

(3)肉芽肿型。相对少见，在颅内形成肉芽肿块，压迫造成相应的症状和体征。

头痛常是发病的最早症状，初为间歇性，继而持续性并进行性加重，后期头痛剧烈难以忍受，伴呕吐，出现各种神经症状，如神志不清，抽搐，视力模糊，精神错乱，颈强直。抬头试验、抬腿试验阳性等。患者长期低热，有时可达38~39 ℃。

2.肺隐球菌病：大多临床症状较轻微，可自愈。少数表现为咳嗽、黏液性痰等类似上呼吸道感染和支气管炎的症状，偶有咯血、疲乏、体重下降，类似肺结核或慢性支气管炎，严重者可表现为肺炎、支气管周围炎。X线检查可见肺中下野为主的浸润性病变。

3.皮肤黏膜隐球菌病：可为原发性，但大多为继发性，经血行播散所致。好发部位为颜面、头皮，可同时累及躯干及四肢。损害可表现为丘疹样、传染性软疣样、脓疱、肉芽肿、鼻中隔溃疡、全身皮下结节等。在损害内皆可查到隐球菌。

4.骨、关节隐球菌病：病变多在骨的突出部位，以脊椎最为多见，其次有颅骨、肋骨、髂骨、股骨等，患区肿胀隆起疼痛，进展缓慢。X线检查可见囊性骨质破坏。

5.隐球菌性败血症：隐球菌经血行播散短期内波及全身，侵犯肾脏、肝、脾等各种组织器官，甚至导致死亡。

二、实验室检查

1.血常规检查：白细胞正常或增高，分类中性粒细胞偏高。

2.脑脊液检查：示颅压升高，脑脊液清澈、混浊或成乳白色，白细胞数增多，糖及氯化物在病程中后期明显下降，蛋白增高。

3.墨汁染色检查：取可疑标本置玻片上，加一滴墨汁混匀后加盖玻片镜检，可见圆形或椭圆形大小不等双层厚壁孢子，外有一层宽阔的荚膜，荚膜的宽度约为菌体的1~2倍。边缘清晰完整，菌体可见单个出芽。若脑脊液标本直接涂片未发现菌体，可离心沉淀后重复检查。

菌体计数：对中枢神经系统隐球菌病患者，脑脊液菌体计数是判断预后及疗效的重要指标。用血细胞计数板计数，在低倍镜下观察，按白细胞计数法计数。

4.培养检查：在沙氏培养基上(培养基内加氯霉素，但不可以加放线菌酮，因后者抑制本菌生长)25~30 ℃培养2~3 d可出现糊状菌落，菌落镜检有荚膜孢子。

5.血清学检查：

(1)抗原检查。乳胶凝集试验或ELISA法检测脑脊液及其他体液标本中有新生隐球菌荚膜多糖抗原，可快速、有效诊断隐球菌性脑膜炎。

(2)抗体检测。检测脑脊液及其他体液标本中新生隐球菌抗体有助于诊断和对病情变化的判断。

6.组织病理：有的病变主要由大量繁殖的隐球菌及其引起的炎性细胞浸润构成。由于隐球菌的荚膜物质有抑制中性粒细胞趋化作用，故浸润的炎性细胞是单核细胞、淋巴细胞和浆细胞。损害显示胶样液化腔内有大量隐球菌。有的病变则表现为肉芽肿形成，主要由单核细胞上皮样细胞和多核巨细胞等构成，此时隐球菌数量较少且大部分被吞噬细胞吞入胞浆内。在较多新鲜的病灶内，菌体大小不等，小的居多且容易见到单芽生孢子，在其他病灶内，菌体较大，很少见到芽生状态。HE染色胞壁淡蓝或淡红色，荚膜不着色；PAS染色菌体呈红色；GMS染色菌体呈黑色；黏蛋白卡红染色呈红色；阿申蓝染色呈蓝色。

【鉴别诊断】

本病因临床过程慢性，特别好发于中枢神经系统，故应与结核性脑膜炎、脑肿瘤等疾病鉴别，最可靠的方法为脑脊液的真菌检查。其他系统的隐球菌病也应与相应感染性疾病鉴别，应结合临床表现和真菌检查作出综合判断。

【治疗】

本病属于系统性真菌感染，应强调系统性用药治疗，即使为皮肤等表浅单一的损害，也应积极进行全身治疗。另外，应注意寻找发病诱因，及时纠正全身抵抗力低下的状况，治疗原发病。治疗本病常选用下列药物：

1.氟康唑。该药具有很强的穿透血脑屏障作用且毒副作用较少，目前已成为治疗中枢神经系统隐球菌病的首选药物。首次剂量400 mg/d,以后视病情200~400 mg/d,静脉滴注,一般需用药6~8周以上。

2.伊曲康唑。200~400 mg/d,口服,连续用药2个月以上。

3.二性霉素B。过去一直为本病的首选药物,抗菌作用强,但副作用也较严重。用量为0.1~1 mg/(kg·d),从小量(0.1 mg/d)开始,渐递增至0.6~1 mg/d,总量可达1.5~3 g,每日增加2.5~5 mg,儿童每日增加1~2 mg,疗程为2~4个月。本药还可用于鞘内注射,先从每次0.1mg开始,渐增至每次0.5~1 mg,同时加入地塞米松1~2 mg与脑脊液混合后缓慢注入,每周2~3次。因副作用大,现已很少使用。肺部病变可用0.125%的溶液雾化吸入。

4.氟胞嘧啶常与两性霉素B或咪唑类联合用药。口服50~150 mg/(kg·d),分3~4次。

5.一般对症治疗,如降低颅内压,减轻颅内水肿,纠正电解质紊乱等,加强支持疗法。

第十六节　曲霉病

曲霉病(aspergillosis)是由曲霉属真菌所引起的一种慢性霉菌病,可侵犯皮肤、黏膜、眼、外耳道、鼻、支气管、肺、胃肠道、神经系统或骨骼,严重者可导致败血症。本病的病理特征为肉芽肿性损害,亦可为坏死性或化脓性,其临床症状常随发病部位而异。临床上主要包括过敏性曲霉病、菌落形成性曲霉病、曲霉瘤及侵袭、播散性曲霉病。好发部位为肺,侵袭性损害可致肺组织的广泛破坏,可达中枢神经系统、皮肤等部位,有时也可发生于鼻部和眼部,严重者可危及生命。

【诊断要点】

一、临床表现

肺部为入侵的门户,损害可局限在肺部形成曲霉瘤(真菌球)。侵袭性损害常可致肺组织破坏并形成播散,可达皮肤、鼻眼部,中枢神经系统,心血管、消化、泌尿等系统,造成相应的损害;皮肤表现多为溃疡和肉芽肿,也可致表浅皮损感染,如甲真菌病,还可引起外耳道及烧伤创面的感染。

二、实验室检查

(一)真菌学检查

1.直接镜检:取痰、耵聍、角膜溃疡刮取物等标本用5%KOH溶液作涂片直接镜检,可见无色分隔,约7 μm呈45°分支的菌丝及圆形、暗绿色孢子(直径2~3 μm)或菊花样曲霉结构。用乳酸酚棉兰染色则比较清楚,其分生孢子柄不着色。

2.真菌培养:将血及上述标本接种于沙氏琼脂培养基,室温培养,菌落生长快,呈毛状,一般为黄绿色,移种于曲霉鉴定通用标准培养基上,根据菌落形态、颜色和镜下特征可鉴定;将标本接种于葡萄糖蛋白胨琼脂上,在室温至45 ℃都能生长,菌落呈绿色至暗绿色,镜下可见较粗的分生孢子柄,顶端膨大,在小柄上产生分生孢子。不同曲霉的形态不同,根据菌落形态及镜下所见可识别菌种。通常需连续3次反复培养均为同样真菌生长方可肯定,致病菌种常需进一步鉴定。

(二)组织病理变化

病理改变根据感染的急性和慢性之分可呈坏死性、化脓性、肉芽肿性或非特异性等。标本经HE染色菌丝分隔及分生孢子显示良好，病理表现如下。

1.非特异性皮炎：外耳道曲霉病、支气管曲霉病组织反应轻微，表现为淋巴细胞和嗜中性粒细胞浸润，组织内找不到菌体。

2.坏死性病灶：肺和肠道曲霉病中可见组织坏死，曲霉侵入血管，发生血栓和组织坏死，外周有嗜中性粒细胞浸润，病灶内有菌体。

3.化脓性病灶：位于肺、心、脑、肝、肾等组织中发生的小脓肿，在病灶内可见嗜中性粒细胞和菌体存在。

4.肉芽肿性反应：常见于有空腔的器官，如鼻窦、筛窦、支气管等处。肉芽内有上皮细胞、巨细胞、嗜中性粒细胞和淋巴细胞浸润，内有分隔菌丝，菌丝分双支成45°，呈发射状排列在器官的病灶中，由于空气充足，菌体生长茂盛，有时可见曲霉的分生孢子头，更有助于诊断。

(三)X线检查

X线检查对于肺部损害，如曲霉球、肺曲霉病等有帮助，但有时需与结核和肿瘤相鉴别。

【治疗】

1.对侵袭性、播散性曲霉病，两性霉素B仍为最有效药物。用量为0.6~1 mg/(kg·d)，静脉滴注，可与氟胞嘧啶3~6 g/d合用，还可用伊曲康唑200~400 mg/d。治疗时间根据病情变化决定，慢性者可连用数月。咪康唑静脉滴注也有效。

2.对曲菌球，最有效的措施是手术摘除，其他一些器官的孤立性损害也可考虑切除，但切除前应配合系统用药，使病情稳定后再行手术。

3.肺部损害可用两性霉素B，每次1~2 mg局部注射；也可用0.125%~0.25%的两性霉素B或0.25%的匹马霉素雾化吸入。

第十七节　接合菌病

接合菌病(zygomycetes)，又称毛霉病，是由接合菌亚门的菌，主要是毛霉、根霉和犁头霉等所致的感染。这类菌在自然界分布很广，属于条件致病性真菌，常发生于免疫力低下和糖尿病患者。急性感染如鼻脑毛霉病等可危及病人生命。

【诊断要点】

一、临床表现

可分为急性鼻—脑病变、慢性鼻面部病变、慢性皮肤及皮下病变、肺部病变、播散性病变和毛霉球等类型。根据宿主状态和病原菌的致病力不同，临床表现也变化多样。

二、组织病理学检查

急性期主要表现为血管病变，动脉管壁最易受侵。这类真菌还可沿神经干快速蔓延至中枢神经系统，在受侵组织内，可见直径10~25 μm不规则分枝，无分隔的粗大菌丝。慢性期主要表现为慢性肉芽肿性炎症。

三、真菌学检查

一般要靠组织培养来帮助确定诊断。培养往往需3次以上为同一菌种方可认为致病，菌种需要进一步鉴定。

【防治】

由于本病的急性型如不能早期发现及时治疗，其后果将很凶险。故对于本病特别应强调早期预防的重要，特别是对于患有重症糖尿病的病人和其他一些免疫力低下的病人应提高警惕。治疗措施主要有：

1.首选两性霉素B，强调早期足量治疗。

2.伊曲康唑200~400 mg/d，连续3个月以上；氟胞嘧啶可与两性霉素B合用；氟康唑也有一定效果。

3.局限性病灶可切除。

第五章　寄生虫、昆虫及动物性皮肤病

第一节　皮肤猪囊虫病

皮肤猪囊虫病(cysticercosis cutis)又名皮肤猪囊尾蚴病，系由猪肉绦虫的幼虫——猪囊虫寄生于人皮下、脑、眼等组织所引起的疾病。猪肉绦虫的天然中间宿主是猪，人既可以作为中间宿主，又是唯一的终宿主，故患者是本病的传染源。

【诊断要点】

一、临床表现

1.本病多见于青壮年，男性较多，有进食未煮熟猪肉或含猪囊尾蚴寄生的蔬菜和瓜果史。

2.基本损害为肌肉或皮下无痛性、活动性结节，黄豆至花生米大小，圆形或椭圆形，边缘明显，质地坚硬而有弹性。

3.猪囊尾蚴在人体较常寄生的部位依次为皮下组织、肌肉、同时侵犯脑、眼、心、肝、肺等其他器官，因寄生部位及数量不同，可出现不同的临床症状，常见的有以下几种。

(1)皮下或肌肉猪囊虫病：表现为肌肉或皮下结节，头部、躯干较多，四肢较少，结节数目不等。直径一般为0.5~2 cm大小，呈圆形或椭圆形，表面光滑，有一定的移动性，与皮肤不粘连，质地坚硬而有弹性，硬度和软骨相似，皮肤表面色泽正常，无自觉症状。

(2)脑囊虫病：包囊发生于脑部，临床症状复杂。若不寄生于重要中枢的部位，症状常不明显；若寄生在大脑运动区皮质层，可出现脑膜刺激症状，可有癫痫、颅内高压、头痛、呕吐、抽搐、麻木、偏瘫、颈项僵直、视力障碍、意识不清等表现；若在小脑还可以出现共济失调、小脑失语等症状。

(3)眼囊虫病：如发生于眼部，包囊大多数寄生在玻璃体及视网膜下。轻者出现视力障碍，重者可失明，特别是虫体死亡后由于强烈的炎症反应而引起视网膜炎、脉络膜炎及全眼球炎，发生视网膜剥离，并发白内障、青光眼，最后导致眼球萎缩。

二、实验室检查

1.粪便检查：有时查到虫卵和绦虫节片。

2.血清学检查：补体结合试验及间接血凝试验等均有助于本病的诊断。

3.组织病理：病变位于皮下组织或肌纤维之间，为增生的结缔组织或肌纤维所包裹的囊肿，囊内可见猪囊尾蚴及液体，直径为2~8 mm，囊壁上有芝麻大小的灰白色乳头状突起，为虫体向囊壁内陷入的头节，在虫头节部，可以见到有4个吸盘及轮状排列的小钩。已经死亡的幼虫往往发生钙化。

4.其他：外周血嗜酸性粒细胞显著增高，取囊液作皮肤试验常呈阳性反应。

诊断依据：

1.诊断皮肤猪囊虫病的依据是在流行区皮下出现比较坚硬的圆形无痛性结节，结合患者常生吃蔬菜及未煮熟猪肉的病史，一般诊断不难。但是，确诊要依靠活组织切片检查中查到含有囊尾蚴头节。

2.损害呈多发性，多表现为黄豆至胡桃大小皮下结节，圆球形或分叶状，边界清楚，有一定活动度，可略高出皮面。局部常见酸胀感、缩紧感、刺痛感或轻度挤压痛，组织病理可进一步鉴别。

【鉴别诊断】

1.皮脂腺囊肿：一般损害较小，无波动感，穿刺可见豆渣样的脂质。

2.脂肪瘤：脂肪瘤多为比较柔软的皮下肿物，呈扁平分叶状，基底较宽，穿刺为脂肪组织，病理切片中可见成熟的脂肪细胞。

3.神经纤维瘤：肿块突出皮面，质地柔软，触之有囊性感，基底有蒂，皮肤上常有咖啡斑。

4.血管脂肪瘤：血管脂肪瘤好发于前臂、腰、腹及臀部。

【治疗】

1.皮肤囊肿数目少或寄生于眼、腹等部位时，可手术切除。

2.驱虫治疗：常用南瓜子、槟榔合并疗法，疗效高，反应少。方法为南瓜子、槟榔各60~80 g，早晨空腹时服南瓜子，1 h后服槟榔，0.5 h后再服20~30 g硫酸镁。

3.全身治疗：吡喹酮或甲苯咪唑可使囊尾蚴变性和死亡，有良好的效果。常用药物用法为吡喹酮，30 mg/(kg·d)，分3次，口服，连用4 d为1疗程；或丙硫咪唑0.5g，每日2次，10 d为1个疗程，一般需3个疗程，疗程间隔2周；或氯喹0.25 g，每日2次，口服；或苯妥英钠0.1 g，每日3次，口服；或氯硝柳胺，空腹口服1 g，隔1 h后再服1 g。

4.囊腔内注射：取纯酒精或1:1 000的升汞液或盐酸土根碱0.5~1 mL注入囊内可杀死虫体。

【预防】

1.加强宣传教育，尽可能吃熟食。

2.加强管理，禁止感染囊虫的猪出售。

3.对于有肠道绦虫的患者要进行驱虫，以消灭传染源。

第二节　钩虫皮炎

钩虫皮炎(hook worm dermatitis)是由于钩虫的幼虫侵入皮肤引起的局部炎症反应，为一过性的皮肤损害。本病常见于农民，以夏、秋湿热季节多见。钩虫的卵随大便排出，在土壤中孵化出有感染力的丝状蚴，钻入皮肤即引起钩虫皮炎。

【诊断要点】

一、临床特点

1.夏季或初秋湿热季节，患者常有赤足工作，有接触虫卵粪便污染的水和泥土史。

2.幼虫侵入后数分钟局部即可出现刺痒及烧灼感。1~2 h后局部出现红色斑疹或水肿性小丘疹，奇痒，1~2 d后丘疹变为疱疹，内含黄色透明液体，常继发感染。

3.皮损好发于手背、趾、指间、足背、踝部及小腿、前臂等处，表面可见钩蚴钻入的痕迹。

二、实验室检查

1.血常规：幼虫侵入3 d后，可出现外周血嗜酸性粒细胞升高。

2.痰涂片检查：并发支气管哮喘的患者，发作期在痰中可找到钩蚴。

3.粪便检查：出皮疹4~5周后粪便中可查到钩虫卵。

【鉴别诊断】

1.疥疮：常有疥疮接触史，皮疹多分布于皮肤薄嫩皱褶部位，如指缝、下腹、外阴及股内侧，皮肤隧道末端常可查到疥虫或疥虫卵。

2.手足癣：多发于掌跖及指(趾)间，为脱屑及小水泡、小丘疹，真菌检查常呈阳性。

【防治】

1.普查普治，消灭传染源。加强粪便管理，加强个人防护。

2.透热疗法是将有皮损处浸入53 ℃热水中，以杀虫止痒。

3.局部治疗以止痒、抗炎为主，可外涂炉甘石洗剂、抗生素软膏等。

4.粪便中查到虫卵，则驱虫治疗，用甲苯咪唑，0.1~0.2 g，每日2次，连用3~4 d。

第三节　匐行疹

匐行疹(creeping eruption)又称幼虫移行疹，系由钩虫、蝇蛆、丝虫及颌口虫的幼虫在人的皮肤移行掘进所引起的线状损害。多见于热带地区。

【诊断要点】

1.常发生于夏季，多见于儿童。

2.幼虫钻入皮肤后在原处潜伏数日，在刺入部位出现丘疹、丘疱疹或红斑等非特异性损害。

3.幼虫继续向前直线或蜿蜒爬行，在皮肤上形成鲜红色或暗红色的线状损害，一般为一条，少数呈多发性，略高出皮面。

4.幼虫停止前进后可在局部形成硬结，虫体多停留在损害末端附近。

5.好发部位为手足和小腿。

6.病人末梢血中嗜酸性白细胞可升高。

【防治】

1.局部用液氮或干冰冷冻杀死幼虫，每次1 min。

2.将幼虫取出皮损可自愈。

3.全身损害重或继发感染者进一步对症处理，应用噻苯达唑25~50 mg/(kg.d)，分2~3次口服，连服7~10 d。

第四节 皮肤丝虫病

丝虫病(filarasis)是由于丝虫寄生于人体淋巴系统而引起的一种慢性传染病。通过蚊虫传播，人为终末宿主，蚊是中间宿主。我国丝虫病主要见于黄河以南地区，主要致病的为班氏丝虫和马来丝虫，以班氏丝虫多见。

【诊断要点】

一、临床特点

1.本病多见于青壮年男性，在丝虫病流行区居住或旅行过。

2.早期症状主要表现为成虫和微丝蚴的代谢产物引起的全身和局部症状，表现为淋巴管炎及淋巴结炎，局部呈红线由近端向远端延伸，偶可有荨麻疹样表现。可有发热、畏寒、头痛、关节痛、肌肉酸痛等全身症状，有时出现精索炎及睾丸炎等。

3.晚期症状主要为淋巴阻塞的表现，以下肢象皮肿为特征还可出现阴囊、睾丸鞘膜积液、乳糜尿、乳糜腹水及丝虫肉芽肿等。

二、实验室检查

1.微丝蚴检查：午夜时末梢血涂片可找到微丝蚴。乳糜尿、乳糜腹水或淋巴液离心沉淀物中发现微丝蚴。

2.血常规检查：外周血嗜酸性粒细胞增高。

3.血清学检查：间接荧光抗体试验或ELISA法检测血清特异性抗体。血清抗“O”可增高。

4.组织病理：主要为淋巴管内膜炎和上皮样肉芽肿反应。皮下组织中血管、淋巴管扩张及纤维化，基质增生、真皮乳头增大，汗腺消失。组织中可找到成虫及嗜酸性粒细胞。

【鉴别诊断】

细菌性淋巴管(结)炎：常有细菌感染灶，常伴发热、畏寒、局部皮温高、白细胞计数和中性粒细胞升高。

【防治】

1.加强宣传，防蚊灭蚊，在流行区开展普查。

2.口服海群生，每次0.2 g，每日3次，连服1周，可杀灭微丝蚴和成虫。

3.急性病人应休息，抬高患肢，局部冷敷或给予解热止痛剂。继发感染者可用磺胺及抗生素。

4.象皮肿阶段可用弹力绷带加音频电疗法,也可手术切除一部分增生的结缔组织。

第五节 虫咬皮炎

虫咬皮炎(insect dermatitis)是指昆虫叮咬人类皮肤而引起的炎性皮肤病。主要包括蚊、蠓、白蛉、跳蚤、臭虫等节肢动物叮咬引起的皮疹。这些昆虫的唾液中有多种抗原成分,进入皮内可引起毒性反应和(或)过敏反应而致皮炎。

【诊断要点】

一、临床表现

1.夏、秋季好发,皮损往往限于暴露部位。

2.损害局部红肿、痒,有丘疹、风团或淤点,有时表面可出现水疱及大疱。

3.有的皮损中心可见叮咬痕迹。

4.自觉症状刺痛或灼疼,多伴奇痒。

5.可因搔抓继发感染或有局部淋巴管炎。

二、组织病理学检查

典型改变为真皮浅层及深层血管周围及胶原纤维间淋巴细胞、组织细胞及数量不等的嗜酸性细胞浸润。有局限性表皮棘细胞水肿及真皮乳头水肿,重者可形成表皮内疱或表皮下疱。

【治疗】

一、全身治疗

1.抗组胺药物:扑尔敏4 mg,一日3次,口服;赛庚啶、去氯羟嗪等均可选用。

2.局部过敏反应严重伴过敏性淋巴管炎时可予小量激素治疗,应用强的松20 mg/d,渐减量。

3.如合并感染时酌情给予抗菌素。

二、局部治疗

1.炉甘石洗剂或虫咬水外用以止痒和缓解局部症状。

2.局部放置冰块或冷湿敷。

第六节 桑毛虫皮炎

桑毛虫皮炎(euproctis similis dermatitis)系指桑毛虫的毒毛刺伤皮肤引起的皮炎。桑毛虫常附着于桑树、杨树的树干、树叶上。桑毛虫皮炎好发于江南蚕桑、果园地区，桑毛虫的幼虫可有毒毛(2~3)×10^6根，毒毛为一空心管道，内含淡黄色毒液，毒毛很易脱落，随风飘扬侵袭人体。

【诊断要点】

一、临床特点

1.好发于6~10月，桑园或果园工作者多见。

2.损害常分布于颈、肩、上胸部、上背部及四肢屈侧。

3.接触毒毛后数小时内皮肤剧痒，随即出现绿豆至黄豆大鲜红色或淡红色水肿性斑片，中心可见针头大小的黑色或深红色吸吮点。部分患者可以表现为丘疱疹或风团样损害，皮疹数目不等，常成批出现。

4.毒毛如揉进眼内，可引起结膜炎、角膜炎，可致失明。

5.病程多在1周左右，如果反复接触毒毛或经常搔抓，病程可长达2~3周。

二、实验室检查

1.用透明胶纸贴取皮损处，在显微镜下查到毒毛。

2.组织病理：表皮棘细胞间水肿，真皮浅层毛细血管扩张，有较多嗜酸性粒细胞浸润。可见毒毛经皮肤刺入引起的周围炎性改变。

根据发病季节、流行地区、皮疹分布的特点，自觉症状及找到毒毛即可确诊。

【防治】

1.消灭桑毛虫，加强个人防护。

2.尽可能彻底除掉毒毛，可用胶布反复粘贴。

3.局部搽止痒剂，如炉甘石洗剂等。

4.皮疹广泛者可内服抗组胺制剂。

第七节 隐翅虫皮炎

隐翅虫皮炎(paederus dermatitis)是人体皮肤接触隐翅虫体内的强酸性毒液引起的毒性皮炎。隐翅虫属于甲虫的一种，仅少部分有毒性，为蚁状小飞虫，夜晚活动，在叮咬人体时，可分泌出强酸毒液而损伤皮肤，搔抓后可出现新的皮损。

【诊断要点】

一、临床特点

1.本病好发于夏、秋季节，雨后闷热天气尤为多见。

2.皮损为条状、片状或点簇状水肿性红斑，其上有小丘疹、水疱或脓疱，部分水疱、脓疱融合成片，可继发糜烂、结痂及表皮坏死，若发生于眼睑或外阴则明显肿胀。

3.自身接种的皮疹常呈抓痕状，可有糜烂及渗出，疱液接触到正常皮肤即可发疹。

4.好发于头、面、颈、四肢及胸背等外露部位,也可发生于会阴部。

5.患者自觉灼痛、微痒或不适感,皮损严重及范围广泛者可出现发热、头痛、头晕、局部淋巴结肿大等全身症状。

6.病程约1周,愈后可留下暂时性色素沉着。

根据隐翅虫接触部位的典型皮损,自觉瘙痒灼痛,夏、秋季发病等特征可作出诊断。

【治疗】

1.局部湿敷可选用1:5 000高锰酸钾溶液,0.1%利凡诺液、5%碳酸氢钠溶液、10%氨水。

2.炉甘石洗剂外搽或40%氧化锌油外用。

3.红斑性损害可外用去炎松霜、无极膏和皮炎平等。

4.南通蛇药片6~8片加醋10 mL调成糊状局部外用。

5.全身症状严重者,可用抗组胺药。

6.皮损广泛者可用小量皮质激素治疗。

第八节　恙螨叮咬

恙螨叮咬(mite bite)是由恙螨的幼虫寄生在人体吸取血液后引起的皮疹及全身反应。螨的种类很多,仅在人体寄生的恙螨就有30~40种,还可以寄生于其他哺乳动物体内,主要寄生于动物的耳窝中,其次是肛门和会阴部。

【诊断要点】

1.恙螨叮咬后局部瘙痒、灼痛。

2.皮疹为丘疹和风团,呈黄豆至蚕豆大小,中心被咬处可见淤点。严重者可呈大片红肿,表面出现水疱,破溃后糜烂,继发感染。

3.好发部位是下肢、腰部、阴部、腋窝、后发际等处,其次是头、颈和胸腹部。

4.由于恙虫可携带立克次体,叮咬人体后进入血液,可导致“恙虫热”,又称丛林斑疹伤寒。先表现在皮肤上的恙虫初疮,为丘疹、丘疱疹,坏死、结痂及溃疡,伴淋巴结肿大,1~2周后可出现高热等全身症状。

【防治】

1.消除杂草,消灭恙虫滋生地,用杀虫剂消灭家畜上的恙虫,皮肤外涂邻苯二甲酸二甲酯或硫化钾溶液,可预防恙螨的叮咬。

2.局部搽1%硫黄霜或2%酚炉甘石洗剂可消炎止痒。全身应用抗组胺药。

3.恙虫热首选氯霉素和四环素治疗。

第九节 疥 疮

疥疮(scabies)系疥虫寄生于人体皮肤表皮内所致的慢性传染病。疥虫又称疥螨，种类很多，可寄生在人和动物体表，通过密切接触传染；易在家庭和集体人群中传播，成人疥疮也可通过性接触传染。疥螨主要通过挖掘皮肤隧道致皮肤的机械性刺激和表皮损伤，由分泌物和代谢产物的毒性作用以及死亡虫体引起的过敏反应而致病。

【诊断要点】

一、临床特点

1.疥疮的自觉症状是剧痒，尤以夜间为甚。

2.皮损好发于皮肤薄嫩部位，多见于指缝、腕屈面、肘窝、腋前缘、脐窝、下腹及股上部内侧。成人头面、掌跖不易受累，但儿童可发生于头部和掌跖部。

3.基本损害为针头大小或米粒大小的丘疹或丘疱疹。有时可见疥螨在表皮内掘的线状隧道，隧道长约5~15 mm，弯曲、淡灰或皮色，好发于指缝，末端有小水疱。

4.病程较长者，搔抓后可继发湿疹样皮炎、脓疱疮、毛囊炎、疖病、淋巴结炎及肾炎，并可见抓痕、血痂、点状色素沉着。

5.部分患者在阴囊、阴茎皮肤上可形成黄豆至花生米大的褐红色结节，伴瘙痒。疥疮治愈后，结节仍经久不愈。

二、实验室检查

1.疥虫检查：选择指缝、手腕的曲侧等处未经挠抓的丘疱疹、水疱或皮肤隧道，用消毒针头挑出隧道盲端灰白色小点置玻片上或用蘸上矿物油的消毒手术刀轻刮皮损6~7次，取附着物移至玻片上，加一滴生理盐水后镜检可查到较多疥螨。

2.组织病理：表皮棘层不规则增厚，有海绵形成及炎性细胞浸润、渗出，形成表皮水肿，表皮棘层内可见到隧道、虫体或虫卵。

根据接触传染史、皮疹特点、好发部位夜间剧痒等不难诊断，若找到疥螨即可确诊。

【防治】

1.注意个人卫生，隔离患者。

2.用10%(儿童5%)硫黄软膏外搽，全身外用，每日2次，连续3 d，然后洗澡更衣，2周后重复一疗程。

3.疥灵霜软膏、优力肤霜，每天用药2次，连搽2~3 d，儿童慎用。

4.内衣、寝具应煮沸消毒。

5.全身症状重者可予抗组胺药口服，继发湿疹和感染者，采取相应的对症处理。

第六章　物理性皮肤病

第一节　冻　疮

冻疮(pernio)是寒冬或初春季节时由寒冷引起的局限性皮肤炎症损害,是冬季常见的皮肤病,气候转暖后可自愈,下一年易复发。好发生在肢体的末梢和暴露的部位,如手、足、鼻尖、耳边、耳垂和面颊部。现代医学认为冻疮是因为患者的皮肤耐寒性差,加上寒冷的侵袭,使末梢的皮肤血管收缩或发生痉挛,导致局部血液循环障碍,使得缺氧和营养不足而发生的组织损伤。中医学认为本病的发生是由于患者阳气不足,外感寒湿之邪,使气血运行不畅,瘀血阻滞而发病。

【诊断要点】

1.典型皮损为局限性蚕豆至指甲盖大小、暗紫红色隆起水肿性斑块或硬结,境界不清,边缘鲜红色,中央青紫色,表面紧张光亮、触之冰凉、压之褪色、去压后恢复较慢。重者肿胀加剧,表面可形成水疱,内含淡黄色或血性浆液、疱破后可形成糜烂或溃疡。愈后留色素沉着或萎缩性疤痕。

2.皮损多对称发生于四肢远端,以手指、手背、足缘、足跟、面颊、耳郭等处多见,亦可单侧发生。多发生于儿童和青年女性,以肢端血运不良及手足多汗者多见。

3.自觉有痒感、烧灼感、肿胀感。痒感受热后加剧,有糜烂或溃疡者自觉疼痛。

4.每年冬季发病,天暖后自愈,病程迁延。

【防治】

一、预防

1.体育锻炼法:加强适合自身条件的体育锻炼,如练气功、跳舞、跳绳等活动,或利用每天洗手、脸、脚的间隙,轻轻揉擦皮肤,至微热为止,以促进血液循环,消除微循环障碍,达到"流通血脉"的目的。

2.温差水泡法:取一盆15 ℃的水和一盆45 ℃的水,先把手脚浸泡在低温水中5 min,然后再浸泡于高温水中,如此每天重复3次,可以锻炼血管的收缩和扩张功能,减少冻疮的发生。

3.药物法:有冻疮体质者,可在入冬前一月增加维生素A、维生素C及矿物质的食入,可口服烟酰胺片0.1 g,一日3次;钙片0.5 g,一日3次,以提高机体耐寒力。也可在冻疮好发部位涂抹辣椒酊(取干辣椒20 g,密闭浸泡于75%酒精500 mL中,7 d后可用),每日擦2~3次。

二、治疗

(一)全身疗法

1.血管扩张剂的应用：烟酸50~100 mg，每天3次，口服；桂利嗪(脑益嗪)25 mg，每天3次，口服；硝苯地平(硝苯吡啶)对严重复发性冻疮有效，硝苯地平20 mg，每天3次，口服，手足损害连用8 d。

2.维生素E，0.1~0.2 g，每天3次，口服。

3.中医治以温经散寒、活血通络，可用当归四逆汤或阳和汤。

(二)局部治疗

原则是消炎，消肿，促进局部血液循环。

1.皮损未破者：可选10%樟脑醑、10%樟脑软膏、松节油、冻疮软膏、蜂蜜猪油软膏(含70%蜂蜜、30%猪油)等，其中1~2种外用，每天2~3次，温水浸泡患部后再涂用，并反复揉擦患部，效果较好；也可用茄子秆、辣椒秆或祁艾、冬瓜皮、桂皮各10 g水煎热泡，每天1~2次，每次30 min。

2.已破溃者：先用3%的硼酸水清洗，再用10%樟脑软膏、冻疮软膏、蜂蜜猪油软膏、10%的鱼石脂软膏等涂抹，分泌物多时可用3%的硼酸水蒸发罨包。

3.物理疗法：紫外线照射，2~3次/周，于冬季开始时在皮损处照射疗效较好；氦氖激光局部照射，2~3次/周，每次5~15 min；音频电疗，每天1次，10次为一疗程，于每年复发前治疗有一定预防作用。

三、预后

每年冬季发病，天暖后自愈，病程迁延。

第二节　粟粒疹

粟粒疹(milium)又称为汗疹或痱子，是在夏季或高温潮湿环境下出汗不畅，致使汗腺导管口堵塞、汗液潴留后汗管破裂而汗液外溢引起的丘疹、水疱性皮肤病。依汗管损伤和汗液溢出部位的不同可分为晶形粟粒疹、红色粟粒疹及深部粟粒疹。

【诊断要点】

多发生于夏季持续高温、闷热环境下。

1.晶形粟粒疹(白痱)：损害主要为针尖大小透明水疱，壁薄易破，疱液清，有炎症，常成批出现，多于1~2 d内吸收，有轻度脱屑，无自觉症状。好发于颈、胸、腹或腰部两侧，常见于高热、体质虚弱、长期卧床、大量出汗的患者。

2.红色粟粒疹(红痱)：临床上最多见，汗液在表皮螺旋形的汗管处溢出，皮损为针头大小的红色丘疹，周围绕以红晕，彼此密集成片，丘疹顶端有细小水疱或脓疱，破后结痂细小而薄，数日即行消失，伴有轻重不等的痒或烧灼感，严重者可继发毛囊炎。好发于额、颈、胸、背、肘、腋窝及儿童的头面部。

3.深部粟粒疹(深在疹性痱子)：阻塞汗管在表皮与真皮交界处破裂，损害为淡白坚实的非炎性丘水疱疹，多见于躯干，也可波及肢体，主要见于热带地区。

根据临床症状、损害特点及发病季节可以诊断。

【治疗】

以清凉、收敛、止痒为原则，可外用痱子粉、1%薄荷炉甘石洗剂、滑石粉等，禁用软膏、糊剂及油类制剂。若有感染可用2%鱼石脂炉甘石洗剂、黄连扑粉。瘙痒明显者可口服抗组胺药物。

注意环境通风散热，避免穿着不透气衣物，注意个人卫生，保持皮肤干爽。

第三节　日晒性皮炎

日晒性皮炎(dermatitis solaris)又称日晒伤、日光皮炎及晒斑，是由于强烈日光(主要是中波紫外线290~320 nm)照射局部出现的急性光毒性皮炎。皮肤反应程度因照射时间、范围、环境因素及肤色不同而有差异，热可以增加机体对紫外线的敏感性。本病的发病也与个人的易感性有关，多见于春来夏初。高原居民、雪地勘探或水面作业者发病较多。

【诊断要点】

一、临床特点

1.本病多见于春、夏季节，儿童与妇女易发病。

2.一般于日晒后2~6 h出现皮损，至12~24 h后达到高峰。日晒部位皮肤出现境界清楚的红斑、水肿，甚至出现淡黄色浆液性水疱、大疱，水疱破裂后呈糜烂面，不久干燥结痂，遗留色素沉着或色素减退。轻者水肿1~2 d后逐渐消退，重者恢复约需1周。有时仅发生潮红的晒斑、经数小时消退。

3.自觉症状有灼痛或刺痒感，严重者可出现全身症状，如发热、畏寒、头痛、乏力、恶心呕吐等。

二、实验室检查

血液嗜酸性粒细胞和血清铁增加，红细胞沉降率加快，少数患者尿卟啉反应可呈阳性。

【鉴别诊断】

1.接触性皮炎：有接触刺激物病史，与日晒无关。可发生于任何季节，皮疹发生于接触部位，自觉痛痒。

2.烟酸缺乏症：除日晒外，非暴露部位也有皮疹，常伴有神经系统和消化系统的症状。

【防治】

一、预防

本病应经常参加户外锻炼，提高皮肤对日光的耐受性。外出采取各种遮阳措施，如打伞，外涂5%二氧化钛霜、10%氧化锌霜等。

二、治疗

(一)局部治疗

以消炎、止痛为原则。

1.用2.5%消炎痛溶液(纯乙烯醇、丙二醇、二甲基乙酰胺,比例为19:19:12)外搽。

2.大疱、渗出液多时,可用2%~4%硼酸溶液、牛奶液(牛奶和水50:5)或生理盐水(一茶匙盐溶于500~600 mL水中)等溶液进行湿敷,每次15~20 min,一日2~3次,直到水疱干涸。大部分水疱可不必处理。

(二)全身治疗

1.抗组织胺药:用于刺痒性日晒伤。赛庚啶2 mg,每日3次,口服;扑尔敏4~8mg,每日3次,口服;息斯敏10 mg,每日1次,口服。

2.止痛药:阿斯匹林1 g,每日3次,口服;扑热息痛0.25~0.5 g,每日3~4次,口服。

3.皮质类固醇激素:严重的晒伤可用强的松10 mg,每日3次,口服,用2~3 d,但要在晒伤36 h后或更短时间内应用,有减轻红肿热痛的作用。

第四节 植物光化性皮炎

植物光化性皮炎(phytophoto dermatitis)又称"蔬菜日光性皮炎",是因进食大量某些蔬菜再经日光照射后发生于面、手背等暴露部位的一种光感性皮炎。本病的发生是蔬菜、日光和机体状况三者共同作用的结果。致病蔬菜以紫云英、油菜为主,因进食其他菜类如普通青菜、雪菜、菠菜、马齿苋等引起发病者少见。这些蔬菜含有可能属于卟啉类(如叶绿素、荧光素、黄素等,结构式与卟啉非常相近)的光毒性或光变应性物质,进入体内后,在光线作用下引起光化学反应而致病。

【诊断要点】

一、临床表现

1.本病春末夏初发病多见,好发于中青年女性,经过4 ~48 h的潜伏期后突然发病。

2.皮损主要表现为弥漫性水肿,质地坚实而发亮,一般不发红或微红,早期为实质性,到消退阶段则呈凹陷性。

3.以面部、手背、颈、前臂等曝光部位好发,常对称分布,在面部以两眼睑为主,通常眼睛不能睁开。

4.严重者可在水肿部位出现水疱、血疱、淤点、淤斑,继发感染时形成溃疡,愈后遗留瘢痕。自觉局部剧烈灼痛、刺痛、发麻、绷紧和瘙痒等,少数患者可伴有发热、头痛、恶心、腹痛、腹泻等表现。

5.病程具有自限性,水肿约1周消退,水疱或血疱约2周吸收。少数病例复发。

二、实验室检查

白细胞轻度升高,嗜酸性粒细胞增加,尿有微量蛋白,红细胞及管型。少数患者尿卟啉反应阳性。

【防治】

避免大量食用致病的蔬菜和强烈日光照射是主要的预防措施。治疗采用利尿剂、泻药、B族维生素、维生素C、烟酰胺等，严重者可口服泼尼松(强的松)。

局部一般不需特殊处理，可外涂炉甘石洗剂，有糜烂渗液时用生理盐水湿敷。

第五节 鸡 眼

鸡眼(clavus)为足部皮肤局限性圆锥形鸡眼状角质增生性损害。发病与局部长期受挤压及机械性摩擦有关。

【诊断要点】

1.典型损害为圆形或椭圆形的淡黄色或深黄色角质栓，境界清楚，如绿豆至蚕豆大小，平坦或稍隆起皮面。若用刀削去外层可见中心有坚硬角质栓塞，外周有一圈透明的淡黄色环呈鸡眼状故名。

2.皮损好发于足跖前中部，尤其足前弓、小趾外侧或趾内侧缘等骨突出或易受挤压、摩擦处或两趾间。

3.因角质栓呈倒圆锥形嵌入真皮乳头层，站或行走时压迫局部而有剧痛。

【鉴别诊断】

1.跖疣：表面正常皮纹消失，角质增生呈刺状。多呈灰褐色，削去表面部分显示有针帽大黑点或出血点，两侧挤捏疼痛明显，基本组织病理改变与寻常疣相同。

2.胼胝：虽表面皮纹正常存在，但角质增生面积较广，色黄，触之坚硬，境界不甚清楚，疼痛不明显。

【治疗】

一、一般治疗

不穿过紧过硬的鞋子、矫正足畸形等，以减少摩擦或挤压。

二、局部治疗

1.鸡眼膏：先用热水浸泡患处，削去表层角质增生部分，并尽可能将中心角质栓小心削去，将鸡眼膏的红色药块对准此核心部位贴牢。每周换药1次，换药前削去已浸白的部分，直至损害脱落。

2. 5%水杨酸软膏或水杨酸火棉胶：先按鸡眼损害大小将橡皮膏剪一孔，贴于皮损周围，以保护损害周围的正常皮肤，涂于皮损表面，再盖以橡皮膏固定。每24~48 h更换1次，换药后削去皮损浸软发白部分，直到损害脱落。

3.用中药鸦胆子或鲜半夏捣烂后局部外敷，2~3 d换药1次，敷法同上。

三、物理治疗

CO_2激光治疗，局部消毒，局麻后以CO_2激光烧灼，患者较易接受；也可用液氮冷冻患处，但有较明显疼痛。

四、手术

本病可做手术切除。

第六节　胼　胝

胼胝(tylosis)，俗称“茧子”，是指手足长期受压和摩擦的部位发生硬而平滑的角质增厚，一般不影响健康和劳动，并起到一定的保护作用。

【诊断要点】

1.胼胝主要发生于掌跖部易受摩擦处，为一局限性的角质板，呈蜡黄、黄白或黄褐色，扁平或微隆起，质硬，光滑，半透明，中厚边薄，境界不明显，表面皮纹清晰可见，局部汗液分泌减少，感觉迟钝。

2.本病发病缓慢，无自觉症状，严重者有压痛。起病较急者，常继发于摩擦起疱而形成。

【治疗】

一、一般治疗

本病一般不需治疗，重要的是减少局部摩擦，有症状者可用热水浸软，用刀削薄后外涂角质剥脱剂，如30%~40%水杨酸软膏、40%尿素软膏、0.3%维甲酸软膏或水杨酸火棉胶等封包。

二、预防

应尽量减轻患处所受的压迫，穿柔软合脚的鞋子非常重要，用形状和大小合适的垫子或用保护性的绷带或足托能改变足部受力的情况，保护患处避免受压。

一般不需外科手术治疗。角化过度的组织可用角质剥脱剂(如17%水杨酸火棉胶或40%水杨酸糊剂)去除，要小心避免把角质剥脱剂涂到正常皮肤上。患者沐浴后用指甲锉、砂纸、浮石等磨削患处，也非常有效。对有长胼胝和鸡眼倾向的病人，要定期接受修脚师的治疗。对有外周末梢循环损害和糖尿病的患者，要更加小心。

第七节　多形性日光疹

多形性日光疹(polymorphous sunlight eruption)为一种常见的特发性、获得性、急性间歇发作的皮肤对光线照射的迟发性变态反应性皮肤病。一般认为其致病光谱主要是中波紫外线(波长290~320 nm),但有时长波紫外线或可见光也可有影响。发病与季节有明显关系,春、夏季症状加重,秋、冬季自行减轻或消退,来年又可复发。病程长短不一,可持续多年不愈,部分患者有家族光过敏史。

【诊断要点】

一、临床特点

1.发病有明显季节性,好发于春季和夏初日晒后,潜伏期为2~120 h。

2.皮疹多见于暴露部位,如面部、颈部、颈前"V"型区、手背及前臂伸侧。

3.皮疹表现为多形性,有红斑、丘疹、结节、水疱、糜烂、结痂、脱屑或苔藓样变等。但对某一患者而言,一般以单一形态的皮疹为主。皮损多呈小片状而互不融合,周围有正常外观皮肤。皮损类型常见为小丘疹型和丘疱疹型,以后可发生湿疹样、苔藓样变;其次为大丘疹型,也可见红斑水肿型。

4.自觉瘙痒剧烈及灼热感。

5.病程长短不一,多为慢性经过。

二、实验室检查

1.紫外线红斑反应试验呈异常反应。

2.光激发试验阳性。

3.光斑贴试验阴性。

4.组织病理:表皮改变为角化不全和灶性海绵形成,棘层肥厚,表皮下水肿,真皮血管周围有淋巴细胞浸润,也伴有中性粒细胞和嗜酸性粒细胞浸润。真皮乳头高度水肿、苍白淡染,真皮浅层及深层血管周围密集以淋巴细胞为主的混合类型炎症细胞浸润为该病的特征性组织病理改变。

【鉴别诊断】

本病需注意与湿疹、痒疹、多形性红斑、光接触性皮炎、红斑狼疮(主要是SCLE和DLE)、红细胞生成性原卟啉病及迟发性皮肤卟啉病相鉴别。

【防治】

一、局部治疗

局部治疗可选用炉甘石洗剂、15%氧化锌软膏、5%二氧化钛霜、4%二苯甲酮洗剂或霜剂、二羟基丙酮及萘醌洗剂等,外出前涂抹;或用皮质类固醇激素霜等涂搽,每日2~3次。

二、全身治疗

1.抗组织胺药:赛庚啶2~4 mg、扑尔敏4~8 mg、息斯敏10 mg、克敏能10 mg,每日1次,口服。

2.抗疟药:氯喹250 mg,每日2~3次,口服,病情控制后减至每日1~2次后间隔2~4 d递减药量1次,硫酸羟基氯喹100 mg,每日1次,口服,服药期间注意其副作用。

3.皮质类固醇激素:用于皮疹特别严重者,可用强的松30~40 mg/d,口服1周,病情控制后逐渐减量至停药。

4.硫唑嘌呤:对严重光敏感者及湿疹样改变的病人效果显著,剂量50 mg,每日2次,一般

2~4个月缓解,少数用6~8个月可停药。服药期间应定期复查白细胞、血小板及肝功。

三、光化学疗法

8-甲氧补骨脂素和长波紫外线(PUVA)照射,对活动期病变有效。

四、中医中药治疗

风湿型治疗以散风清热为主,方剂可用荆防汤加减;血热型则以凉血清热为主,方剂用消风汤,湿疹改变可用龙胆泻肝汤加减,痒疹改变可用丹栀逍遥散和桃红四物汤加减。

五、预防

本病应尽量避免强烈日光照射,外出时应用遮光剂。可行小剂量紫外线照射皮肤,逐渐增强光照量或行日光浴疗法,提高机体对光线的耐受力。

第七章 皮炎湿疹类皮肤病

第一节 接触性皮炎

接触性皮炎(contact dermatitis)是指皮肤黏膜接触外界某些物质后在接触部位发生的炎症反应性皮肤病。引起本病的物质主要有动物性、植物性和化学制品三大类,其中尤以化学制品多见。根据发病机理可以将接触性皮炎分成刺激性接触性皮炎和变态反应性接触性皮炎。

【诊断要点】

一、临床特点

(一)变态反应性接触性皮炎

1.有接触史。有毒化学物质是致敏的主要原因。常见接触致敏物有染发剂中的对苯二胺;化妆品、洗涤剂等物质中的芳香化合物、防腐剂等;化工原料及制品中的橡胶添加剂、染料合成树脂等;动物的皮毛、昆虫的分泌物等。

2.皮疹初起为红斑,稍有水肿或密集的粟粒红色丘疹,重者成丘疱疹、水疱甚至大疱。

3.皮疹发生部位及范围多与接触部位一致,境界清楚,好发于手和面部。

4.初次发病有一定潜伏期,从数小时至10数天不等。再次接触多于24~48 h发病。

5.自觉剧烈瘙痒,全身症状较轻,病程有自限性。

(二)刺激性接触性皮炎

1.有接触史。急性刺激性接触皮炎是接触了强刺激物,如强酸、强碱等;慢性刺激性接触皮炎是接触了弱刺激物,如洗涤剂、有机溶剂等。

2.皮损特点:急性刺激性接触皮炎在接触后很快于局部出现红斑、肿胀、大疱、糜烂甚至皮肤坏死、溃疡等;慢性刺激性接触皮炎需经长期反复接触才发病,主要表现为局部皮肤干燥、发红、脱屑、皲裂等。

3.好发于手及暴露部位,皮损范围与接触一致。

二、实验室检查

1.激发试验:再次接触可疑变应原以协助诊断急性刺激性接触皮炎,多用于化妆品或职业性接触性皮炎。

2.斑贴试验:将含有可疑变应原的试贴敷在患者的背部或上臂外侧皮肤上,48 h去除之,作首次判断，去除后48~96 h，作第二次判断，局部皮肤出现红斑、浸润、丘疹、水疱即为阳性。

3.组织病理：刺激性接触皮炎主要表现为外层表皮坏死，常伴有淋巴细胞和中性粒细胞浸润，变态反应性接触性皮炎呈类似湿疹样变化。

【鉴别诊断】

本病需与急性湿疹鉴别，急性湿疹皮疹呈多形性，多有糜烂渗出，境界不清。急性湿疹病因常不明，易反复发作，依此可以鉴别。

【治疗】

寻找病因、去除病因并避免再次接触，清洗接触部位，避免热水烫洗、使用肥皂、挠抓等刺激。

一、局部治疗

(一)急性期皮损

1.无渗液时，用炉甘石洗剂，每日5~6次外用或痒时即用。

2.有渗液时，用2%~4%硼酸溶液或生理盐水作冷湿敷。如果皮损继发感染，可选用0.05%黄连素溶液、0.05%呋喃西林溶液或1:8 000高锰酸钾溶液作冷湿敷，根据皮损渗液多少作持续湿敷或每次湿敷30~60 min，每日2~4次，间歇期或晚间可外用40%氧化锌油。

(二)亚急性期皮损

待皮肤干燥后可改用皮质类固醇激素霜剂，如1%氢化可的松霜、0.25%~0.5%地塞米松霜、0.1%去炎松霜等，每日2~3次外用。

(三)慢性期皮损

选用皮质类固醇激素软膏或霜剂外用，每日2~3次，也可加用焦油类软膏，如10%黑豆溜油软膏、5%~10%糠溜油软膏或10%鱼石脂软膏等。

二、全身治疗

1.抗组织胺类药：一般选择其中1种口服，如扑尔敏4~8 mg或去氯羟嗪25 mg，每日3次，口服。新一代抗组胺药较少或无中枢镇静及抗胆碱能等作用，如特非那丁，60 mg，每日2次，口服；仙特敏，10 mg，每日1次，口服等，可酌情选用。

2.皮质类固醇激素：皮疹严重或泛发患者，可首选激素治疗，成人用强的松30~40 mg/d，分2~3次口服；或氢化可的松，150~200 mg，加入5%~10%葡萄糖液500 mL中，每日1次，静脉滴注；或地塞米松，5 mg，每日1次，静脉滴注或肌肉注射。待炎症控制后逐渐减量，在2~3周内撤尽。

3.非特异性脱敏治疗：10%葡萄糖酸钙10 mL或硫代硫酸钠0.64 g，用10 mL注射用水溶解，每日1次，静脉注射；5%~10%葡萄糖液500 mL内加维生素C 2.0~3.0 g，每日1次，静脉滴注。

4.继发感染者：同时选择适当有效的抗生素，全身或局部外用治疗。

【预防】

1.应避免再次接触该致敏物，谨慎对待直接接触皮肤的任何物质。

2.工作必须要接触致敏物时力争改善工作条件，或调离原工作环境。

第二节 湿 疹

湿疹(eczema)是一种非特异性炎症性皮肤疾病,由多种复杂的内、外因素引起的一种具有多形性皮损为特征的皮肤炎症反应。其病因复杂多难以确定,病情常反复发作,迁延不愈。

【诊断要点】

一、临床特点

1.皮疹呈多形性,具红斑、水疱、渗出等皮疹形态。按皮损表现特点可分为急性、亚急性和慢性湿疹3种。

(1)急性湿疹:新起皮损为红斑、丘疱疹或水疱,尚有点状或小片状糜烂、渗液、结痂等。病变处轻度肿胀,损害境界不清,合并感染时可出现脓疱、脓性渗出物及痂屑等。

(2)亚急性湿疹:多从急性湿疹迁延而来,皮损以红色丘疹、斑丘疹、鳞屑或结痂为主,亦可有少许丘疱疹或水疱及糜烂渗液,剧痒。

(3)慢性湿疹:多由急性、亚急性湿疹反复发作而致,皮损为局限性的暗红、棕红色斑或斑丘疹,肥厚、浸润较著,呈苔藓样变,表面有脱屑,伴有色素沉着,界限清楚。周围散在少数丘疹、丘疱疹等。皮损在一定诱因下可急性发作,剧痒。

2.皮疹可发生在任何部位,但以外露部位及屈侧为多见,皮疹往往对称性分布。

3.自觉瘙痒剧烈。

4.病程不规则,常反复发作,迁延难愈。

5.常见特定部位的湿疹有耳湿疹、手湿疹、乳房湿疹、肛门外生殖器湿疹、小腿湿疹等。

二、实验室检查

1.外周血嗜酸性粒细胞增加。

2.组织病理:急性期为表皮细胞内水肿,海绵形成。棘层内及角层下有水疱,可见淋巴细胞及中性粒细胞。真皮浅层小血管扩张、血管周围有轻度以淋巴细胞为主的炎细胞浸润。慢性期表皮角化过度、角化不全,棘层增厚。轻度海绵水肿、表皮突显著延长。真皮浅层小血管周围有显著以淋巴细胞为主的炎细胞浸润,毛细血管数目增多,内皮细胞肿胀和增生。亚急性期上述两种变化混合存在。

【鉴别诊断】

1.变态反应性接触性皮炎应与急性湿疹相鉴别。本病接触史明显,病变多局限于接触部位,皮疹多为单一形态,境界清楚,病程多是急性经过。去除接触性病因后易治愈或自愈。

2.神经性皮炎应与慢性湿疹相鉴别。本病皮损常见于颈项两侧,肘、膝关节伸侧及骶尾部等处,典型损害为平顶肤色或淡红色丘疹,密集成片呈苔藓样变,无渗液,瘙痒呈阵发性加剧。

3.手足癣应与手足湿疹相鉴别。本病皮损界限清楚,从单侧手掌、足跖或趾间发病,刮取皮损部鳞屑作真菌镜检呈阳性，可资鉴别。

【治疗】

一、一般治疗

1.应尽可能地寻找患者发病或诱发病情加重的原因，应详细了解病史、工作环境、生活习惯、思想情绪等作过敏原检查，如皮内试验、斑贴过筛试验等，以发现可能的致敏原。

2.尽可能避免外界不良刺激，如热水洗烫、剧烈搔抓等；尽量不穿化纤贴身内衣、皮毛制品；避免食用易致敏和刺激性食物，如海鲜、辣椒、酒、咖啡等。

3.保持皮肤清洁，防止皮肤感染，避免过度劳累、保持乐观稳定的情绪。

二、局部治疗

应以温和、无刺激性为原则，具体用药视病期及皮损情况而定。

1.急性湿疹无渗出时，炉甘石洗剂每日4~6次外用。瘙痒明显时酌加皮质类固醇激素霜外用，如1%氢化可的松霜、0.25%地塞米松霜、0.1%去炎松霜等；有渗出时，首先用2%~4%硼酸溶液或生理盐水等作冷湿敷，每次60~80 min，每日2~3次湿敷或持续湿敷，湿敷间歇或晚间可用10%氧化锌油外涂，渗出减少后改用氧化锌糊膏。

2.亚急性湿疹可选用糊剂，如氧化锌糊膏或5%糠馏油糊膏、皮质类固醇激素霜剂，每日2~3次外用。

3.慢性湿疹可选用皮质类固醇激素霜剂、软膏或硬膏、氧化锌软膏及焦油类软膏。

(1)皮质类固醇激素类药多用1%氢化可的松霜、0.5%地塞米松软膏、0.05%倍氯米松软膏、0.1%去炎松霜、恩肤霜等，选择其中1~2种，每日2~3次外用；15%氧化锌软膏，每日2~3次外用；焦油类，如5%~10%黑豆馏油软膏、10%鱼石脂软膏、10%糠馏油软膏等，选择其中1种，每日2~3次外用。

(2)对肥厚顽固皮损，可用去炎松尿素软膏、0.1%去炎松二甲基亚砜液；也可将上述药膏加塑料薄膜或玻璃纸封包，每晚1次；还可用肤疾宁、皮炎灵等含有皮质类固醇激素的硬膏贴于小片肥厚皮损处。

4.湿疹并发感染如继发细菌感染，除选用有抗感染作用的湿敷液、0.05%黄连素溶液湿敷外，可用皮质激素抗生素混合制剂，如去炎松氯霉素霜外用，或加用百多邦药膏、1%红霉素软膏等外用，每日2~3次；如继发真菌感染，可联合外用抗真菌药物。市售有皮质类固醇激素、抗真菌药和抗生素混合外用制剂，如皮康霜，皮炎平、复方康纳乐霜等，可酌情选用。

5.皮质类固醇激素皮损内注射用于小片肥厚而顽固性损害及钱币形湿疹，如醋酸强的松龙或去炎松混悬液加等量1%~2%普鲁卡因，作损害皮内或真皮浅层局部封闭注射，宜采用多点注射，用量根据皮损大小而定，每1~2周注射1次，共3~4次，应注意局部皮肤萎缩等副作用发生。

三、全身治疗

1.抗组织胺类药物，如扑尔敏4~8 mg，每日3次，口服；去氯羟嗪，25 mg，每日3次，口服；赛庚啶，2 mg，每日3次，口服。新一代抗组织胺类药较少或无中枢镇静及口干等副作用，如特非那丁，60 mg，每日2次，口服；仙特敏，10 mg，每日1次，口服，可酌情选择其中1~2种。小儿较安全的药物是0.2%苯海拉明糖浆，剂量1 mL/(kg·d)，分3次，口服；或扑尔敏，2 mg，每日3次，口服。对瘙痒剧烈、影响晚间睡眠者，可给予苯海拉明20 mg、扑尔敏10 mg或非那根12.5~25 mg，每晚睡前肌肉注射1次。

2.非特异性脱敏治疗：10%葡萄糖酸钙10 mL，或硫代硫酸钠0.64 g加入注射用水10 mL溶解后，每日1次，静脉注射；或合用5%~10%葡萄糖液500 mL内加维生素C 2~3 g，每日1次，静脉滴注。

3.皮质类固醇激素能很快控制症状，但停药易复发，故一般情况不主张应用。

(1)只有在湿疹急性严重且皮疹广泛或湿疹性红皮病患者，采用其他治疗无效而又无皮质类固醇激素应用禁忌症时可酌情选用，如成人用强的松，30~40 mg/d，分2~3次口服，待病情缓解后逐渐减量至完全停药。

(2)注意不宜减、停药过快，以免出现反跳现象使病情反复。

第三节 婴儿湿疹

婴儿湿疹(infantile eczema)是发生在1~2岁以下婴幼儿中的湿疹，其发病与母亲食蛋白质食物、小儿消化功能障碍以及对吸入性、食物性变应原敏感等因素有关。

【诊断要点】

1.皮疹为红斑、丘疹、丘疱疹或水疱，皮疹可相互融合成大片，表面有糜烂、渗液或黄色痂屑，境界不清；有的皮疹为干燥性淡红斑及丘疹，表面少许糠秕样鳞屑，患儿皮肤干燥较明显。慢性时亦可轻度浸润肥厚。

2.皮损好发部位在面部、头皮、颈周、臀部及四肢屈侧，尤其多发于面颊和额部。

3.发病年龄在生后1~3月为多见，多于1~2岁内痊愈。

4.瘙痒剧烈，患儿常常搔抓，哭闹烦躁。

5.本病需与婴儿脂溢性皮炎相鉴别，婴儿脂溢性皮炎常发生于生后1个月，典型皮损为渗出性红斑，上有厚而色黄的油腻性屑痂，头皮、眉区受累为多见。

【鉴别诊断】

1.慢性湿疹多有糜烂、渗液等病史，皮损边界不清，苔藓样变不及神经性皮炎明显，治疗不能耐受刺激性外用药，可以鉴别。

2.原发性皮肤淀粉样病变好发于双小腿伸侧、上背部，损害为粟粒至绿豆大半球状丘疹，质坚硬，密集成片，有的呈串珠样排列。组织病理改变有诊断价值，可以鉴别。

3.扁平苔藓损害多为暗红、紫红或褐色，中央略凹的扁平丘疹，可有黏膜、指(趾)甲损害等，组织病理变化有诊断意义。

【治疗】

婴儿湿疹除详细询问病史，查找诱发因素予以纠正外，应采用全身、局部中医及西医综合治疗。

一、全身疗法

1.饮食管理：首先，避免喂哺过量的食物以保持正常消化。如疑牛奶过敏，可较久煮沸，使其蛋白变性，可以减少致敏物，或者选择低敏配方奶粉，必要时可用羊奶或豆浆代替牛奶；如疑蛋白过敏，单给蛋黄或由少量蛋白开始，逐渐加量。喂奶的母亲可暂停吃鸡蛋。

2.抗组织胺类药物：扑尔敏、苯海拉明、异丙嗪等单一或轮流内服有较好的止痒和抗过敏效果，并有不同程度的镇静作用。非镇静作用的抗组织胺药，如息斯敏(片剂或口服液)、特非那丁等，具有镇静作用的抗组织胺类药物优于后者。

3.皮质类固醇激素：无论口服还是静脉注射，都能很快控制症状，有明显的抗炎、止痒作用，但停药后易复发，不能根治，且长期应用后有依赖性和各种不良反应，故应酌情慎用。泛发急性湿疹其他疗法效果不佳者，可短期口服强的松，病情好转逐渐减量。

4.抗生素：仅用于继发局部或淋巴结等感染、白细胞增高和体温增高的病儿，一般采用青霉素肌注或红霉素、复方新诺明口服。

二、局部治疗

原则上是按照病期分别治疗。

1.急性期：采用1%~4%硼酸溶液或1%~4%硼酸溶液加0.1%呋喃西林溶液湿敷或外洗局部15 min之后，外涂雷佛诺尔氧化锌软膏或1%氯霉素氧化锌油。如无明显感染亦可外用40%氧化锌油或15%氧化锌软膏，应湿敷2~3 d即可。

2.亚急性期：用1%~4%硼酸溶液外洗，然后外用炉甘石洗剂或炉甘石呋喃西林洗剂，止痒、消炎。外涂维生素B_6软膏或中药祛湿油。

3.慢性期：外用1/2或1/3肤轻松或丙酸倍氯美松软膏加糠馏油软膏或普连膏，或尿素软膏，然后用薄塑料膜覆盖，绷带包扎，每隔1~2 d封包1次，待皮肤恢复原状。每周至多洗浴1~2次，必要时外涂肤轻松软膏、皮炎平等。对慢性局限性肥厚性小片损害可采用醋酸强的松龙，或去炎松混悬液作皮损处的皮内分点注射，每周1次，共2~3次。不宜长期使用，以免发生皮肤萎缩。

第四节 药物性皮炎

药物性皮炎(dermatitis medicamentosa)，也称为药疹(drug eruption)，是指药物通过各种途径，如注射、口服、吸入、皮肤直接用药等途径进入人体后引起的皮肤黏膜急性炎症性反应，重者伴有内脏损害。其发病机理很复杂，常与免疫反应有关。引起本病的药物较多，但常见以下几类药物；①解热镇痛药；②磺胺类药；③抗生素类药；④安眠镇静及抗癫痫药；⑤其他药物，如痢特灵、血清制品等。近年来某些中药引起药物性皮炎现象已引起人们的重视。

【诊断要点】

一、临床表现

1.病前有用药史，多在治疗过程中急骤发病。应详细询问起疹前3周内的用药史及既往药物过敏史。

2.有一定潜伏期，首次发病多在用药5~20 d左右，重复用药则可在24 h内发病，短者甚至在用药后瞬间或数分钟之内发生。

3.荨麻疹型、猩红热样型、湿疹样型及紫癜型等药疹，皮疹有突然发生，形态多样，对称分布，颜色鲜艳的特点。

4.除固定型药疹外，多呈泛发。自觉灼热瘙痒，重者伴有发热、倦怠、全身不适、纳差、大便干、小便赤黄等全身症状。

5.重症多形红斑型、剥脱性皮炎、红皮病型、大疱性表皮松解症及重症药疹时常伴口腔黏膜损害，且可有肝、肾、心脏、关节及造血系统损害。

6.病程多急性，停用致敏药物后，轻症者约1~3周内自愈。再用该药或结构类似药可再发病。

7.皮质类固醇激素等抗过敏药治疗效果好。

二、实验室检查

1.血常规检查：白细胞总数可增多，中性粒细胞也可增高，常伴嗜酸性粒细胞增多，个别情况有白细胞减少者。有的可出现白细胞、红细胞、血小板三系细胞均减少。

2.重症药疹可内脏受累，可出现肝功异常，尿蛋白、心电图异常等。

3.体内及体外试验：如激发试验、嗜碱细胞脱颗粒试验等。

【鉴别诊断】

1.本病应注意与其他发疹性皮肤病及传染病，如麻疹、猩红热等相鉴别。依据药疹的皮疹颜色更为鲜红及瘙痒，而全身症状却较轻；缺乏传染病应具有的其他症状和体征，如麻疹的Koplik斑，猩红热的草莓样舌等；血嗜酸性白细胞增多及有用药史等可以区别开。

2.本病应注意与感染引起的皮疹相鉴别：感染引起的发疹是由于感染灶的原因，如乳腺炎时，脓性分泌物吸收而致中毒红斑或自敏性皮炎。依据其有感染病灶、高热、寒战等全身症状较重，皮疹色相对暗红，瘙痒轻，白细胞总数明显增多及有核左移等症状可以鉴别。

【治疗】

一、一般治疗

1.立即停用致敏或可疑致敏药物，慎用其他化学结构相近及其他易致敏药物。

2.促进药物排泄，多饮水或静脉输液。

二、全身治疗

(一)轻症药疹

1.抗组织胺类药物：可选择其中1~2种口服，如扑尔敏、去氯羟嗪等。

2.非特异性脱敏药物：10%葡萄糖酸钙10 mL或硫代硫酸钠0.64 g，加用注射用水10 mL溶解后，每日1次，静脉注射；维生素C，口服。

3.发疹型或荨麻疹型药疹伴发热者，在感染因素除外后，可选用强的松，20~40 mg/d，分2~3次，口服，皮疹基本消退、体温正常可减量。

(二)重症药疹

伴高热等全身中毒症状及内脏受累，尽早足量应用皮质类固醇激素。

1.氢化可的松200~500 mg，加入5%~10%葡萄糖液500~1 000 mL中，每日1次，静脉滴注，病情稳定后逐渐减量；或地塞米松10~20 mg/d，分2~3次，静脉小壶滴注。注意氢化可的松的溶媒为酒精，因而对酒精敏感的患者不能使用。

2.抗组织胺类药、维生素C、钙剂等。

3.防治感染：选用有效抗生素静脉滴注。

4.支持疗法：补充白蛋白、输鲜血或血浆。

5.注意水、电解质平衡。

6.肝、肾等内脏受累时，按内科治疗对症处理。

三、局部治疗

1.皮疹无渗出时，可选炉甘石洗剂外用。

2.皮疹有大面积糜烂、渗液时，注意环境清洁，对重症多形红斑、中毒性表皮坏死松解症等有大片创面者，应严格隔离消毒措施，如室内消毒，使用无菌床单及注意无菌操作等，皮损干燥暴露、糜烂面清洁后用单层浸有0.05%黄连素液纱布或0.2%庆大霉素生理盐水纱布贴敷，有大疱时先用无菌注射器抽吸疱液。

3.皮质类固醇激素霜剂外用，每日3次。

4.加强眼、鼻、口腔、肛门及外生殖器黏膜清洁护理。

【预防】

1.用药前应询问患者有无药物过敏史，避免使用致敏药及结构类似的药物。

2.杜绝滥用药物。

3.严格执行有关药物的常规皮试制度。

4.注意监视药疹的早期症状，尽早诊断，立即停用可疑致敏药物；应注意与发疹性传染病及与感染引起的皮疹相鉴别。

5.注意处方中复方药物的组成成分，了解其中可能易致敏成分，特别是感冒药，解热止痛药及中、西复合制剂。

6.已出现药疹者，医生应明确告知患者本人且在病历显要位置记载致敏药物，以避免再用同类和结构类似药物。

第五节　荨麻疹

荨麻疹是一种以皮肤出现红色或苍白色风团、时隐时现的瘙痒性、过敏性皮肤病，是由多种因素引起皮肤黏膜小血管扩张、通透性增高而出现的局限性水肿反应。其特点是皮肤上出现瘙痒性风团，发无定处，骤起骤退，消退后不留任何痕迹。

引起荨麻疹的因素甚多，病因较复杂，约3/4患者找不到原因，尤其是慢性荨麻疹。常见的发病原因有：①食物，如鱼、虾、蛋类、奶类最常见，其次是肉类和某些植物性食品，如草莓、可可、番茄。另外腐败性食品分解为多肽类，碱性多肽是组胺释放物。蛋白食品在未彻底消化之前，以胨或多肽形式被吸收，可引起荨麻疹。②药物，可分为两类，一类为可形成抗原的药物，如青霉素、血清、疫苗、磺胺、呋喃唑酮等；另一类为组胺释放剂，如阿司匹林、吗啡、可待因、哌替啶、多黏菌素、维生素B、奎宁、肼苯达嗪等。③感染，各种感染因素均可引起本病。感染包括病毒（如上感病毒、肝炎病毒）、细菌（如金葡菌）、真菌和寄生虫（如蛔早、钩虫等）；④吸入物，如花粉、灰尘、动物皮屑、烟雾、羽毛、真菌孢子、挥发性化学品（如甲醛、丙烯醛、除虫菊、化妆品等）和其他经空气传播的过敏原等。⑤物理因素，如冷、热、日光、摩擦及压力等物理和机械性刺激。⑥动物及植物因素，如昆虫叮咬、毒毛刺入（如毛虫，甲虫及飞蛾的毛鳞刺入皮肤）以及接触荨麻、羊毛等。⑦精神因素，精神紧张或兴奋、运动后引起乙酰胆碱释放。⑧遗传因素，某些类型荨麻疹与遗传有关，如家族性冷性荨麻疹、遗传性家族性荨麻疹综合征等。⑨内脏和全身性疾病，如风湿热、类风湿性关节炎、系统性红斑狼疮、恶性肿瘤、甲亢、高脂血症、内分泌改变（月经、妊娠、绝经）、传染性单核细胞增多症以及慢性疾病（如胆囊炎、肾炎、糖尿病等）。

【诊断要点】

一、临床特点

根据病程分为急性和慢性，前者经数天或数周可治愈，后者则反复发作持续数月。

（一）急性荨麻疹（acute urticaria）

急性荨麻疹在所有荨麻疹中约占1/3。

1.起病较急，皮损常突然发生，为限局性红色大小不等的风团，境界清楚，形态不一，可为圆形、类圆形或不规则形。开始孤立散在，逐渐可随搔抓而增多增大，互相融合成不整形、地图形或环状。如微血管内血清渗出急剧，压迫管壁，风团可呈苍白色，周围有红晕，皮肤凹凸不平，呈橘皮样。

2.皮损大多持续半小时至数小时自然消退，消退后不留痕迹，但新的风团陆续发生，此起彼伏，不断发生，1天内可反复多次发作。

3.自觉剧烈瘙痒、灼热感。

4.部位不定，可泛发全身或局限于某部。有时黏膜亦可受累，如累及胃肠，引起黏膜水肿，出现恶心、呕吐、腹痛、腹泻等症状；如喉头黏膜受侵时则有胸闷、气喘、呼吸困难，严重者可引起喉头水肿发生窒息而危及生命；如伴有高热、寒战、脉速等全身症状，应特别警惕有无严重感染（如败血症）的可能。

5.皮肤划痕症可呈阳性。

6.血常规检查有嗜酸性粒细胞增高，若有严重金黄色葡萄球菌感染时，白细胞总数增高或细胞计数正常而中性粒细胞百分比增多，或同时有中毒颗粒。

（二）慢性荨麻疹（chronic urticaria）

慢性荨麻疹发病约占荨麻疹的2/3。风团反复发生，时多时少，长期不愈可达2个月以上。在经过中时轻时重，如晨起或临睡前加重，有的无一定规律，全身症状一般较轻，大多数患者找不到病因。

此外，临床上尚有一些特殊类型的荨麻疹：

1.人工性荨麻疹（factitial urticaria）又称皮肤划痕症（dermographism）：患者皮肤对外界机械性刺激非常敏感，皮肤上通常无风团，若用指甲或钝器划皮肤时，即发生与划痕相一致的条状隆起，不久消退，伴有瘙痒。

2.蛋白胨性荨麻疹（急性蛋白过敏性荨麻疹）：常由食物蛋白分解的蛋白胨引起。

3.寒冷性荨麻疹（cold urticaria）：有家族性和获得性两种。

（1）家族性寒冷性荨麻疹。为常染色体显性遗传，较少见，系生后不久开始发病，可持续终生，发病机制及介质均不清楚，女性多见，症状可随年龄增长而减轻。

（2）获得性寒冷性荨麻疹。可能为自体免疫性变态反应，对冷过敏，大多属特发性，约1/3有遗传过敏史。常从儿童开始发病，在气温骤降，接触冷风、冷水或冷物后，于暴露或接触部位发生风团或斑状水肿，可持续0.5~4 h消失，重者可有手麻、唇麻、胸闷、心悸、腹痛、腹泻、晕厥甚至休克等。

4.胆碱能性荨麻疹：又称小丘疹状荨麻疹或全身性热性荨麻疹。多见于23~28岁青年。由于运动、受热、情绪紧张、进食热饮或酒精饮料等使体内深部温度上升等诱发因素刺激中枢神经，通过胆碱能传入神经刺激汗腺神经结合部，引起乙酰胆碱释放，作用于肥大细胞而发生，或由于胆碱酯酶不足而发生。

5.日光性荨麻疹：皮肤暴露于日光或人工光源数秒至数分钟后，局部出现瘙痒、红斑、风团、偶尔有血管性水肿，严重者发生皮疹的同时可有畏寒、乏力、晕厥、痉挛性腹痛、支气管痉挛等。

6.压迫性荨麻疹：皮肤受压后4~8 h，局部皮肤发生红色水肿性斑块，常为深在性水肿，累及真皮及皮下组织，与血管性水肿类似，有烧灼或疼痛感，持续约8~12 h消退。

7.血清病性荨麻疹：由于应用异体血清，包括各种抗毒血清、疫苗、丙种球蛋白或白蛋白、输血等一切由人或动物提供的血清及其制品、血液而引起。

8.接触性荨麻疹：皮肤接触某些变应原后发生风团、红斑，可分为免疫性、非免疫性和机制不明三种，非免疫性接触性荨麻疹系由原发性致荨麻疹物质引起，无需致敏，几乎所有接触者均可发生，其发病机制是接触物质直接刺激肥大细胞释放组胺、慢反应物质、缓激肽等而引起反应。

9.水源性荨麻疹和水源性瘙痒：接触任何温度的水均可引起瘙痒，少数可发生荨麻疹，风团较小，自来水湿敷背部，30 min内即出现典型皮损。

10.自身免疫性荨麻疹：在有些慢性特发性荨麻疹患者血清中发现有循环自身抗体因此而命名。

11.肾上腺能性荨麻疹：表现为小而痒的风团，周围有白晕，当情绪激动、摄入咖啡可引起。皮内注射去甲肾上腺素能发生风团，本病是由于对交感神经末梢分泌的去甲肾上腺素敏感所致。

12.荨麻疹性血管炎：特征为有荨麻疹和坏死性血管炎的损害。本病又可分为低补体血症型和正常补体血症型两种亚型，前者的系统性损害大于后者。

13.血管性水肿：血管性水肿（angioedema）又称血管神经性水肿（angioneurotic edema）、昆克水肿（quincke edema）或巨大荨麻疹（urticaria gigantism），是一种发生在皮下组织疏松部位或黏膜的局限性水肿，分为获得性和遗传性两种，后者较少见。获得性血管性水肿（acquire angioedema）常伴有其他过敏性疾病，其病因和发病机制与荨麻疹相似。

二、实验室检查

1.疑为风湿病引起荨麻疹者可检查血沉、抗核抗体等，血清补体测定、皮肤活检对有补体活化参与所致荨麻疹的诊断有帮助。

2.对寒冷性荨麻疹应检查梅毒血清试验,测定冷球蛋白、冷纤维蛋白原、冷溶血素和冰块试验、抗核抗体等检查。

3.日光性荨麻疹应检查粪、尿卟啉等,应注意与SLE相区别。

4.疑与感染有关,或体检时肝大或存在肝炎病史者,可行血常规、乙肝抗原、抗体检查、大便虫卵及真菌等检查。

5.如怀疑有甲状腺疾病应作抗微粒体甲状腺抗体相关检查。

6.如怀疑吸入或食入过敏者,应行变应原检查,结果为阳性时可作脱敏治疗。

7.血清病性荨麻疹患者有发热和关节痛,应检查血沉,如血沉正常有重要诊断价值。

8.荨麻疹性血管炎发作时除有明显的低补体血症,血清C_1的亚单位C_1q明显降低、C_4、C_2中度至重度降低、血清中出现循环免疫复合物和低分子量C_1q沉淀素。直接免疫荧光检查可见皮肤血管壁有免疫球蛋白和补体沉积。

9.自身免疫性慢性荨麻疹可检测自身抗体,采用自身血清皮肤试验:常规抽血放入无菌试管凝结30 min,离心,取血清100 μL给患者行皮内试验,以生理盐水为对照,如1h后局部出现风团直径大于9 mm即为阳性。其他如组胺释放试验、免疫印迹法及酶联免疫吸附试验等均可选用。

10.血管性水肿尤其是遗传性血管性水肿应作血清补体检查,应首先作补体第4成分测定(C_4),如C_4低下则可能有补体第一成分(C_1)酯酶抑制物缺乏,在发作期C_4明显低于正常,在缓解期也低于正常,即使无家族史也可确诊本病。反之,C_4正常即可否认本病。

11.慢性荨麻疹组织病理:系单纯限局性水肿,乳头及真皮上层有浆液性渗出,乳头水肿,血管周围有少量淋巴细胞浸润,亦可混杂有嗜酸性粒细胞浸润。

根据皮肤反复出现来去迅速的风团,剧痒,退后不留痕迹以及各类型荨麻疹的特点等易于诊断。必要时结合实验室检查(包括胸部X线检查、腹部B超等)及有关试验(如运动、热水、日光、冰块)、变应原检测等以进一步明确病因。

【鉴别诊断】

荨麻疹需和丘疹性荨麻疹及多形红斑相鉴别,伴有腹痛、腹泻者,应注意与急腹症及胃肠炎等鉴别;伴有高热和中毒症状者,应考虑为严重感染的症状之一。血管性水肿须与实质性水肿,如丹毒、蜂窝织炎及眼睑部接触性皮炎、成人硬肿病、面肿型皮肤恶性网状细胞增生症等鉴别。

【治疗】

找出病因并且以消除病因为主,有感染时常须应用抗菌素,对某些食物过敏时暂且不吃。慢性感染灶常是慢性荨麻疹的病因,但有些荨麻疹病人的病因很难确定或不能发现病因。

一、内用药

抗组织胺药是治疗各种荨麻疹病人的重要药物,可以控制大多数病人症状,抗组织胺药物虽不能直接对抗或中和组织胺,不能阻止组织胺的释放,但对组织胺有争夺作用,可迅速抑制风团的产生。抗组织胺药有各种副作用,最好选用副作用较少者,尤其高空作业的工人、驾驶员等要慎用,易因昏倦而导致事故的发生。久用一种抗组织胺药容易引起耐药性,可另换一种,或交替或合并应用。儿童的耐药性较成人大,因而相对用量也大。

1.抗组织胺药物的种类很多,结合病情及临床表现可选用安泰乐(羟嗪)有良好安定及抗组织胺作用,对人工荨麻疹,胆碱能荨麻疹及寒冷性荨麻疹都有较好的效果。

2.肾上腺素、氨茶碱能增加肥大细胞内CAMP而抑制组织胺的释放,能迅速促使急性荨麻疹或巨大荨麻疹的风团或水肿消退，尤其氨茶碱和抗组织胺药合用或与肾上腺素合用有协同作用,对并发哮喘或腹痛的病人尤其适用。

3. 6-氨基乙酸可用于寒冷性荨麻疹和巨大荨麻疹,阿托品或普鲁苯辛及氯丙嗪可用于胆碱能性荨麻疹。

4.钙剂可用于急性荨麻疹,利血平、安络血等药物可治疗慢性荨麻疹。

5.类固醇激素应用于严重的急性荨麻疹及血清性荨麻疹,对压力性荨麻疹及补体激活的荨麻疹可用小剂量。荨麻疹并发过敏性休克更须应用。也有人用每隔3~4周注射一次的疗法治疗慢性荨麻疹。

二、局部用药

炉甘石洗剂或氧化锌洗剂都可达到暂时的疗效。

第六节　神经性皮炎

神经性皮炎(neurodermatitis)又称慢性单纯性苔藓,为一种常见的以皮肤瘙痒,苔藓化为特征的皮肤神经功能障碍性皮肤病。病程较长,易于复发,多见于中年人和老年人。

【诊断要点】

一、临床特点

1.多见于中年人和老年人。

2.在颈、项、肘、骶尾部及上眼睑等部位发病者称局限型,有多处发病者称播散型。

3.本病初发时,常先有患部阵发性瘙痒。由于反复挠抓,皮肤出现粟粒大至绿豆大扁平丘疹,皮损颜色正常或呈淡红色、淡褐色,随之不断搔抓,皮损可扩大成片,皮损增厚,皮纹加深,表面可见有轻微糠皮样鳞屑。日久,皮损浸润肥厚,形成苔藓样变。

4.自觉阵发性奇痒,以夜晚及情绪波动时瘙痒增剧,而常影响睡眠。

5.病程慢性,反复发作,常对称发生。

二、实验室检查

组织病理:可见表皮角化过度,棘层肥厚,表皮突延长,偶见轻度海绵形成及角化不全。真皮血管增生、扩张,血管周围有淋巴细胞浸润。

【鉴别诊断】

1.慢性湿疹:本病多有糜烂、渗液等急性病程经过。

2.皮肤淀粉样变:本病多发生于小腿的伸侧面,皮损质较硬,密集成群,有蜡样光泽。组织病理切片用结晶紫染色，在真皮内可呈现紫红色淀粉样蛋白。

3.扁平苔藓：本病皮损多为暗红，淡紫或皮肤颜色。扁平多边形的丘疹，其表面光滑，中央凹陷，同时颊黏膜或龟头上亦可发生。

【治疗】

说服患者共同协作与疾病作斗争，生活要有规律，注意劳逸结合，避免搔抓、摩擦等刺激。

一、全身治疗

1.皮损瘙痒剧烈者或有神经衰弱症状者可酌情选用镇静安定剂，如舒乐安定片，每次1~2 mg，每日1次；同时用谷维素10 mg，每日3次，口服。睡前口服抗组织胺类药物，如赛庚啶，每次2~4 mg，每日2~3次。

2.对泛发性神经性皮炎患者，可行普鲁卡因静脉封闭疗法；普鲁卡因150 mg加入5%葡萄糖溶液500 mL中静脉滴注，每日1次，每3 d增加普鲁卡因150 mg，直至450~600 mg/d为止，10次为1个疗程。治疗前必须先作普鲁卡因皮试，本疗法一般无明显副作用。

二、局部治疗

可用皮质类固醇激素类制剂外涂，如肤轻松、皮炎平霜、皮炎宁酊，每日2~3次。皮损呈苔藓化者可外涂5%~10%水杨酸软膏或纯黑豆馏油，外用，电吹风热烘，或用肤疾宁贴膏。对播散者可用浴疗。

1.皮质类固醇激素软膏、霜剂或溶液，如0.1%去炎松或去炎松尿素软膏、倍氯米松霜、恩肤霜、去炎松二甲基亚砜溶液，每日数次，外用；皮损苔藓样变明显的，也可间断外贴含皮质类固醇激素成分的硬膏，如肤疾宁、皮炎灵等。

2.焦油类制剂，如10%黑豆馏油软膏，5%~10%糠馏油软膏或10%煤焦油软膏等外用，也可每晚1次外用封包疗法。

3.止痒剂，如含樟脑2%、薄荷2%、石碳酸1%的复方樟脑酊等外涂。

4.局部封闭疗法对局限性神经性皮炎的肥厚面顽固皮损适用，如强的松龙或去炎松混悬液加入等量1%~2%普鲁卡因或利多卡因，作局部皮损内注射或皮下注射，每隔1~2周1次。共3~4次。

三、物理疗法

皮损肥厚顽固者，可试用同位素“磷、锶”敷贴、液氮冷冻等。

第八章　红斑鳞屑性皮肤病

第一节　银屑病

银屑病(psoriasis)俗称“牛皮癣”,是一种以表皮过度增生和真皮慢性炎症反应为特征的常见皮肤病。银屑病在临床上有4种类型:寻常型、脓疱型、关节病型和红皮病型。在不同地区和人群中银屑病发病率有很大的差异。我国银屑病的发病率为0.1%~3.0%,其中寻常型银屑病占97.98%,脓疱型和关节病型均为0.71%,红皮病型为0.60%。其发病机制尚不清楚。研究表明,本病发病与遗传、感染、免疫代谢、精神、神经因素及内分泌等方面有关。

【诊断要点】

一、临床特点

(一)寻常型银屑病

1.该型占本病的绝大多数,初发年龄大多在青壮年,病程缓慢。有一定的季节性,多数患者冬重夏轻。皮损可自愈也可复发。

2.皮损可累及皮肤任何部位,以头皮、躯干和四肢伸侧为主,肘关节和骶尾部亦可累及。损害呈多种形态,如点滴状、钱币状、花瓣状、疣状等。

3.典型皮损为红色斑丘疹或斑疹扩大形成的斑片,表面覆银白色鳞屑。刮去鳞屑,露出淡红色半透明的薄膜,称薄膜现象。轻轻刮去薄膜可见点滴如露水样的筛状出血点,称为点状出血现象(Auspitz征)。进行期时,摩擦、外伤、针刺处可引起皮损的发生,称为同形现象(Koebner现象)。

4.头皮的皮损鳞屑较厚,使毛发呈束状,但不引起脱发,皮损侵及指(趾)甲,可使甲板出现点状凹陷似顶针样,失去光泽、变形、肥厚或剥脱等。

5.根据临床表现,本病可分三期。

(1)进行期:皮疹不断增多、扩大,色鲜红,鳞屑较薄,周围有红晕,常伴Koebner现象,痒感明显。

(2)稳定期:病情保持相对稳定,基本上无新疹出现,旧皮疹渐扩大,有较多、较厚鳞屑。

(3)消退期:皮损炎性浸润渐消退,颜色变淡,数目减少,部分皮损中央消退呈环状。愈后局部留下色素沉着斑或色素减退斑。一般先从躯干、上肢开始消退,头皮、下肢皮损往往消退较慢,外露部位皮损大多在夏季自然消退。

(二)脓疱型银屑病

1.泛发性脓疱型银屑病：轻型者可只限于少数部位或银屑病皮损部位，在红斑上出现粟粒大黄色浅表性脓疱。严重者可急性、全身性出现密集脓疱，脓疱可融合成脓糊；皮疹可泛发于躯干及四肢，也可出现于口腔黏膜，常可见沟纹舌。可伴高烧，关节肿痛等全身症状；病情好转后可出现典型银屑病皮损，病程数月或更久，脓疱可反复发生。

2.掌跖脓疱型银屑病：皮损为红斑基础上多数粟粒大小的脓疱，不易破溃，1~2周自行干涸，形成黄色结痂或脱屑。脓疱反复发生，皮损渐向周围扩展。皮损好发于掌跖部。患者常伴甲的病变，甲上有点状凹陷、横沟、纵嵴、甲浑浊、甲板分离及甲下积脓。病情反复不愈。

(三)关节病型银屑病

1.典型的关节改变，多侵犯远端指(趾)间关节，常不对称。受累关节弥漫红肿、酸痛。重者可致关节畸形、活动障碍，病程慢性，呈进行性发展。严重时可侵犯多个大、小关节及脊柱和骶髂关节。

2.常与寻常型银屑病或脓疱型银屑病同时发生，关节症状的轻重常随皮损的轻重而变化。多见于男性。

3.患者伴有发热、贫血、肝脾及淋巴结肿大等全身症状。实验室检查类风湿因子阴性，部分患者可有血沉增快。X线检查类似类风湿关节炎表现，如软骨消失、关节面侵蚀、关节间隙变窄、软组织肿胀，部分有骨质疏松和囊状改变，但常累及一个或数个远端指(趾)间关节。

(四)红皮病型银屑病

1.有银屑病史。常因治疗不当引起，如寻常型银屑病进行期及急性点滴状银屑病者在治疗期大量服用糖皮质激素后骤然停药、减药不当或外用刺激性较强药物而发生本病，也可见于全身脓疱型银屑病后期。

2.皮损为弥漫性潮红、紫红、暗红色，甚至肿胀浸润，覆以大量麸皮样鳞屑，仅有少数片状皮肤正常，犹如岛屿状。

3.掌跖角化、脱屑，指(趾)甲增厚混浊，甚至脱落。

4.可伴发烧、头痛、关节痛及全身不适等症状，浅表淋巴结肿大。

5.病程较长，经治疗一般3~4个月可逐渐恢复。消退后常显现典型的银屑病损害。

二、实验室检查

多数无异常表现。

1.血液学检查

寻常银屑病无特异性血清学检查，皮损广泛严重者及红皮病型患者可出现血沉增快，C反应蛋白(CRP)和球蛋白增高，低蛋白血症，水、电解质紊乱，贫血，血尿酸增高等。严重的泛发性脓疱型银屑病外周血白细胞显著增多，可呈现类白血病样反应；低钙、高乳酸血症。

2.组织病理

(1)寻常银屑病的病理特征为表皮过度角化，角化不全与中性粒细胞浸润形成角层内或角层下的Munro微脓肿，颗粒层消失，棘层上部可出现Kogoj海绵脓疱，表皮突延伸，棘层肥厚，乳头突延伸，上方表皮变薄，真皮乳头血管扭曲扩张，单核细胞浸润。

(2)脓疱型银屑病的病理变化中以Kogoj海绵状脓疱和Munro微脓肿的显著出现为特征，并在增大的脓疱中发生细胞溶解。同时真皮也有较严重的以单核细胞为主的浸润。

(3)红皮病型银屑病具有寻常银屑病和慢性炎症的病理特征，显著的角化不全，颗粒层消失，棘层肥厚，表皮突延长，真皮炎症水肿明显。

(4)关节病型银屑病的病理变化主要是滑膜炎，早期为充血水肿，以后为滑膜细胞的增生，滑膜增厚，血管内皮细胞肿胀，炎症细胞浸润，后期纤维组织增生，纤维化使受累关节僵硬。免疫病理发现血管壁有免疫球蛋白和补体的沉积。

根据本病的临床表现、皮疹特点及好发部位、发病与季节的关系，结合组织病理检查等可进行确诊。

【鉴别诊断】

1.脂溢性皮炎：损害边缘不十分鲜明，基底部浸润较轻，鳞屑细小而薄，呈油腻性，带黄色，刮除后无点状出血。好发于头皮、胸、背、颈及面等部位。

2.玫瑰糠疹：无束状发，好发于躯干及四肢近端，为多数椭圆形小斑片，其长轴沿肋骨及皮纹方向排列，鳞屑细小而薄。病程仅数周，消退后不易复发。

3.扁平苔藓：皮疹为紫红色的多角形扁平丘疹，密集成片状或带状，表面有蜡样光泽，可见网状纹理(wickham纹)，鳞屑薄而紧贴，不易刮除。常有剧烈瘙痒。

4.红发毛糠疹：其损害表面覆盖密集的细小鳞屑，不易剥脱，在斑片周围常能见到毛囊角化性丘疹，在第一指节伸面有毛囊角化性丘疹，掌跖部常有过度角化。

5.掌跖脓疱病：掌跖脓疱型银屑病与掌跖脓疱病都常在掌跖部发生脓疱，但前者除掌部脓疱外，可伴有其他部位的银屑病损害。

6.类风湿性关节炎：因关节病型银屑病常伴有类风湿性关节炎症状，故需与类风湿性关节炎鉴别。前者好发于小关节，以远端指(趾)关节多见，血清类风湿因子检查阴性，同时伴有银屑病皮损和指甲改变。

7.甲癣：指(趾)甲银屑病需与甲癣鉴别。甲癣先自游离缘或侧缘发病，甲屑内可查见真菌，同时可伴有手足癣。

【治疗】

一、寻常型银屑病的治疗方法

(一)一般治疗

1.由于本病病因不清，各种治疗只能达到近期疗效，不能防止复发，故该病的治疗是对症性。

2.向患者详细说明本病的有关情况，解除精神负担，尽可能去除诱发因素。如有感染，应给予有效抗生素治疗。

3.不主张内用皮质类固醇激素，细胞毒类等免疫抑制剂的使用应慎重。轻症病人以局部治疗为主。

4.若瘙痒剧烈，可给予抗组胺类药物口服，如有扁桃腺炎或上呼吸道等感染，可选青霉素等抗生素治疗。

(二)进行期银屑病治疗

1.外用药物选择：局部避免用刺激性强的外用药物，可选用复方煤焦油洗剂洗头、洗澡，每日1次；5%硼酸软膏或5%水杨酸软膏外用，每日1次；面部或局限性皮损，可用皮质类固醇制剂外用，如地塞米松霜或软膏，每日1~2次。

2.内用药物选择

(1)双黄连粉针剂1.2~1.8 g加入5%葡萄糖液500 mL中，每日1次静脉滴注，10次为1疗程。

(2)消银片，5~7片，每日3次口服。

(3)复方青黛胶囊，4粒，每日2~3次口服。

(4)迪银片，每日6~10片，分2~3次口服。

(5)雷公藤多苷，每日40~60 mg，分2~3次口服。

(6)钙三醇，每日0.25~0.5 μg口服，渐增至每日2 μg，2~3个月皮疹可消退。其不良反应为高钙血症、肾结石等。睡前服药可减轻其毒性。

(三)静止与消退期银屑病治疗

1.以外用药治疗为主，如外涂10%水杨酸软膏或5%~10%白降汞软膏或10%煤焦油软膏或10%黑豆馏油软膏或0.1%~1%蒽林软膏或喜树碱软膏等；头、面部皮损可外用皮质类固醇激素软膏或霜剂。对顽固、泛发皮损，可采用光化学疗法(PUVA)。

2.内用药物与进行期相同，若治疗效果不理想且病情较严重者，可慎重选用免疫抑制剂治疗。

(1)甲氨蝶呤(MTX)：2.5 mg，每12 h口服1次，连服3次，每周共7.5 mg。注意监测血象及肝肾功能。肝肾功能障碍及肝脏有纤维化病变、贫血及妊娠妇女禁用此药。

(2)环孢菌素A：一般治疗量为每日2~5 mg/kg，皮疹消退后渐减量。对于严重顽固的银屑病有较好疗效。主要副作用有高血压、肾毒性等，注意监测。

(3)维A酸类药物，如三蕊胶囊等口服。

(4)其他如氨蝶呤钠(白血宁)、硫唑嘌呤、羟基脲等，都有不同程度的疗效。但同时具有骨髓抑制、肝肾损害等毒副作用。

二、脓疱型银屑病的治疗方法

(一)一般治疗

避免各种刺激。泛发性脓疱型注意水、电解质平衡，蛋白质及能量的补充。

(二)局部治疗

局部用凡士林等保护剂外涂或用皮质类固醇霜剂或软膏、焦油类软膏或糊剂外涂。

(三)全身治疗

1.抗生素可选用甲砜霉素，每日0.5~1.0 g，分3~4次口服，或美满霉素50~100 mg，每日2次口服。

2.重症者可选用氢化可的松150~200 mg，或地塞米松7.5 mg加入5%葡萄糖500 mL中每日1次静脉滴注，病情控制后逐渐减量至停用；或甲氨蝶呤10 mg，每7~10 d肌肉注射1次，病情控制后即减药，可改为甲氨蝶呤每周7.5 mg口服，维持一段时间以预防复发。用药期间要定期复查血常规及肝功能等；氨苯砜50~100 mg，每日2次口服，需定期观测血常规及肝功能；也可用维A酸或雷公藤多甙10~20 mg，每日2~3次口服。

三、关节病型银屑病的治疗方法

1.皮肤病变的治疗同寻常型银屑病。

2.关节炎治疗

(1)选用非皮质类固醇抗炎药物以减轻疼痛和关节红肿，如阿司匹林0.6~0.9 g，每日3次口服；或阿司匹林肠溶片0.5 g，每日3次口服；或吲哚美辛，25~50 mg，每日3次口服；或布洛芬100 mg，每日3次口服；或芬必得0.3 g，每日1~2次口服。

(2)小剂量皮质类固醇激素口服与非激素抗炎药物合并使用。

(3)甲氨蝶呤10 mg，每7~10 d肌肉注射1次。

(4)物理治疗。

四、红皮病型银屑病的治疗方法

(一)一般治疗

以保持水、电解质平衡。预防和治疗并发感染，补充蛋白质。必要时输注新鲜血浆或全血。

(二)局部治疗

应用性质温和的软膏或植物油以保护皮肤，减少水分及热量的丢失。头面部、手背等可用皮质类固醇激素制剂，不宜大范围应用。禁用刺激性大的外用药物。

(三)全身治疗

1.皮质类固醇激素口服或静脉滴注，如泼尼松每日30~40 mg，口服。

2.甲氨蝶呤10 mg，每7~10 d肌肉注射1次。

3.依曲替酯每日0.3~0.5 mg/kg，2~4周显效。

4.环孢菌素A每日3~5 mg/kg，分2~3次口服，皮疹控制后可减量维持1~2个月，治疗期间注意监测血压及肾功能。

5.中医药治疗以凉血解毒、养阴活血，方选克银一方、克银二方加减。

第二节　多形红斑

多形红斑(erythema multiforme)是一种以多形性皮疹(红斑、丘疹、水疱等)和虹膜样红斑为特征的自限性炎症性皮肤病，常有黏膜损害及全身症状，易复发。本病病因复杂，可能与细菌、病毒和真菌等感染以及药物、恶性肿瘤等疾病、寒冷等刺激因素有关。

【诊断要点】

一、临床特点

1.皮疹多形性，有红斑、丘疹、水疱、大疱、紫癜等损害。皮损对称分布，好发于面颈部、耳郭及四肢远端，严重时泛发全身。

2.临床上根据皮损特点分为3型。

(1)红斑—丘疹型：此型常见，发病较轻。好发于四肢远端、前臂、小腿伸侧及耳郭，少数可伴有口腔、外阴等黏膜损害。皮损主要以红斑、丘疹为主，初为0.5~1.0 cm圆形或椭圆形水肿性红斑，颜色鲜红，境界清楚，向周围渐扩大，中心可紫红，呈虹膜状或靶形，有时中心出现水疱。自觉微痒，全身症状不重，但可有发热等轻度全身不适。经2~4周后皮疹渐渐消退，可遗留暂时性色素沉着。

(2)水疱—大疱型:常由红斑丘疹型发展而来,在红斑基础上有水疱或大疱。水疱破裂后形成糜烂或溃疡。皮损分布较广泛,除四肢远端外,口鼻部、外生殖器黏膜也可出现损害。常伴有乏力、关节痛、发热等全身症状。

(3)重症型:多有用药史,起病急骤,有较重的前驱症状,如高热、畏寒、头痛、乏力、咽痛、关节痛等。皮疹出现迅速,为水肿性鲜红色或暗红色虹膜样红斑或淤斑,其上很快出现水疱或大疱、血疱,尼氏征阳性;同时眼、鼻、口腔、肛门、生殖器甚至呼吸道、消化道黏膜出现水疱、糜烂、溃疡甚至坏死;可短期出现中毒症状进入衰竭状态,脉搏细弱,呼吸浅快,休克,昏迷甚至死亡;可出现蛋白尿、血尿、尿素氮升高、肝功能异常。本病病程长,3~6周痊愈,死亡率5%~15%。

二、实验室检查

1.血液常规检查:红细胞沉降率增快,外周血白细胞总数和中性粒细胞升高,嗜酸性粒细胞升高。

2.生化检查:血清尿素氮增高,肝功能异常。血清免疫球蛋白IgA、IgG、IgM增高。

3.尿常规检查:可见蛋白尿、血尿。

4.组织病理:基本组织病理提示表皮角质形成细胞坏死,血管周围以淋巴细胞及少数嗜酸性粒细胞浸润,基底细胞液化变性,表皮下水疱或大疱,真皮上部水肿明显,血管扩张,红细胞外渗等。

【鉴别诊断】

1.冻疮:多见于冬季,好发肢体末端外露部位,不累及黏膜。自觉瘙痒,遇热加重。

2.疱疹样皮炎:皮损主要分布于躯干及四肢近端,痒剧,黏膜罕有累及,病程慢性,反复发作。组织病理显示大疱位置在表皮下,且有较多中性粒细胞和嗜酸性粒细胞浸润。免疫荧光检查显示,IgA沉积在乳头顶部。氨苯砜治疗效果良好。

3.大疱性类天疱疮:多见于老年人,可在湿疹样或风团样损害之上出现大疱,黏膜较少受累。病程慢性,大疱位置在表皮下,且有数量不等的嗜酸性粒细胞浸润。直接免疫荧光检查显示基底膜带状IgG、C_3沉积,血管中有抗基底膜抗体。

【治疗】

一、全身治疗

1.给予抗组胺类药物与钙剂。

2.根据病情可加用抗生素,如红霉素、交沙霉素等。

3.皮质类固醇激素对病情较重者应用。

4.病情严重者加强支持疗法,必要时输新鲜全血或血浆、补充白蛋白等,注意纠正水、电解质紊乱,保护肝、肾功能。

二、局部治疗

1.红斑—丘疹型损害可选用炉甘石洗剂或皮质类固醇霜外用。

2.大疱可先抽出疱液后加压包扎。

3.糜烂渗液明显者先用3%硼酸溶液或生理盐水冷湿敷。

4.重症型患者注意眼、鼻、口、肛门及外生殖器黏膜损害的护理。

第三节 玫瑰糠疹

玫瑰糠疹(pityriasis rosea)是一种常见的,原因不明的炎症性皮肤病。本病具有自限性。发病可能与病毒感染有关,但至今尚未分离得到病毒。主要症状是皮肤上发生大小不等圆形、椭圆形淡红或黄红色或玫瑰色斑疹,上覆有细薄糠秕状鳞屑。先出现橙红色母斑,后出现玫瑰色鳞屑子斑是本病的特征。

【诊断要点】

一、临床特点

1.起病时常于胸前、颈、腹、背或四肢等处出现一个较大的椭圆形或圆形淡红或黄褐色斑片(直径2~3 cm),上有糠状鳞屑,称为母斑或前驱斑。

2.母斑出现后1~2周,躯干及四肢近端即出现子斑或继发斑,一般直径为0.5~2.0 cm的圆形或椭圆形斑片,淡红或黄褐色,皮疹散在或密集,数目不定,不融合,有轻度炎症浸润。表面覆有细薄鳞屑,剥除鳞屑后无点状出血现象。胸、背部皮疹的长轴可与肋骨平行,上臂屈侧及股内侧皮疹的长轴与皮纹方向一致,手、面部多不受累。

3.部分患者发疹前l~2周可出现全身不适、头痛、咽喉痛、低热及颈部淋巴结肿大等前驱症状。

4.皮疹好发于躯干及四肢,不侵犯黏膜。

5.春秋季节好发,多见于青壮年。

6.无自觉症状或有不同程度瘙痒。

7.病程自限,一般4~8周自然痊愈,很少复发。也有迁延至半年或更长的,久病后出现苔藓样肥厚或萎缩,部分病例可转变为蕈样肉芽肿。

二、实验室检查

1.血液学检查:发作期,外周血中嗜酸性粒细胞与淋巴细胞升高,血IgA、IgG正常,IgM增高,C_3降低;CD^+_4正常,CD^+_8明显升高,CD^+_4 /CD^+_8明显降低,循环免疫复合物明显升高。

2.组织病理:玫瑰糠疹皮损的组织病理学特征类似于浅表性血管周围性皮炎改变,表现为表皮轻度增生,局灶性海绵样变和局灶性角化不全,棘层轻度肥厚,真皮乳头水肿,血管扩张充血,有程度不等的红细胞外渗,真皮浅层血管周围有淋巴细胞,组织细胞浸润,偶有嗜酸性粒细胞浸润。有时真皮上部可伴有嗜酸性均质物质的角化不良细胞,多核表皮巨细胞和局灶性棘层松解性角化不良等改变。类似改变也常见于单纯疱疹和水痘的组织病理象中。母斑部的组织病理学特征与上述改变相似,但表皮增生明显,很少有海绵样变。真皮浅层和深层的血管周围均有炎性细胞浸润。

【鉴别诊断】

本病需与银屑病、脂溢性皮炎等鉴别。根据这两种病的发疹部位、典型皮损特点及特征性组织病理改变容易鉴别。

1.体癣：本病损害范围多较局限，泛发者一般较少见，边缘有丘疹或小水疱。真菌检查阳性。

2.花斑癣：皮疹形态及发病部位有时与玫瑰糠疹相似，但真菌检查阳性。

3.银屑病：皮疹多分布于四肢伸侧及肘膝部，有银白色鳞屑，刮除鳞屑可见点状出血。多夏季消退或减轻，冬季加重，病程长，易复发。

4.脂溢性皮炎：头皮和面部较多见，表面覆油腻性鳞屑。位于躯干的皮疹，在排列上无特殊性。

【治疗】

因为本病有自限性，故治疗的目的是为了减轻症状和缩短病程。

一、一般治疗

在急性期禁忌用热水洗烫和肥皂搓洗。禁用强烈刺激外用药物，临床上常见由于不注意一般治疗因而延长病程，或转变成自家敏感性皮炎。

二、药物治疗

可适当应用抗组织胺药物，如扑尔敏、赛庚啶、特非那丁及克敏能等，也可用维生素C。

三、中医治疗

中医的治疗原则是清热凉血，祛风止痒，一般用凉血消风汤有效。轻型病人可用紫草30 g，水煎服，每日1次有效。

四、紫外线照射

急性炎症期过去后，采用紫外线Ⅰ度红斑量照射能促进损害的消退。

五、外用药治疗

外用药治疗可采用炉甘石洗剂外涂。

第四节　毛发红糠疹

毛发红糠疹(pityriasis rubra pilaris)又名毛发糠疹、尖锐苔藓，是一种慢性炎症性皮肤病。本病病因不明，儿童时期发病者可能与常染色体显性遗传有关(遗传性型)，症状轻，病程迁延以至终生；成人时期发病者可能与维甲醇结合蛋白缺陷、低血浆维生素A或甲状腺功能障碍等有关(获得性型)，发病较快，可发展为红皮病。

【诊断要点】

一、临床表现

1.本病可发生于任何年龄，从1个月的婴儿至80岁的老人均可发病，但以青春期发病为多。

2.损害开始于头皮,也有半数病例初发于掌跖,然后向其他部位发展以至泛发全身。

3.小的毛囊角化性丘疹和播散性鳞屑性斑片为其特征,初起时头皮上往往先有鳞屑及红斑。面部和颈部也可有红斑和细薄的糠状鳞屑。以后开始出现特征性的丘疹。

4.特征性皮疹为针头、粟粒大圆锥形毛囊性角化丘疹,为棕红色或正常肤色,干燥而坚硬。中央有黑色角栓,可密集成片,呈“鸡皮”样外观,用手触摸时有刺手的感觉。散在的黄橙色或淡红色斑片上附细碎、糠样的鳞屑;头皮皮损在红斑基础上覆糠秕状鳞屑,类似于脂溢性皮炎。皮疹可融合泛发全身,但其间有大片正常皮岛。

5.皮疹常好发于头皮、四肢伸侧及躯干,常由上半身向下蔓延。

6.多数患者伴掌跖角化过度。表现为鳞屑性红斑,角质增厚,浸润明显,干燥、皲裂。甲板增厚、浑浊变色、表面粗糙不平、横沟或纵嵴。偶见毛发脱落,头面部出现类似红斑狼疮样瘢痕性红色斑块,有同形反应。

7.自觉症状有程度不等的瘙痒、灼热感或皮肤绷紧感。当病情发展至红皮病时,可产生全身症状 ,如畏寒、发热、虚弱、倦怠、体重下降、精神不安等。

8.本病病程慢性。有些患者可合并肝脏病变、神经系统病变、内分泌疾病、重症肌无力、多发性肌炎和其他结缔组织病。

二、实验室检查

1.血清学检查:血清白蛋白降低。

2.其他检查:胃酸分泌减少,基础代谢率增高。

3.组织病理:最显著组织病理特征是表皮角化过度及毛囊性角质栓,在水平方向及垂直方向可以看到交替出现的角化不全及角化亢进。角质栓内有一根毛发。毛囊口附近有点状角化不全,颗粒层稍增厚,棘层不规则肥厚,可有基底细胞液化变性,其真皮浅层小血管扩张,周围及毛囊附近有淋巴细胞为主的炎症细胞浸润。

【鉴别诊断】

1.银屑病:初发丘疹较大,有银白色云母样多层鳞屑,剥去鳞屑后有薄膜现象及点状出血,累及头皮者头发呈束状,伴黏着性鳞屑。皮疹很少发于掌跖部。组织病理特征为角质层内有中性粒细胞聚集成的Munro微脓肿。

2.脂溢性皮炎:毛发红糠疹早期发生于头面部者与脂溢性皮炎不易区别,需随访观察,但后者无毛囊角化性丘疹,而为具有油腻性鳞屑的黄红色斑片。

3.扁平苔藓:皮损为紫红色或暗红色丘疹,顶部扁平,多角形,发亮,表面可见白点或白色纹,很少累及头面部或掌跖部,组织病理学改变有特征性。

4.毛周角化病:皮损为毛囊性小丘疹,无炎症,长期存在,不融合,好发于上臂外侧和股部伸侧,无自觉症状。

5.进行性对称性红斑角化症:初起为手掌、足跖部潮红浸润,有鳞屑,以后可蔓延及手足、背、肘、膝关节伸侧,出现对称性边界明显的红斑、伴角化,无毛囊性丘疹损害。

【治疗】

一、局部治疗

1.用10%尿素软膏、0.1%维甲酸霜、5%水杨酸软膏、10%~20%鱼肝油软膏等外涂。

2.对头面、手背等外露部位,可外用皮质类固醇激素霜或软膏。

二、全身治疗

1.维生素A,每日5~10万单位,分3次口服,胃肠吸收不好者可肌肉注射。如用药2个月后无效则停用。显效者可继续服药4~6个月。注意:如出现头痛、唇炎干裂、头发干枯脱落及厌食,预示中毒或不能耐受,应予停药。

2.维甲酸类,13-顺维甲酸,每日0.5~1 mg/kg口服,或依曲替酯,每日0.25~0.5 mg/kg,加到最大量每日1 mg/kg,需连续服药数月,可缓解病情,但停药后可复发。

3.维生素E、B族等口服,维生素B_{12}或胎盘组织浆肌肉注射等。

4.免疫抑制剂。病情特别严重,其他治疗无效时可试用甲氨蝶呤。治疗方案与银屑病基本相同。

三、物理疗法

1.皮疹泛发病例,可予水疗单纯盆浴、糠麸浴、淀粉浴或温泉浴。每日1次或隔日1次。

2.水疗配合PUVA治疗,对部分病例也有效。

第五节　红皮病

红皮病(erythroderma),又称剥脱性皮炎,一般分急性和慢性两型。红皮病的典型表现是全身皮肤弥漫性的潮红、浸润、肿胀、脱屑,皮损受累面积达到整个皮肤的80%以上,但是红皮病不仅仅表现在皮肤,黏膜、皮肤附属器、淋巴结甚至内脏也有受累。红皮病的病因主要分为4类:①药物过敏,致敏药物主要有磺胺类、抗疟药、抗生素、重金属、巴比妥类、水杨酸盐等;②继发于其他皮肤病,常见皮肤病有银屑病、湿疹、脂溢性皮炎、毛发红糠疹、接触性皮炎、特应性皮炎等;③继发于恶性肿瘤,主要是伴发于淋巴网状内皮系统恶性肿瘤,如蕈样肉芽肿等;④原因不明的红皮病,红皮病是一种严重的皮肤病,来势凶猛。它不仅使皮肤改变,还可累及多种脏器,对患者危害极大,死亡率高达15%。其预后取决于病因和病变程度是否准确、及时治疗。

【诊断要点】

一、临床特征

1.为全身皮肤弥漫性潮红、肿胀、浸润、脱屑。皮肤潮红由鲜红色到慢性皮炎的暗红色。脱屑由糠秕状到大片状,甚至手足部呈套式脱屑。

2.急性期肿胀显著,渗出较为明显;慢性期肿胀减轻,以皮肤浸润为主。急性期黏膜症状明显,可有眼结膜炎、睑缘炎、角膜炎,口肿胀、溃疡、疼痛,口唇干燥、结痂、皲裂,女阴、尿道、肛门常糜烂、渗出。慢性期黏膜症状较轻,常伴严重瘙痒。

3.毛发有程度不等的脱落,指(趾)甲可见萎缩、混浊、凹陷、纵嵴、反翘、脱落等改变。

红皮病病人由于毒素的吸收和皮肤散热功能失常而引起体温的变化, 多数为低热或中度发热,体温为38~39 ℃。急性危重期可高热、寒战。

4. 2/3患者伴有肝脾、淋巴结肿大,淋巴结肿大可以是局限性的,也可累及全身。腹股沟及腋下淋巴结肿大最常见。

5.全身并发症由于水分大量脱失、大量脱屑、蛋白质丢失,体重下降,可继发肺炎、贫血、心力衰竭及败血症等。

二、实验室检查

1.血液学检查:血红蛋白普遍偏低,偶有巨细胞贫血。半数患者白细胞升高,多在(12~40)×10^9/L,继发感染时更为明显,药物过敏者嗜酸性粒细胞明显升高。血清总蛋白及白蛋白减少 ,球蛋白相对增加。由于水分大量脱失,可引起低血容量、低血钠、低血钾等。部分患者血沉增快,血氨可高于正常人3~7倍。伴发肝肾损害者肝肾功能异常。

2.便常规:大便稀糊状,镜检有脂肪球。

3.骨髓检查:骨髓增生活跃,嗜酸性粒细胞增生,骨髓脂肪替代等非特异性改变,偶有白血病样特异性改变。

4.组织病理:多为非特异性改变,但可有原发病变,如银屑病、蕈样肉芽肿等的特征性组织病理改变。

【治疗】

一、一般治疗

红皮病的治疗去除病因很重要。系药物所致者停止使用可疑致敏药物,避免再次接触;皮肤病所致者,在治疗红皮病的同时或控制后,对原有皮肤病进行积极治疗;肿瘤所致者,有条件时力争早期手术切除,淋巴瘤或白血病者可化疗、放射和激素治疗。

尽量寻找原发疾病并予相应的处理。

二、全身治疗

(一)轻症者

1.选择抗组胺类药物1~2种口服,如去氯羟嗪、赛庚啶等。

2.用10%葡萄糖酸钙10 mL或硫代硫酸钠0.64 g溶于注射用水10 mL中,每日1次静脉注射。

3.补充维生素C、B族等。

(二)重症者

重症者应用皮质类固醇激素,如强的松每日30~60 mg, 分2~3次口服,或氢化可的松每日150~200 mg,每日1次静脉滴注。症状控制后逐渐递减皮质激素用量,注意激素的副作用发生及停药或减药速度过快时出现反跳现象,对出现的内脏损害和功能障碍应作相应处理。

(三)原发病为银屑病或毛发红糠疹者

可选用维甲酸类药,如依曲替酯,或细胞毒类药物,如甲氨蝶呤。具体用法参见银屑病治疗。

(四) 继发感染者

如有继发感染,加用抗生素或抗真菌类药物。

三、局部治疗

1.每日进行水浴或淀粉浴或药浴,浴后外搽温和无刺激性制剂,如润肤霜剂、软膏(单软膏)或植物油(消毒过的)。

2.有渗出部位可行冷湿敷,无渗出的间擦部位可扑消毒滑石粉等保护。

3.低浓度皮质类固醇激素霜剂外用,如1%氢化可的松霜或0.025%去炎松霜等。

4.继发细菌感染时加用抗生素乳膏,如莫匹罗星(百多邦)、红霉素软膏。

四、中医药治疗

中医辨证论治:热毒蕴结型,治宜清热解毒,方用化斑解毒汤加减;湿热蕴滞型,治宜泻火解毒燥湿,方用龙胆泻肝汤加减或清温败毒饮加减;气阴两亏型,治宜益气养阴,活血化瘀,方用生脉饮加减。

第六节 扁平苔藓

扁平苔癣(1ichen planus)又名扁平红苔癣。是一种发生于真皮浅层的慢性炎症,常累及皮肤和黏膜。病理以颗粒层楔型增生,基底细胞液化变性和真皮上部带状浸润为特点的丘疹鳞屑性皮肤病。与自身免疫相关,病程慢性。本病较常见,以成人为多。

【诊断要点】

一、临床特征

1.典型皮损为多角形紫红色扁平丘疹、斑丘疹,表面有一层光滑发亮的蜡样薄膜,排列成带状或环状,用液体石蜡涂搽后,可见小白点及细纹,称威克姆纹。

2.依据病损形态和严重程度的不同,可分为三型。网状型:表现轻微,仅有角化病损;萎缩型:条纹间黏膜充血、红肿;浸润型:有的病损区黏膜粗糙、增厚,典型表现为病损区出现表浅性糜烂或溃疡、出血,疼痛明显。

3.多发于青壮年男女,常慢性经过。

4.既可侵犯皮肤,也常侵犯黏膜。皮疹可散发于全身任何部位,但以四肢尤以腕部屈侧、前臂、股内侧、胫前为多见。常对称分布。

5.少数皮疹中央有角质栓,去除后可见似脐窝的中心凹陷。

6.常侵犯口唇、口腔黏膜。少数病人可累及外阴黏膜、毛发及指(趾)甲。出现树枝状或网状的白色细纹。

7.有不同程度瘙痒。

二、组织病理检查

组织病理学改变为表皮角化过度,颗粒层呈楔状增生,棘层肥厚,表皮突延长呈锯齿形,基底细胞液化变性,在表皮与真皮乳头层有角化不良细胞,真皮上部淋巴细胞呈带状浸润,真皮乳头层可见嗜酸性胶样小体及嗜黑色素细胞。

【鉴别诊断】

本病需与环状肉芽肿、苔藓样皮肤淀粉样变和口腔白斑相鉴别。

1.皮肤淀粉样变：扁平苔藓与皮肤淀粉样变早期皮损不易区别，前者皮损表面可见白点或白色纹即威克姆纹。另外皮肤病理有助于鉴别。

2.环状肉芽肿：皮损为小丘疹或结节，逐渐发展为一环状，黏膜不受累。组织病理学改变有特征性。

3.口腔白斑：本病好发于中年男性，皮肤、黏膜均可受累。而前者好发于中年女性，皮损仅见于黏膜，病变区域存在网状损害。

4.类天疱疮：发生在牙龈上的萎缩型、糜烂型、疱型扁平苔藓不易与类天疱疮鉴别，后者是表皮下疱，直接免疫荧光检查可见基底膜处沉积。

【治疗】

一、一般治疗

尚无满意疗法，应消除精神紧张，治疗慢性病灶，生活力求规律。凡损害无糜烂且范围局限时，可酌情给予2%~4%碳酸氢钠溶液与0.2%洗必泰溶液交替含漱，每日数次。

二、局部治疗

1.对局限性小面积皮损，可用皮质类固醇激素霜或软膏，如0.1%去炎松霜外用。糜烂时可撒敷复方类固醇粉，每日数次。症状明显时可局部注射去炎舒松，每周2次，或加用抗生素；唇红部可涂肤轻松，但有痂皮时应先湿敷治疗，待痂皮脱落再涂一薄层，每日数次。

2.口腔黏膜皮损出现糜烂或溃疡者，可用强的松口含或用含激素（如0.1%去炎松）药膜敷贴。同时0.1%利凡诺溶液漱口或华素片口含，每日数次。

3.对于局限性肥厚性扁平苔藓，可皮内注射皮质类固醇激素，如强的松龙混悬液加等量2%普鲁卡因皮内注射。剂量视皮损大小而定，一般每次注射0.5~1.0 mL，每周注射1次。

三、全身治疗

1.皮质类固醇激素治疗，每日40~60 mg泼尼松可用2~3周；灰黄霉素对大疱性和口腔黏膜型扁平苔藓疗效虽有肯定的报告，但迄今对此仍有争论。小剂量紫外线（PUVA）的外用有治疗成功的报告，但复发率在25%左右。对肥厚性损害可采用冷冻治疗或局部注射皮质类固醇激素。

2.维甲酸：依曲替酯和异维甲酸，环孢菌素，环磷酰胺以及PUVA等用于常规疗法无效、病情严重者。口腔糜烂扁平苔藓可以口服环孢菌素含漱。本病倾向于自限性，但数年后又可复发。

3.其他可采用的全身治疗的药物有：①氨苯砜每日50~100 mg。②抗疟药氯喹250 mg，每日2次，半月后改250 mg每日1次维持，或羟基氯喹每日200~400 mg，用6个月，对口腔扁平苔藓疗效尤为突出。

4.口服维生素A或维生素A酸。口服维生素A，每日5万单位，疗程1~2个月。常见的副反应有口唇干燥、脱发等。冠心病、肝肾功能异常与高血脂者忌用。

5.也可用昆明山海棠或雷公藤片口服。剂量一般为：昆明山海棠每日3次，每次2片，雷公藤每次3~4片，每日2次。可较长期服用。

第九章　大疱性皮肤病

第一节　天疱疮

天疱疮(pemphigus)是一种以皮肤黏膜松弛性水疱、大疱为主要表现的自身免疫性皮肤病。其自身抗原可能是表皮细胞间的桥粒成分。临床上将本病分为四型:寻常型、增殖型、落叶型和红斑型。其中寻常型天疱疮最常见。

【诊断要点】

一、临床特征

根据皮损不同表现,临床上分为:寻常型天疱疮、增殖型天疱疮、落叶型天疱疮、红斑型天疱疮四型。

(一)寻常型天疱疮

1.可发生于全身任何部位,以头面、颈、胸、背部、腋下、腹股沟等处比较多见,可侵犯鼻腔、咽喉、眼结膜、食道及外阴、肛门等处黏膜。

2.在外观正常的皮肤上或在红斑的基础上,突然发生自豌豆到蚕豆大小疱壁薄而松弛的水疱,疱壁易破而形成糜烂面,易出血,结黄褐色痂,糜烂面难愈合,愈合后留有色素沉着。

3.用指压水疱顶部,其疱向四周扩展,或用指轻擦疱周围正常皮肤时,表皮发生剥离,即所谓尼氏征阳性。

4.多数患者初发症状是口腔黏膜损害,半年至一年后才出现皮肤损害。口腔黏膜糜烂面极易出血,难以愈合,有时会发展为溃疡,影响摄食、咀嚼、吞咽。

(二)增殖型天疱疮

1.属于寻常型天疱疮的一个异型。常侵犯口腔、外阴等处黏膜,或发于头面、腋下、胸背、阴股等脂溢部位。

2.皮损初起为松弛水疱,极易破裂而形成糜烂面和蕈样、乳头状增生,尤以摩擦部位明显;表面有脓液或浆液渗出,覆有厚痂。本病又可分为轻型和重型,轻型患者可见腋下及腹股沟有小脓疱及增殖性损害,无大疱,病情轻,预后良好。重型者腹股沟有小脓疱溃破形成溃疡和疣状增生,最后融合成乳头瘤状,有较多脓性分泌物和结痂。病程较长。

3.自觉症状不明显。由于继发感染可有高热等全身症状,病程比寻常型长。

(三)落叶型天疱疮

1.初发于头面、躯干,后渐泛发全身。

2.黏膜损害较少见，且不严重。

3.皮损初起为松弛性水疱，疱壁极薄而迅速破裂，形成红色、湿润微肿的糜烂面，浆液渗出呈黄褐色，油腻性叶状结痂，痂皮中心附着，边缘游离，或层层粘连呈树叶状。

4.尼氏征阳性，多有腥臭味。

(四)红斑型天疱疮

1.好发于头皮、面部、躯干，四肢较少见。

2.头面部皮损类似盘状或系统性红斑狼疮及脂溢性皮炎，有时很像脓疱疮。在局限性红斑上有脂性鳞屑、黄痂。胸背及四肢可见松弛大疱，疱壁薄而易破，有糜烂面及较多渗液，表面结成污灰色、黑褐色、脂性厚痂，不易脱落。

3.愈合有色素沉着，尼氏征阳性。

4.黏膜损害极少见。

天疱疮除上述4种皮损表现外，可伴发热、恶寒、乏力等全身症状，多数自觉症状不明显，可有瘙痒感。四型天疱疮可以互相转化，寻常型可以转为增殖型和落叶型，红斑型可以转为落叶型和寻常型，落叶型可转为增殖型。

二、实验室检查

1.血液学检查

多有轻度贫血；血沉多增快，且与病情严重程度呈正比；白细胞总数及嗜中性白细胞中度增高，多与继发感染有关，但在死亡前常降到零；白蛋白偏低，免疫球蛋白(IgG)降低。

2.细胞学检查

用钝刀轻刮糜烂面做涂片，可发现天疱疮细胞，细胞呈圆形、卵圆形，细胞间桥消失，细胞核呈圆形，染色较淡，可见核仁，细胞质嗜碱性，在细胞周缘变得较致密，形成深蓝色晕；水疱基底涂片可找到棘突松解细胞。

3.免疫荧光检查

(1)直接免疫荧光检查：取新鲜皮损或外观正常的皮肤进行检查，可见棘细胞间有IgG为主的抗体和C_3呈网状沉淀。

(2)间接免疫荧光检查：可以发现有抗表皮棘细胞间物质特异抗体(天疱疮抗体)，其滴度在1:20以上为阳性，其滴度的高低与疾病的严重程度和活动性呈正比，但其阴性结果不能否定天疱疮的存在。

4.组织病理检查

(1)寻常型天疱疮：棘细胞层下方，尤其是基底层上发生棘刺松解，产生裂隙、水疱，基底仅剩一层基底细胞；疱液中有棘刺松解细胞，细胞较棘细胞大，呈圆形，核浓缩居中，胞浆均匀一致，核周有一圈淡染清晰区；疱底有绒毛形成；真皮上部轻度水肿，有少数嗜酸性粒细胞、中性粒细胞浸润。

(2)增殖型天疱疮：早期损害棘层下方有棘刺松解、裂隙或空腔形成，可发现绒毛；表皮内有嗜酸性粒细胞小脓肿；晚期表皮角化过度，棘层肥厚呈乳头瘤样增生。

(3)落叶型天疱疮：颗粒层及其下方发生棘刺松解，形成裂隙、大疱；皮损陈旧者角化过度，角化不全，角栓形成。棘层肥厚，轻度乳头瘤样增生；颗粒层细胞棘刺松解后，其形态类似角化不良的谷粒细胞(核皱缩深染，胞浆较红)有诊断价值。真皮内中等量炎症细胞浸润，嗜酸性粒细胞较多。

(4)红斑型天疱疮：病理变化同落叶型天疱疮，但陈旧皮损毛囊角化过度，颗粒层棘刺松解，角化不良细胞较显著。

【鉴别诊断】

1.大疱性类天疱疮：多发于老年及幼年，好发于四肢及腋窝、腹股沟等，皮损首见风团或湿疹样皮疹，后发水疱，疱壁紧张难破而易愈合，尼氏征阴性，黏膜损害较少或有，但症状较轻。

2.疱疹样皮炎：好发于躯干、腰背。皮疹为多形性红斑、丘疹、水疱、结痂，可以同时出现。典型皮疹为小水疱排列，呈环状，四周有红晕，黏膜损害极少见，瘙痒剧烈，尼氏征阴性，血中嗜酸性粒细胞明显增高。

3.大疱性表皮松解症：多在出生后至1岁内发病，皮损为在易受外伤或压迫处的手、足、肘、膝发生松弛性的大疱或血痂，数天后糜烂、结痂，有色素沉着或萎缩、疤痕，尼氏征阴性，少数为阳性，黏膜损害较少见。

4.大疱性多形红斑：多见儿童及青年，皮损为在红斑上出现大疱或血疱，可累及全身皮肤或黏膜，有瘙痒或疼痛感，伴高热等全身症状，尼氏征阴性，发病较急，病程较短。

【治疗】

一、全身治疗

给予皮质类固醇激素，强的松每日60~80 mg(控制量)，分次口服，必要时可用至每日120 mg；或给予相当于强的松用量的其他激素，如氟美松予以静脉滴注；如有继发感染者，应配合有效的抗生素(根据药物敏感试验)，予以控制感染使其愈合。如上述治疗5~7 d后，仍有新水疱发生，则激素用量可增加1/2；皮损逐渐好转，则应继续用药2~3周，控制量偏高，出现副作用者，时间可短些。皮损消退，天疱疮抗体滴度下降或转阴，可逐渐减量，如治疗后皮损减轻或消失，但天疱疮抗体滴度仍保持高水平或更高，提示本病有复发及加剧的可能，激素减量应慎重。开始减量可快些、多些，以后要慢些、少些，强的松维持量一般为每日10~15 mg，从控制量到维持量的时间一般为2~3个月。在应用激素的同时，可配合免疫抑制剂联合治疗，其效果优于单用免疫抑制剂，而且可以缩短治疗时间。环磷酰胺每日100 mg，分次口服，或甲氨蝶呤每周25 mg，肌肉注射，免疫抑制剂常在1个月后出现疗效，出现效果后，一般先减激素用量，再减免疫抑制剂至维持量。部分患者应用氨苯砜每日100 mg，治疗时也可取得较好效果。

二、局部治疗

皮损较少时，糜烂面外用2%龙胆紫锌氧油、2%土霉素锌氧油。皮损泛发，渗液结痂较多时，糜烂面可外用0.1%雷夫诺尔纱条，也可用0.1%雷夫诺尔溶液湿敷；口腔糜烂可用2%硼酸溶液或1%过氧化氢漱口，每3~4 h漱口1次。含漱后外用1%龙胆紫液。疼痛明显者可在进食后涂3%苯唑卡因硼酸甘油溶液，或1%普鲁卡因液含漱。

第二节　大疱性类天疱疮

大疱性类天疱疮(bullous pemphigoid,BP)是一种获得性自身免疫性皮肤病,好发于老年人,为表皮下大疱。表皮基底膜带有免疫球蛋白和补体沉积,多数患者血清中有抗基底膜带自身抗体。其病因和发病机制尚不完全清楚。

【诊断要点】

一、临床特点

1.多发于老年人及小孩。

2.在正常皮肤或红斑基础上突然发生水疱,疱壁较厚而不易破裂,水疱破裂后易干燥结痂,糜烂面愈合较快,可伴有色素沉着,部分病人可为血疱或红斑、丘疹。反复发作,尼氏征阴性。

3.约1/4患者有口腔黏膜损害,偶尔侵犯结膜及外阴。

4.无一定特发部位,但以胸膜、腋下、四肢屈侧多见。可局限某一部位,也可初起即泛发全身。易反复发作。

5.黏膜损害较少见且症状较轻,多在皮损泛发期或疾病后期发生。

6.有不同程度的瘙痒感,少有烧灼感。

7.伴发热、食欲不振、全身乏力等症。

二、实验室检查

1.血液学检查:有1/3~1/2患者嗜酸性粒细胞升高,免疫球蛋白(IgE)可增高。

2.直接免疫荧光检查:疱周皮肤显示基底膜带有IgG和C_3呈线状沉积。有时可伴IgM和IgE。

3.间接免疫荧光检查:70%~80%患者血清中有抗表皮基底膜带循环抗体,主要是免疫球蛋白(IgG),对本病诊断有价值。

4.组织病理:表皮下有张力性大疱,水疱呈圆形或椭圆形,从基底膜上方与基底细胞分离,无棘层松解。早期以嗜酸性粒细胞浸润为主。真皮上层水肿,血管周围炎细胞浸润。通过直接免疫荧光检查,90%以上患者的红斑和水疱附近正常皮肤基底膜可见IgG和补体C_3呈线状沉积。

【鉴别诊断】

1.天疱疮:本病为松弛性水疱,尼氏征阳性,口腔损害更常见,组织病理及免疫荧光学检查有助于区分。

2.大疱性多形红斑:多见于青年女性,皮损以四肢末端为主,浮肿性红斑基础上出现张力性水疱、大疱,其特征性的靶形或虹膜样损害有利于鉴别,组织病理可见坏死的角朊细胞,免疫荧光阴性。

【治疗】

一、全身治疗

1.皮质类固醇激素：强的松每次10~20 mg/kg，每日3次，口服，无新疱出现2周后开始减量，减量原则同天疱疮治疗，平均服药2年。部分病人可应用氨苯砜，其用量同天疱疮。

2.免疫抑制剂：可单独或与皮质类固醇激素联合应用。硫唑嘌呤每日1.5~2 mg，环磷酰胺1.5~2.0 mg，4~6周见效。减量同天疱疮治疗。

3.抗生素：四环素或红霉素每日1~2 g，维持1~2个月，每月减量500 mg直至停用。同时加服烟酰胺，每日1.5~2.0 g，也可用米诺环素，每日200 mg。

二、局部治疗

局部治疗同天疱疮。皮疹少者可应用皮质类固醇激素软膏，如肤轻松、乐肤液等，每日2次，局部外涂。

第三节　疱疹样皮炎

疱疹样皮炎(dermatitis herpetiformis, DH)是一种慢性、复发性、群集水疱性、多形性皮损的皮肤病。常对称分布，剧烈瘙痒。常伴有谷胶敏感的肠病。多发于中青年。

【诊断要点】

一、临床特点

1.多发生于20~40岁中青年人。儿童少有发病。

2.发病前可有全身不适、瘙痒等前驱症状。

3.皮疹好发于腋后、肩胛、臀部、四肢伸侧。

4.皮疹可表现为针头至绿豆大小红斑、丘疹、风团、水疱、丘疱疹或大疱，但常以一型为主；皮疹成群集簇或排列呈环形、多环形或不规则形，疱壁紧张，不易破裂，尼氏征阴性。皮疹消退留有色素沉着。较少累及黏膜部位，但口腔上腭、唇和齿龈可见红斑糜烂。

5.剧烈瘙痒，有时有灼痛感。一般无全身症状。病程长。偶因口服含碘、溴药物或精神紧张、疲劳等诱发或加重。

6.部分患者有肠道病变，主要在小肠。但多数患者仅有轻微消化道症状，如腹胀、腹泻等。食用含谷胶的食物(如小麦、大麦、燕麦、黑麦)后会使肠道和皮肤病情加重和复发。有的患者还可合并甲状腺功能减退。

7.病程长，加剧和缓解交替，但一般预后良好。

二、实验室检查

1.血液学检查：外周血中嗜酸性粒细胞比例增高，最高可达40%。$HLA-B_8$和$HLA-DR_3$抗原检查阳性率高。

2.疱液细胞涂片：也可见到较多嗜酸性粒细胞，少量嗜中性粒细胞和淋巴细胞。

3.皮肤斑贴试验：用25%~50%碘化钾软膏作皮肤斑贴试验，80%可呈阳性。

4.直接免疫荧光检查：皮损及皮损周围皮肤和正常皮肤的真皮乳头有IgA和C_3呈颗粒状沉积。偶见IgM和IgG沉着。

5.间接免疫荧光检查：血清中有循环抗表皮细胞间物质的自身抗体，但滴度较低。

6.组织病理：早期皮损示表皮下水疱，真皮血管周围有较多的中性、嗜酸性粒细胞浸润。真皮乳头顶部有以中性粒细胞浸润为主的微脓肿。

【鉴别诊断】

疱疹样皮炎的鉴别诊断同天疱疮。

【治疗】

一、一般治疗

避免吃含碘剂和溴剂的药物和食物，如海带、紫菜等，严格限制谷胶摄入，对皮肤和肠黏膜病变均有一定改善。

二、全身治疗

首选氨苯砜，一般每日100~150 mg，病情控制后减至维持量。其他可用磺胺药，如磺胺吡啶每日1.5~2.0 g，同时加服等量碳酸氢钠，或长效磺胺每日服0.5~1.5 g，或四环素每日1.0~1.5 g，或米诺环素100 mg每日2次，或烟酰胺每日 1.0~1.5 g。皮质类固醇激素仅对部分患者有效，一般用泼尼松每日20~40 mg。瘙痒明显者应用抗组胺药对症治疗，如息斯敏，每次10 mg，每日1次；特非那丁，每次60 mg，每日2次。

三、局部治疗

以止痒、消炎和预防继发感染为主对症治疗，可外涂炉甘石洗剂，糜烂处或有继发感染可用0.1%雷夫诺尔溶液湿敷。

第四节 家族性良性慢性天疱疮

家族性良性慢性天疱疮(familial benign chronic pemphigus，FBCP)又称Hailey-Hailey病，为不规则常染色体显性遗传皮肤病。其临床特点是在颊、腋、腹股沟反复出现水疱糜烂，无全身症状，慢性经过。

【诊断要点】

一、临床特点

1.多在儿童及青春期发病。

2.患者50%~70%有家族发病史。

3.皮疹好发于颈、腋窝、脐周、腹股沟、外阴、腘窝等易摩擦部位，病变可局限也可泛发。皮损表现在正常的皮肤或红斑上发生成群的小疱或大疱，易破裂形成糜烂面或结厚痂，有向四周扩展或相互融合的倾向，也可表现为斑丘疹、疣状丘疹、乳头样增殖等。水疱尼氏征阳性，也可阴性。

4.本病一般没有全身症状，夏重冬轻，反复多年。

5.有腥臭味，伴有轻重不等瘙痒感。

6.病程较长，预后多良好。

二、实验室检查

1.组织病理：示表皮基底细胞层上裂隙或水疱，有广泛的棘层松解细胞，真皮内有中等量淋巴细胞浸润。

2.免疫荧光检查阴性。

【治疗】

一、全身治疗

口服四环素或红霉素，每次250 mg，每日4次，皮损改善后减小剂量。抗生素无效者可用氨苯砜，每次50 mg，每日2次，维持量为每日50 mg，口服。皮质类固醇激素口服，仅限于严重病例。

二、局部治疗

局部外用激素类软膏，如肤轻松、丙酸倍他美松乳膏等外涂，每日2次，有继发感染者外涂红霉素软膏。

第十章　皮肤炎症性血管病

第一节　过敏性紫癜

过敏性紫癜(anaphylactoid purpura)是由各种致敏原引起的一种常见的毛细血管变态反应性疾病,主要病理基础为广泛的毛细血管炎,以皮肤紫癜、消化道黏膜出血、关节肿胀疼痛和肾炎等症状为主要临床表现。本病常发生于儿童和青年。原因不明,以往认为与链球菌感染有关。近年来研究认为,药物、食物感染或其他变应原都可能是致病因素。

【诊疗要点】

一、临床特点

1.本病主要发生于儿童和青年,男女皆可发病。

2.患者一般有先驱症状,如咽痛、低热、关节疼痛、全身不适。

3.初起皮疹表现为散在分布针尖至黄豆大小的淤点、紫斑。也可为红斑、斑丘疹、风团、水疱或溃疡。皮损1~2周后逐渐转为褐色斑点或消退,但可成批反复出现。

4.好发于下肢及臀部,呈对称性,以下肢小腿部最为多见。上肢和躯干也可发生。

5.该病根据损害部位不同可分为:单纯型紫癜、关节型紫癜、胃肠型紫癜和肾型紫癜。患者常有剧烈的腰腹部绞痛,或伴有呕吐、腹泻,可有大便带血或便血;50%的病人有不同程度的肾损害,表现为蛋白尿和血尿,严重时出现肾功能障碍;关节疼痛也是常见症状之一,多见于膝关节、踝关节及小腿疼痛;少数病人出现肠套叠、肠梗阻或肠出血。

6.物理诊断:病情进行期束臂(毛细血管脆性)试验可呈阳性。

二、实验室检查

1.血液学检查:血小板计数、出凝血时间、凝血因子检查均正常,血沉增快。白细胞及嗜酸性粒细胞可增高。肾损害严重者常有血清尿素氮增高,甚至血肌酐也升高。

2.骨髓象:正常骨髓象,嗜酸性粒细胞可偏高。

3.尿常规:肾受累可出现蛋白尿,红细胞和白细胞及管型尿。

4.便常规:胃肠型紫癜患者常有大便潜血阳性或便血。

5.组织病理:病变为真皮层毛细血管炎。血管周围中性粒细胞、淋巴细胞及少数嗜酸性粒细胞浸润,可见核尘,并有不同数量的红细胞渗出。

【鉴别诊断】

1.特发性血小板减少性紫癜：根据皮肤紫癜的形态不高出皮肤、分布不对称，血小板计数减少，凝血时间均延长不难鉴别。过敏性紫癜皮疹伴有血管神经性水肿、荨麻疹或多形性红斑更易区分。

2.药疹：有服药史，皮疹常分布全身，停药后即可消失。

3.风湿性关节炎：二者均可有关节肿痛及低热，紫癜出现前较难鉴别。随着病情的发展，皮肤出现紫癜，则有助于鉴别。

【治疗】

1.注意休息。尽可能除去致敏因素，防止上呼吸道感染，避免应用可疑致敏药物。

2.单纯型紫癜，可用下列药物治疗：(1)抗组胺药物，如去氯羟嗪25 mg，每日3次，小儿可按每日1 mg/kg用药；(2)降低血管通透性药物，如给予维生素C、芦丁、钙剂等。

3.对有感染灶如扁桃体炎者，应酌情用抗生素。

4.对病情较重者，伴有全身症状的肾型、关节型、胃肠型紫癜可用皮质类固醇激素，如强的松每日20~40 mg，或氢化可的松150~200 mg，维生素C 3 g加入5%葡萄糖溶液中静脉滴注。静脉滴注中加入10%葡萄糖酸钙10 mL，每日1次，视病情好转后逐渐减量或停药。小儿口服强的松为每日1~2 mg/kg。

5.病情迁延者可内服雷公藤多甙10~20 mg，每日3次，也可用免疫抑制剂治疗，如硫唑嘌呤或环磷酰胺50 mg，每日2~3次口服。

第二节　结节性红斑

结节性红斑(erythema nodosum)是一种累及真皮血管和脂肪组织的急性炎症性疾病，常见于小腿伸侧的红色或紫红色疼痛性炎性结节。青年女性多见。病程有局限性，易于复发。以春秋季发病者多见。一般认为该病与链球菌感染和药物反应有关。此外，结核病也是重要的诱发因素，特别是儿童。病毒、真菌等感染，溴化物、碘化物、磺胺等药物也可诱发该病。

【诊断要点】

一、临床特点

1.发病初期有程度不同的发热、关节疼痛、乏力等症状。

2.好发于两小腿的伸侧，散在的大小不等的疼痛性结节，也可发生在前臂、股部等处。皮损多为对称性，高出皮肤，界限清楚，数个结节可融合在一起。

3.结节持续数日或几周，慢慢消退，不留痕迹，亦不化脓破溃。

4.结节可反复发作，病程可持续数年。

二、实验室检查

1.血液学检查：一般无贫血，白细胞计数一般正常或轻度升高，但发病初期伴有高热、扁桃体炎或咽炎时，白细胞总数及嗜中性粒细胞可明显增高。2/3 的患者血沉增快，抗"O"(抗链球菌溶血素"O")升高，类风湿因子亦可为阳性。有人测定患者血清 β_2 微球蛋白增高。

2.免疫学检查：在伴有结核时，结核菌素试验可阳性。

3.组织病理：示间隔性脂膜炎，脂肪小叶间隔早期多数以淋巴细胞为主、后期则以纤维母细胞及胶原纤维增生为主的浸润，皮下组织上部及真皮显示中等量的血管周围慢性炎症性浸润，陈旧损害中淋巴细胞、组织细胞占优势。

三、X线检查

原发病为肺结核时，常可发现肺门淋巴结肿大。文献报道发生在16~30岁的青年女性，有结节性红斑，X线显示有双肺门淋巴结肿大者，称为Buner综合征，并认为该类患者肺门淋巴结肿大，实际上是全身性结节性红斑的一种表现。

【鉴别诊断】

1.硬红斑：多发生于小腿屈侧，常单发或为数个，皮损较结节性红斑为大，病程长，可自发性破溃，形成溃疡，愈合后留有不同程度萎缩。病人常有结核病史。

2.回归发热性结节性非化脓性脂膜炎：回归发热性结节性非化脓性脂膜炎为结节性红斑皮损，主要位于胸、腹、股、臀，成团出现，消失后留有局部萎缩和碟形凹陷，每次发作均有发热，病理改变为脂肪组织炎。

3.亚急性结节性游走性脂膜炎：亚急性结节性游走性脂膜炎在小腿出现结节性红斑样皮疹，通常病程早期可发生在单侧，无痛，呈离心性扩大，边缘鲜红，中央变白，可逐渐变平而形成斑块，大小为10~20 cm，持续时间为2个月到2年不等，表现有色素沉着，也称游走性结节性红斑。

4.结节性血管炎：该病好发于中年女性。结节主要位于小腿外侧及后侧，经过缓慢，很少有融合破溃者。

【治疗】

一、全身治疗

1.寻找病因，予以相应治疗。急性期可卧床休息，抬高患肢，避免受寒及劳累。有明显感染灶者，可配合抗菌素。

2.疼痛较著者，可口服止痛药及非激素类消炎药，如吲哚美辛(消炎痛)每次25 mg，每日3次；布洛芬每次200 mg，每日3 次。有明显感染者，给抗生素。严重者，给皮质类固醇激素，如泼尼松(强的松)每日30~40 mg，或倍他米松/二丙酸倍他米松(得宝松)1 mL肌注，3周1次，可迅速控制病情。另外，可用10%碘化钾合剂 10 mL，每日3次，服2~4周。该法安全有效，但应注意长期应用可导致甲状腺功能低下。病情顽固者，可应用羟氯喹200 mg，每日2次；氨苯砜50 mg，每日2次；也可服中药雷公藤片或昆明山海棠片。全身治疗也可用紫外线、蜡疗，透热或音频电疗。

二、局部治疗

局部治疗原则为消炎、止痛。外用鱼石脂软膏，10%樟脑软膏外敷包扎或75%酒精局部湿敷，另外外涂皮质激素软膏，有止痛作用。也可皮损内注射去炎松混悬液约0.3 mL加2%普鲁卡因溶液中注射，对结节持续剧烈疼痛者有明显作用。中医对红肿热痛者用芙蓉膏，皮损暗红，灼热不明显者可用紫色消肿膏。

第三节　皮肤变应性血管炎

变应性血管炎(allergic cutaneous vasculitis)是由各种因素(如药物及感染、异性蛋白等)在体内产生的免疫复合物引起真皮毛细血管及小血管的坏死性血管炎，严重时侵犯内脏血管。

【诊断要点】

一、临床特点

1.多发于青壮年女性的小腿、大腿和臀部，偶发上肢。

2.春末夏初季节发病较多，盛夏时结节较重，秋后减轻或基本消退，反复发作。

3.特征性损害为出血性斑丘疹，其他如荨麻疹、丘疹、淤斑、结节、水疱、大疱、皮肤糜烂及溃疡等均可出现。结节大小数目不等，初起时色鲜红，逐渐转为暗红色或紫红色，有疼痛和压痛。

4.发作时可伴有发热、乏力、周身不适或纳呆以及关节酸痛。

5.病程缓慢，反复发作以致数年、数十年不愈。

二、实验室检查

1.血常规检查：系统型变应性血管炎可有贫血，血小板暂时性降低，轻度白细胞增多，有1/3的病人嗜酸性粒细胞增多，一般为0.04~0.08，少数达0.56。半数以上患者可有血沉增快。

2.部分患者结核菌素试验可呈阳性。

3.尿常规：尿中有蛋白及红细胞，并偶见颗粒管型。

4.血生化检查：重症患者血BUN可升高。总补体及补体C_3、C_4可降低。IgG、IgA含量增加，IgM降低，其变化与病情相符。患者肝功能可有不正常。

5.免疫检查：循环免疫复合物呈阳性。循环免疫复合物增高和补体水平下降与疾病严重性相关。部分病人乙型肝炎表面抗原阳性。其他非器官特异性抗体测定，如抗核抗体(ANA)、类风湿因子、可提取性核抗原抗体(ENA)可为阳性，但滴度不高。

6.组织病理：取小结节做活检可见真皮全层及皮下组织毛细血管及小血管管壁纤维素样物质沉积，管周以嗜中性粒细胞为主的浸润，还有淋巴细胞及嗜酸性粒细胞。可见核尘及红细胞外渗。

7.直接免疫荧光检查：可发现血管基底膜有IgA抗体，真皮及皮下组织有IgM和IgG抗体及补体C_3沉积。在其固定部位可发现组织成分破坏，主要在纤维蛋白样坏死区内发现。

8.电镜检查：可发现侵犯毛细血管后静脉，尤其侵犯8~30 μm大小血管。早期为血管内皮细胞肿胀，内皮细胞间出现裂隙和吞噬细胞活跃现象，基底膜增厚。中性粒细胞开始在血管的间质内。重者血小板凝聚于管腔内，并在内皮细胞间穿过。

【鉴别诊断】

1.过敏性紫癜:多见于儿童及青少年,皮损多发生在下肢,以淤斑、淤点为最多见,可伴有关节痛。血小板正常,尿常规可有蛋白尿和血尿,偶见消化道出血症状。

2.丘疹坏死性结核疹:青年女性多见,四肢关节附近或臀部有散在中心坏死性坚实丘疹,愈后留有萎缩性疤痕,结核菌素试验呈强阳性,组织病理有结核病的组织表现。

3.皮肤型结节性多动脉炎:多在下肢,有沿小动脉分布的皮下结节,自觉疼痛明显及明显的压痛,皮肤组织病理表现小动脉炎及小动脉坏死。

4.还应与高球蛋白血症、急性痘疮样苔藓样糠疹及结节性血管炎鉴别。

【治疗】

一、一般治疗

1.由于患者下肢疲乏无力、肌痛、关节痛及肿胀,休息是很必要的,严重者应卧床休息,提高患肢以降低静脉水压对病变影响。

2.除去病因以减少抗原来源,驱除感染灶,如病毒细菌的感染。停用过敏药物及异性蛋白的影响。

二、药物治疗

1.如有上呼吸道感染,可用抗菌素治疗,双效青霉素80万单位肌肉注射,每日1~2次。或红霉素0.25 g,每日4次,口服;或先锋霉素。

2.为了防止抗体产生,减少免疫复合物形成,减少炎症反应,服用强的松20~40 mg,分次口服。

3.秋水仙碱0.5 mg,每日服2次,可能有抑制白细胞趋化因子、炎症及稳定溶酶体酶作用。

4.消炎痛25 mg,每日服3次,可能有抑制前列腺素合成作用。

5.阿司匹林0.3 g加潘生丁25 mg,每日服3次,有抑制血小板聚集作用。

6.降糖灵50 mg加乙炔雌醇2 mg,每日服2次。

7.氨苯砜50 mg,每日服2次。

8.为了改善血管功能,可用维生素E 100 mg和维生素C 200 mg,每日服3次。有结核病史者以异烟肼0.1 g和乙胺丁醇0.25 g,每日服3次,持续半年至1年。

【预防】

本病与Ⅲ型变态反应关系密切,对于一些有明显诱因的患者,应避免再与诱发因素接触,针对病因进行预防。而其他病因不明确的患者,除了积极进行治疗外,还需要严格筛查,查找出病因,进而采取预防措施。发病期间应减少行走及站立,抬高患肢,注意休息。本病可反复发作,但预后较好。

第十一章　色素障碍性皮肤病

第一节　白癜风

白癜风(vitiligo)是一种皮肤色素原发性脱失而发生的白斑性皮肤病,是常见的皮肤病之一。可发生在任何年龄,但青少年发病为多,可有家族史。本病病因不清,一般认为与遗传、自身免疫、神经化学、代谢障碍等因素所引起的黑色素细胞破坏或黑色素生成障碍有关。

【诊断要点】

1.多在青少年始发,但可发于任何年龄,部分患者有家族史。

2.全身任何部位均可发生,以面、颈、手背等暴露部位多见,可单发或泛发。

3.基本损害为形状不一、大小不等、境界清楚的局限性白色斑片,边缘肤色变深,无炎症及鳞屑,斑内毛发变白。

4.多无自觉症状,偶有瘙痒或麻木感,日晒后加重,并易晒伤。

【鉴别诊断】

1.花斑癣:夏季多发,好发于胸、背部,呈淡牛奶咖啡斑,边缘不清,表面有少量鳞屑,微痒,逐渐变白,斑内毛发不变白。真菌检查阳性。

2.贫血痣:多见于面部及躯干,呈浅斑点,用手摩擦后无充血发红。

3.单纯糠疹:多发于面颊部,圆形或椭圆形浅色斑,上覆少量糠状鳞屑,边界不清。

【治疗】

一、全身治疗

可试服铜制剂,如0.5%硫酸铜溶液,每次10滴(儿童酌减),每日3次,口服。

二、局部治疗

外用皮质类固醇激素类,如0.1%去炎松霜、肤轻松等,每日1次外涂;还可用硫汞白癜风药水等,每日2次外涂。此外,还可应用光化学治疗法(PUVA)、黑素细胞移植术等。

第二节 黄褐斑

黄褐斑(melasma)是一种发于颜面的色素沉着性皮肤病,以面部蝴蝶状对称性黄褐色斑片为特征。好发于中青年女性,近年来发病有增多趋势。

【诊断要点】

1.常见于中青年女性,春夏季节日晒加重,秋冬季减轻。

2.好发部位依次为颊部、眼眶周围、前额、上唇。

3.常有妊娠、口服避孕药、妇女生殖系统及慢性肝肾疾病、内分泌障碍、情志不畅等诱因。

4.基本损害为面部对称性蝶形斑片,颜色可呈淡褐、深褐色不等,边缘一般清楚。压之不退色,表面光滑,无鳞屑。

5.无自觉症状,对全身无影响。

【鉴别诊断】

1.阿狄森氏病:皮损弥漫,界限不清,伴低血压、乏力,尿17羟、17酮化验改变。

2.瑞尔氏黑变病:皮损边缘不清,轻度角化。表面有细薄鳞屑,好像附着一层面粉,颈、前臂、胸部等亦可见。

【治疗】

一、全身治疗

可服大量维生素C,每日1 g,口服,或每次0.3 g加入50%葡萄糖注射液20 mL中,静脉注射,每日1次。还可服维生素E丸,每次0.2 g,每日3次,口服。

二、局部治疗

外用脱色剂,如3%氢醌霜、20%壬二酸霜、1%曲酸露、超氧化物歧化酶(SOD)或过氧化氢酶(CTS)霜剂,每日1~2次,外搽患处。此外皮肤磨削术、倒膜面膜疗法等有一定疗效。

第三节 黏膜白斑

黏膜白斑(leukoplakia)是指口腔、外阴等处黏膜发生的白色过度角化及浸润性斑片,口腔白斑多发于40岁以上男性,其发病与吸烟、饮酒、假牙后咬合不良有关。女性外阴白斑多发于绝经期妇女。与阴道分泌物刺激、雌激素水平降低、维生素及营养物质缺乏有关。

【诊断要点】

一、临床特点

1.多发于40岁以上成人，口腔白斑男性多见，外阴白斑多见于年龄较大的老年妇女。

2.可发生在口腔黏膜、唇黏膜、舌、外阴、肛周等处，但以口腔和外阴部为多见。

3.口腔典型损害为形状、大小不一的白色肥厚性红斑，边缘清楚，有乳白色光泽，日久可粗糙、浸润，失去弹性，皲裂及溃疡。女性外阴损害为一片或数片形状不规则的斑片，颜色灰白或灰蓝，表面粗糙，有过度角化，触之有硬韧感。

4.口腔病变，进食刺激性食物时有灼痛感，后期可有麻木、触痛；女性外阴病变多伴瘙痒感。

5.日久可引起苔藓样变、皲裂或溃疡，部分可癌变。

二、组织病理

单纯黏膜白斑为角化过度或角化不全，棘层肥厚，表皮细胞无典型增生，真皮有淋巴细胞浸润。若表皮细胞呈非典型增生，细胞排列紊乱，核大，深染，甚至出现角化不良细胞，则提示为癌前病变。

【鉴别诊断】

1.口腔扁平苔藓：好发于牙齿咬合处的颊黏膜，呈典型网状斑，身体其他部位常可有皮疹，组织病理不同。

2.硬化萎缩性苔藓：多对称分布，皮疹呈瓷白色，表面萎缩，发病年龄不限，瘙痒可不明显，病理改变亦可区别。

3.白癜风：边缘清楚的色素减退斑，周围颜色稍深，无自觉症状。

【治疗】

一、全身治疗

属维生素缺乏者可用维生素类。如维生素A片，每次2.5万单位，每日1次，口服；或维生素E片，每次0.2 g，每日3次，口服，老年妇女雌激素水平降低者，可用己烯雌酚片，每次1 mg，每日3次，口服。

二、局部治疗

局部可使用皮质类固醇激素制剂，如去炎松霜，每日3次，外搽；角化增生病变可用0.05%维甲酸霜。外阴白斑可用0.1%己烯雌酚软膏。组织学有早期病变的皮损可用5-Fu(5-氟尿嘧啶)软膏，每日3次，外涂。还可使用浅层X线照射等治疗方法。

第十二章　皮脂腺及汗腺疾病

第一节　痤　疮

痤疮(acne)又叫青春痘、粉刺,是发生在毛囊皮脂腺的慢性皮肤病,是美容皮肤科最常见的病种之一。除儿童外,人群中有80%~90%的人患本病或曾经患过本病(包括轻症在内)。多数认为与雄激素、皮脂腺和毛囊内微生物密切相关。青春发育期雄激素分泌增多,皮脂腺合成和排泄皮脂增多,并能使毛囊漏斗部角化增殖,造成毛孔堵塞,形成脂栓即粉刺。毛囊内存在的痤疮棒状杆菌等分解淤滞的皮脂,产生游离脂肪酸,后者有致炎作用,使毛囊壁损伤破裂,粉刺内容物进入真皮,出现炎症性丘疹或脓疱、结节、囊肿等损害。此外,遗传、饮食、胃肠功能、环境因素、化妆品及精神因素亦与发病有关。

因个体的反应不同,痤疮造成的损害程度也有不同,其临床表现也不一样。有些人只出现轻微的粉刺,有些人却出现严重的囊肿,留下色素沉着和疤痕。因此,临床上根据症状的轻重又对痤疮进行了分级:Ⅰ级,粉刺为主,少量丘疹、脓疱,总皮损小于30个;Ⅱ级,粉刺和中等量丘疹、脓疱,总皮损31~50个;Ⅲ级,大量丘疹、脓疱,总皮损50~100个,结节数小于3个;Ⅳ级,结节/囊肿性痤疮或聚合性痤疮,总皮损大于100个,结节/囊肿大于3个。

【诊断要点】

1.初起损害为与毛囊一致的丘疹,用手挤压时可见乳白色脂栓排出。丘疹进一步发展成炎性丘疹,有的丘疹由于毛囊皮脂腺内被角化物和皮脂堵塞,而开口处与外界相通,形成开放性粉刺,表面看起来是或大或小的黑点,称为黑头粉刺。也有的丘疹顶端呈灰白色或白色,毛囊开口不明显,不易挤出脂栓称为白头粉刺。皮损在发展过程中可加重成为脓疱、结节。

2.少数病变可成为结节、囊肿或粉瘤,深居于皮下,可略高出于皮肤表面,红色或暗红色,大的囊肿表面有波动感。愈后留浅凹坑状疤痕。结节、囊肿性损害一般仅见于男性。

3.皮损好发于面部,尤其是前额、颊部、颏部,其次为上胸部和肩背部等皮脂腺发达部位,常对称分布。吃刺激性食物、脂肪类食物及甜食可加重皮损,部分女性患者皮疹可在月经前加重。

4.伴有面部脂溢,出油多。毛孔扩大,头发光泽油亮,头皮屑多。

5.多见于青春发育期男女,病程缠绵,反复发作,一般在青春期后可逐渐减轻痊愈。

6.自觉轻微瘙痒或疼痛。

【鉴别诊断】

1.酒渣鼻:患者大多数为中年人,皮损以面部中央区为主,早期表现为红斑、毛细血管扩张,以后出现丘疹、脓丘疹及结节。

2.颜面播散性粟粒狼疮:损害多为暗红色或带棕黄色的丘疹及小结节,损害与毛囊并不一致。在眼睑下缘呈堤状排列的皮损具有特征性,玻片压诊可见苹果酱色改变。

【治疗】

目的是减少皮脂分泌,消除炎症,防止囊肿形成。应少吃动物性脂肪、甜食和刺激性食物,常用温水和含硫黄或其他去脂消炎的香皂洗涤患处。勿用手抠或挤压粉刺,避免长期使用油脂类化妆品和皮质类固醇激素。向患者解释,痤疮是由于青春期体内内分泌的变化,最主要是性激素变化而产生的一个常见现象,以减轻患者心理压力。治疗可以减轻皮损,但很难完全消退,而且随内分泌变化,可周期性加重或减轻。

一、外用治疗

目的是消炎、杀菌、去脂。

1.抗生素类:常用制剂有1%水氯酊(氯霉素+水杨酸)、2%红霉素酒精、1%洁霉素溶液等,每日外涂1~2次。

2.硫黄水杨酸类:常用含3%~8%硫黄、1%~2%水杨酸制成洗剂、霜等外用。

3.维甲酸类:有角质剥脱作用,如0.05%~0.10%维甲酸霜、凝胶或溶液,每日外涂1~2次。用药后局部会出现刺激反应红斑、脱屑,应从低浓度开始或隔日用药,至皮肤耐受为止。

4.过氧化苯甲酰:有杀菌、角质剥脱和溶解作用。抑制皮脂分泌,减少游离脂肪酸。2.5%~10%过氧化苯甲酰洗剂、凝胶和霜外涂,每日1~2次。本药同维甲酸制剂一样,外用后会出现局部刺激反应红斑、脱屑及轻度烧灼,这是正常的反应,应向患者解释清楚,如果反应较明显,应降低浓度,隔日用药,甚至暂停用药。

二、物理疗法

1.对粉刺,清洗局部后用特制的粉刺挤压器挤出。

2.倒膜面膜。先清洁皮肤,然后用药物喷雾,再应用中医按摩手法,配以相应药物,结合石膏和中药倒膜,使理疗、按摩、药物融为一体,相互作用,达到治疗和美容作用。这是一种比较有效的方法。

3.皮损内注射。适用于严重的结节和囊肿损害,如去炎松混悬液0.05~1.00 mL(每毫升含10 mg)用盐水稀释注入皮损内。每周1次,可连续3~4次。

三、内用药物治疗

根据不同皮损,酌情选用下列药物。

1.抗生素类:临床表现以感染为主的应首选抗生素,如四环素0.25 g,每日2~3次,红霉素0.125 g,每日2~3次,对其他抗生素无效的病例可选用美满霉素(二甲胺四环素)50 mg,每日2次,2~3周后减为50 mg,每日1次。

2.性激素类:用于严重的病例或对其他治疗无效的患者,但不能作为常规治疗,因可引起男性患者女性化,女性患者月经紊乱。

(1)雌激素:常用乙烯雌酚1 mg,每日1次。10 d为一疗程,女性患者在月经后5 d应用,连服22 d。月经前加重的女患者可在经前10 d注射黄体酮10 mg，前5天再注射5 mg。

(2)复方炔诺酮：女性在月经来潮第5天开始服0.625 mg，连服22 d。

(3)甲氰咪胍：口服0.2 g，每日3次。饭前服药，4周1个疗程。认为有抗雄激素作用，可阻断二氢睾酮对毛囊受体的结合，抑制皮脂排出，减轻炎症。

3.皮质类固醇激素：对于严重结节、囊肿性损害，可减轻其炎症反应。常用强的松10 mg，每日2~3次。有效后逐渐减量，时间不宜过长，并注意其副作用。因其本身也可引起痤疮损害，目前多主张与雌激素或抗雄激素联合应用，效果更好。

4.维甲酸类：抑制滞留的角化过度，防止新的阻塞和炎症形成。减少皮脂分泌和粉刺形成，对于结节和囊肿性皮损效果好。13-顺维甲酸1~2 mg/kg，分2次服，连服2~3周，如需第2个疗程，应停药8周后重复。停药后皮损可继续好转，副作用有皮肤干燥、唇炎、消化道症状、致畸等。孕龄患者在服药期间及停药后半年内应避孕。

5.氨苯砜：可能有抗炎作用，适用以囊肿和结节损害为主的患者，口服50 mg，每日2次。连服1~2个月。副作用有血液系统、肝损害等，应予注意。

6.锌制剂：有抑制毛囊角化或炎症的作用。硫酸锌0.2 g，每日2~3次，连服4~12周。有胃肠道副作用。

四、中医中药治疗

根据中医辨证施治，治则多宜宣肺清热，凉血祛风，常用枇杷清肺饮、四物汤加减。

第二节 酒渣鼻

酒渣鼻(rosacea)又名玫瑰痤疮，是一种发生于面部中央的慢性皮肤炎症。早期表现为在颜面中部发生弥漫性暗红色斑片，伴发丘疹、脓疱和毛细血管扩张，晚期出现鼻赘。本病常并发脂溢性皮炎。目前大多数学者认为毛囊虫感染是发病的重要因素，但不是唯一的因素。嗜酒、食辛辣食物、高温及寒冷刺激、消化、内分泌障碍等也可促发本病。

【诊断要点】

一、临床特点

1.按病情发展大致分为三个阶段

红斑期：初起为暂时性红斑，以皮肤发红为主要特点。在脸的中部，特别是鼻子、两颊、眉间出现红斑，两侧对称，红斑开始只是偶尔出现，如吃了辛辣食物或喝热饮料、外界环境温度升高、感情冲动时，面部发红充血。之后反复发作，日久红斑持续不退，最终成为具有多数毛细血管扩张的持久性红斑。

丘疹脓疱期：在红斑基础上，鼻子、面颊部、颏部出现丘疹和脓疱，甚至结节。针头至绿豆大小。鼻部、面颊处的毛囊口更加扩大，脓疱反复发作，数年不愈。

鼻赘期：只有少数患者才会发展到这一期，几乎全发生在男性。在前两期基础上鼻部结缔组织增生，皮脂腺增大致鼻尖部肥大，形成紫红色结节状或肿瘤状突起，表面高低不平。毛细血管扩张更为显著。

2.常伴有皮脂溢出，面部出油多，鼻尖部毛囊口扩张明显。

3.多发生于中年人，女性多于男性，男性嗜酒者多发。但鼻赘期皮损男性多见。

4.无明显自觉症状，易复发。

二、实验室检查

1.毛囊虫检查可阳性。

2.组织病理：主要见毛细血管扩张，皮脂腺增生，或可见结缔组织和皮脂腺增殖肥大。

【鉴别诊断】

1.痤疮：常见于青春期，皮损以粉刺、丘疹为特征，对称分布，鼻部皮损少见。

2.脂溢性皮炎：皮损除在面部还可在头皮，为淡红色斑，其上有油腻状细碎屑，毛细血管扩张少见。

3.颜面湿疹：皮损为多形性，剧烈瘙痒，无毛细血管和毛囊口扩张现象，颜面以外的部位也常有湿疹损害。

4.盘状红斑狼疮：为境界清楚的桃红或鲜红色斑，中央凹陷萎缩，有毛囊角栓，表面常覆有黏着性钉板样鳞屑，皮损常呈蝴蝶状分布。

5.口周皮炎：多发于青年或中年妇女。于口的周围皮肤包括鼻唇沟、颊、额等处反复发生淡红色小丘疹、丘疱疹、脓疱等，但口唇周围有一狭窄皮肤带不受侵犯。有人认为口周皮炎是不典型的酒渣鼻(酒糟鼻)。

【治疗】

避免刺激性食物，最好忌烟酒，调理胃肠功能，情绪要稳定。

一、局部治疗

目的为消炎、杀菌、抑制皮脂溢出。

1.洗剂：复方硫黄洗剂，2%过氧化苯甲酰洗剂，2.5%硫化硒洗剂等外用。

2.酊剂：1%红霉素酊剂，0.05%维甲酸酊剂等。

3.用1%氢化可的松霜，可减轻红斑或炎症，但不宜长期使用。也不宜用高效含氟激素，因可加重毛细血管扩张，更不易恢复。

二、全身治疗

1.对丘疹、脓疱损害明显者，可内服抗生素，如四环素0.25 g，每日3~4次。病情好转后，减量维持1~2个月。部分患者停药后可能复发，再服药仍有效。氯喹0.25 g，分2次服，连服2周后改为每日0.25 g，共服2个月。也可用其他抗生素，如红霉素、美满霉素。

2.对丘疹、脓疱损害，并从毛囊内查到多数毛囊虫者内服灭滴灵(甲硝唑)0.2 g，每日3次，连服1个月。

3.严重患者可口服13–顺维甲酸，每日1~2 mg/kg，每日2次，连用15~20 d。

4.维生素B_6和B_2及复合维生素B可配合使用。如维生素B_2 20 mg、B_6 20 mg，每日3次，口服。或复合维生素B每次2片，每日3次，口服。

5.口服1%硫酸锌合剂10 mL，每日3次，连服2周，一般服2~3个疗程。

6.对于伴随疾病，如胃肠功能障碍者、便秘者给予相应治疗，如服润肠药物，保持大便通畅。情绪不稳定者，应给予镇静药物。

三、物理治疗

1.电解，适用小面积的毛细血管扩张。

2.冷冻，适用于鼻赘期。

四、手术治疗

对毛细血管扩张明显者，用切割方法。局部消毒后，用手术刀片横向切断毛细血管，切割深度1~2 mm。

五、中医中药治疗

治则宜清肺胃热，活血化瘀。如枇杷清肺饮或桃红四物汤加减。

第三节　斑　秃

斑秃(alopecia areata)又称圆形脱发，俗称鬼剃头。是突然发生的局限性斑状脱发。其病变处头皮正常，无炎症及自觉症状。本病病程经过缓慢，可自行缓解和复发。认为与精神过度紧张、受惊恐、内分泌功能失调等有关。也有人认为与自身免疫有关。

【诊断要点】

1.发生较快的片状脱发，脱发区呈圆形、椭圆形或不规则形。单发或多发，一般l~2 cm大或更大。境界清楚，脱发区皮肤正常，毛囊口清楚可见，在发展期脱发区边缘头发易松动、折断，近端发干萎缩，典型的可见上粗下细如棒状，有的如“惊叹号！”样。

2.多发生在头皮，也可见于眉毛、腋毛及阴毛。整个头发全部脱落称全秃。全身毳毛、眉毛、睫毛、腋毛、阴毛均脱落称普秃。

3.可发生于任何年龄，以青壮年多见。

4.脱发区无自觉症状，斑秃可由本人在无意中发现或去理发、洗澡时由他人发现。有的患者可伴失眠或头痛、头晕、注意力不能集中等神经衰弱症状。

5.发病突然，有自愈倾向，亦可复发。

6.应与假性斑秃鉴别。后者患部头皮萎缩，看不见毛囊口，脱发区边缘头发不松动，一般是不可恢复的。

【鉴别诊断】

1.白癣：不完全脱发，毛发多数折断，残留毛根不易被拔出，附有鳞屑。断发中易查到霉菌。好发于儿童。

2.梅毒性秃发：虽也呈斑状秃发，头发无疤痕形成，但边缘不规则，呈虫蛀状。脱发区脱发也不完全，数目众多，好发于后侧。伴有其他梅毒症状，梅毒血清学检查阳性。

3.假性斑秃：患处头皮萎缩，光滑而带有光泽，看不见毛囊开口，斑片边缘处无上粗下细的脱发。

【治疗】

一、一般原则

去除可能的诱发因素,解除思想负担,坚定治疗信心。

二、外治

目的是刺激皮肤充血,改善血液循环,促进毛发生长。

1.局部外涂1%辣椒酊、0.05%盐酸氮芥、1%~3%长压定溶液。

2.二硝基氯苯(DNCB)1%~2%局部外涂,每日1次,使其致敏,然后用0.1%~0.5%溶液,每日1次。目的是诱发接触性皮炎,而促毛发生长。

3.皮质类固醇制剂,如0.1%去万(去炎松、二甲基亚砜)、0.1%去炎松霜等。

4.对于面积较小,长时间治疗仍无新发生长者可皮下注射皮质类固醇激素,如去炎松混悬液0.5~1.0 mL(25 mg/mL)加1%~2%普鲁卡因1~2 mL,分点注射。每点0.1 mL,每周1次。

三、物理疗法

1.光化学疗法:脱发区外用0.1%~0.3%的8-甲氧补骨脂素(8-MOP)溶液,30 min后照射UVA,每周2~3次。逐渐增加UVA量。

2.局部头皮按摩加梅花针挑刺,隔日1次。

3.鲜姜汁局部外搽,也可促发生长。

4.液氮冷冻:采用喷雾或棉签抹搽,局部出现薄霜,持续几分钟后,重复2~3次。使局部发红,不起水疱为宜,每周1次,4次为1个疗程。

四、内治

1.对于精神紧张、睡眠不足者:口服安定2.5 mg,每日2~3次。谷维素10 mg,每日3次,同时配服胱氨酸50 mg,每日2~3次。

2.对于全秃及普秃患者,脱发时间较长,没有新发生长,可服用皮质类固醇激素,如强的松10 mg,每日2~3次。见效后逐渐减量,维持2~3个月,但应注意激素的副作用。有的患者在服药期间同时有新发长出,但停药后又脱落。

五、中医中药治疗

多以滋补肝肾、养血安神、活血祛风为原则,成药有当归丸、何首乌片等。

第四节 皮脂溢性皮炎

皮脂溢性皮炎(seborrheic dermatitis)又称脂溢性脱发,脱发常发生于脂溢皮炎之后,病因不甚清楚。目前一些研究者认为本病是在皮脂溢出基础上,皮肤表面正常菌群失调,卵圆形糠秕孢子菌生长增多所致。

脱发一般是从头顶开始。皮炎的初发症状是以毛囊口为中心的皮肤炎症,表现为小丘疹,并逐渐扩大,形成边界清楚的潮湿的油脂性鳞屑斑块,严重者,满头头皮均可覆盖有污秽的痂皮。还有一种比较干燥,满头均有灰白色糠秕状鳞屑——头皮屑。前者称湿性脂溢性皮炎,后者则称为干性脂溢性皮炎。两者都很痒,均可使毛发脱落。引起皮炎的病原菌为真菌。

【诊断要点】

1.典型皮损为边缘清楚的暗黄红色斑、斑片或斑丘疹,表面被覆油腻性鳞屑或痂皮。由于病变发生的部位不同,临床表现略有差别,严重时皮损表面可有渗液,或干性红斑上有灰白色糠秕样鳞屑。

2.皮疹好发于头皮、眉部、眼睑、鼻及两旁、耳后、颈、前胸及上背部肩胛间区、腋窝、腹股沟、脐窝等皮脂腺分布较丰富部位。

3.自觉症状为不同程度的瘙痒。

4.婴儿脂溢性皮炎常发生在出生后第1个月,皮损多在头皮、额部、眉间及双颊部,为渗出性红斑片,上有厚的黄色油腻性屑痂。

5.成人一般脂溢性皮炎表现为油性也有干性或混合性,常有瘙痒。脱屑等皮肤表面症状表现,红斑较明显。

【治疗】

一、一般治则

限制多糖、多脂饮食,忌食刺激性食物,避免搔抓,生活起居规律。

二、局部治疗

主要是去脂、杀菌、消炎和止痒。

1.库氏洗剂(复方硫黄洗剂),每晚1次外用,5%硫黄软膏外用;复方煤焦油洗剂或硫黄软皂,每周1~2次洗头。

2.抗真菌制剂,如3%克霉唑霜,2%咪康唑霜,联苯苄唑霜,2%康特霜(含酮康唑)等均可选用,但应注意此类药物可能对皮肤有刺激性和致敏作用。

3.维生素B_6霜、护肤霜、维生素E霜等,可轮换选用,每日1~3次。

4.皮质类固醇激素制剂,在皮疹炎症重、瘙痒明显时可酌情加用,如1%氢化可的松霜、去炎松氯霉素霜、0.5%地塞米松软膏等,选择1种,每日1~3次外用。注意面部及皮肤薄嫩部皮损不宜长期应用,以免出现激素局部副作用,如痤疮、毛细血管扩张、皮肤萎缩及色素改变等。

三、全身治疗

1.复合维生素B,2片,每日3次口服;维生素B_6,10~20 mg,每日3次口服;复合维生素B注射液,2 mL,每日或隔日1次肌肉注射。

2.抗组织胺类药物,可选择1~2种口服以达到止痒目的。

3.皮质类固醇激素,主要在炎症明显或皮疹广泛而其他治疗不能控制时短期应用,可予强的松每日20~40 mg,分2~3次口服。

4.抗生素类药物,重症皮脂溢性皮炎或有明显渗出时,选择四环素0.25~0.50 g,每日3~4次口服或红霉素口服或庆大霉素、丁胺卡那等肌肉注射均很有效。

第十三章　结缔组织病

第一节　红斑狼疮

红斑狼疮(lupus erythematosus, LE)是以免疫性炎症为突出表现的结缔组织疾病，其病因和发病机制尚不十分清楚。临床主要分盘状红斑狼疮(discoid lupus erythematosus, DLE)和系统性红斑狼疮(systemic lupus erythematosus, SLE)。其特点是盘状红斑狼疮好发于面颊部，主要表现为皮肤损害，多为慢性局限性；系统性红斑狼疮除有皮损外，同时累及全身多系统多脏器损害，预后较差，急性发作和重型病例可危及生命。本病好发于中青年女性，男女比例1:2。遗传、感染、环境、性激素、药物等综合因素所致的免疫紊乱导致了该病的发生。

【诊断要点】

一、临床特点

(一)盘状红斑狼疮

1.多见于20~40岁的女性，常在夏季发病或加重，入冬减轻。

2.好发于面部，尤其在鼻部和两颊最常见，亦可累及口唇、耳轮、头皮甚至躯干及四肢。

3.基本损害为浸润性隆起红斑，境界清楚，表面附着灰白色黏着性鳞屑，剥离后见到毛刺样角质栓及扩大的毛囊口。病久皮损可有萎缩性疤痕、毛细血管扩张及色素沉着或减退。

4.多无自觉症状，或自觉微痒或烧灼感。日晒可使皮损加重。

5.头皮损害造成持久性脱发，黏膜损害形成糜烂或溃疡。

6.活动期有白细胞降低，血沉增快，抗核抗体阳性，γ-球蛋白升高，类风湿因子阳性。

(二)系统性红斑狼疮

系统性红斑狼疮是侵犯皮肤和全身多种组织器官的一种自身免疫性疾病。多见于中青年女性。临床表现复杂多样，可以初发病即为多系统损害表现，也可先有一两个脏器受累，然后演变为多系统损害。发病前常有明显诱因，如日晒、紫外线照射、应用某些药物、妊娠、分娩、手术、精神创伤等。初发常有关节疼痛，不规则发热，皮损大多出现于全身症状之后。

1.皮肤黏膜损害：典型皮损为鼻和双颊部对称性蝶形红斑，色鲜红或紫红，损害与盘状红斑狼疮相似，除颜面外，还可见于颈部、胸上部、头皮、耳郭，指(趾)末端等易受日晒和受摩擦部位。皮疹消退后遗留有色素沉着。其他表现常有日光过敏、口腔溃疡、雷诺现象、脱发、多形性红斑、结节性红斑、慢性荨麻疹及坏死性血管炎等。

2.关节肌肉症状：为早期常见症状之一，表现为对称性关节红肿酸痛，肌肉疼痛。但通常不引起骨质破坏。

3.全身症状：可有不规则发热、乏力、淋巴结肿大、女性月经失调等，纳差及体重减轻，伴全身淋巴结肿大。

4.多器官损害：常见的有肾脏、心脏、肺及中枢神经系统受侵，可单独或合并出现。多提示病情较重，其他系统亦可累及。如消化系统、内分泌腺等。

(1)肾脏：50%~70%患者表现为蛋白尿、血尿、管形尿，晚期可发生肾功能衰竭，肾炎是系统性红斑狼疮的主要死亡原因之一。

(2)血液系统：贫血、白细胞减少和(或)血小板减少。

(3)肺：少数可出现急性狼疮性肺炎和肺间质纤维化。

(4)心脏：可侵及心肌、心包及心内膜，致心包炎、心肌炎等，严重者出现心功能不全，传导阻滞等各种心律失常和心衰。

(5)神经系统：发生者又称为神经精神狼疮，轻者有偏头痛、性格改变、记忆力减退或轻度认知障碍，重者有精神障碍、癫痫发作。其他中枢神经系统表现有脑血管病、运动障碍、脊髓病、急性精神错乱、焦虑、情绪失调、多发性神经病变。

(6)消化系统：各种急腹症，可有恶心、呕吐、腹痛及顽固性腹泻。其他并发急性胰腺炎，肝损害有酶增高和黄疸等。

二、实验室检查

盘状红斑狼疮大多无异常，少数可出现低滴度抗核抗体阳性、γ-球蛋白升高、类分湿因子阳性、白细胞降低、血沉增快。系统性红斑狼疮常见检查如下。

1.血常规检查

(1)贫血，常见有低色素或正色素性贫血，少数有溶血性贫血，Coombs试验阳性。

(2)白细胞数降低：白细胞数$<4.0\times10^9/L$，以淋巴细胞减少为主，重则嗜酸性粒细胞减少或消失。血小板降低。

2.血沉测定：活动期血沉明显增快，缓解期恢复正常。

3.尿液检查：肾脏受累时常有蛋白尿、血尿、管型尿等。

4.免疫学检查

(1)抗核抗体谱：①抗核抗体(ANA)，在诊断系统性红斑狼疮中ANA敏感性高，阳性率大于90%，滴度也较高。高滴度ANA(至少>1:64)可以作为诊断系统性红斑狼疮标准之一。随着病情缓解和稳定，ANA滴度随之下降，以致转阴。故连续观察其滴度变化可作为疗效观察指标之一。另外，ANA阴性也不能排除系统性红斑狼疮。②抗ds-DNA抗体，是系统性红斑狼疮特异性的自身抗体，活动期患者阳性率高达93%~100%。且抗体滴度可随着病情缓解而下降。③抗Sm抗体(Smith抗体)，对系统性红斑狼疮特异性高，有高度诊断价值，但敏感性差，阳性率仅为20%~30%，该抗体通常与病情活动无关。④其他如抗nRNP(U1RNP)、抗rRNP、抗SSA、抗SSB、抗组蛋白、抗PCNA等也可阳性。抗组蛋白抗体效价与病情活动性相关。

(2)抗磷脂抗体：与系统性红斑狼疮的神经系统损害、血小板减少、溶血性贫血、心脏损伤、血管栓塞等许多并发症相关。常检测的抗磷脂抗体有抗心磷脂抗体(ACL)、狼疮抗凝物(LAC)及β_2糖蛋白1(β_2-GP1)抗体等。

5.狼疮细胞检查：阳性率为60%，亦可见于其他自身免疫性疾病。特异性不强，所以少用。

6.血清补体测定：血清总补体(CH_{50})、C_3、C_4及C_9均降低。下降程度与系统性红斑狼疮的活动性一致。尤其是狼疮性肾炎，总补体值可明显降低，C_3降低、C_4亦可降低，而C_3尤其显著。根据补体测定值的变化可以观察系统性红斑狼疮的疗效。脑脊液中补体测定有助于判断系统性红斑狼疮是否侵犯神经系统。

7.血清白蛋白降低，球蛋白和总蛋白升高，蛋白电泳显示血清γ-球蛋白明显升高。α_2-球蛋白和纤维蛋白原亦可升高，免疫球蛋白IgG、IgM 升高，IgA可正常或降低。

8.类风湿因子：大约30%为阳性。

9.梅毒血清试验假阳性，约20%阳性率。

【鉴别诊断】

(一)盘状红斑狼疮

1.多形性日光疹：日晒后发疹，见于暴露部位，入冬后消退，盘状红斑狼疮亦可见于躯干等暴露部位。

2.扁平苔藓：为红色或紫色扁平丘疹，多见于四肢屈侧，口腔黏膜损害为白色丘疹或网状条纹。

(二)系统性红斑狼疮

1.皮肌炎：无典型蝶形红斑，而为眼眶周围实质性淡紫红色水肿性斑片，肌肉疼痛无力，血清醛缩酶和肌酸磷酸激酶增高，尿肌酸明显增高，预后良好。

2.硬皮病：无面部红斑，皮损呈弥漫性肿胀，逐渐变硬，蜡样光泽，色素增加或减少，后期萎缩，病理改变不同。

3.结节性多动脉炎：抗核抗体和狼疮细胞检查阴性。

【治疗要点】

一、全身治疗

(一)盘状红斑狼疮

1.氯喹0.25 g，每日1次口服，病情控制后逐渐减量，注意治疗前和治疗期间每3~6个月定期检查眼底。

2.反应停，部分患者有效，开始50 mg，每日2次口服，病情控制后减量。该药可致畸，育龄妇女慎用。

3.氨苯砜50 mg，每日2次口服，注意肝脏毒性。

4.上述疗效不佳者可考虑用雷公藤多甙20 mg，每日2次口服。小剂量皮质类固醇激素如强的松每日15~20 mg，口服，症状控制后逐渐减量。

(二)系统性红斑狼疮

1.可选用抗光敏药，如氯喹0.25 g，每日1次口服；氨苯酚每次25~50 mg，每日3次，口服。系统性红斑狼疮则应早期、适量、规则使用皮质类固醇激素，病情稳定后逐渐减量，持续用药至少2年或更长，标准为2~3 d退热，一般情况好转，否则应增加原剂量的25%~50%。激素治疗不敏感或对其副作用不能耐受者，可配合免疫抑制剂，如环磷酰胺50 mg，每日2次口服；或硫唑嘌呤50 mg，每日2次口服。还可用雷公藤多甙20 mg，每日3次口服。其他症状如关节痛、精神症状等对症治疗。

对于顽固性狼疮性肾炎或高度活动性狼疮性肾炎可考虑给予环磷酰胺冲击治疗，其方法是:按每平方米体表面积给予环磷酰胺0.5~1.0 g加入生理盐水200 mL,一次静脉滴注,每月1次,总量8 g后酌情2~3个月1次,可能会收到好效果。治疗同时要密切注意观察毒副作用。

2.非激素类抗炎药,如消炎痛、阿司匹林、布洛芬、芬必得等,对关节肌肉疼痛有较好的疗效,常作为激素治疗的辅助用药。

3.免疫调节剂,如胸腺肽、转移因子等具有提高患者免疫力、预防病毒感染等作用。对改善病情有益,可适当选用。

二、局部治疗

1.避免日晒,忌用光感药物。

2.外治以保护、避光、润肤为原则,可使用遮光剂,如5%二氧化钛霜等;中药可选用白玉膏外搽。系统性红斑狼疮不宜用外用药。

三、单方验方及其他疗法

1.应用大剂量黄芪(30 g、60 g、90 g)煎服,疗程2~12个月,治疗系统性红斑狼疮,均有不同程度疗效。

2.把4支红藤注射液(每支2 mL,含生药4 g)加入5%~10%葡萄糖溶液500 mL中,每日1次,静脉滴注;或每次1~2支,肌肉注射,每日1~2次。

3.复方秦艽片(秦艽、乌蛇、黄芪、玄参、生地、丹参、茯苓、黄柏),每片0.5 g,每日15~20片,分2~3次口服。

4.雷公藤制剂,可采用糖浆、片剂、冲剂等,每日总量含生药30~40 g,分3次口服。中成药还有昆明山海棠片、雷公藤片。

5.针刺取足三里、风池、间使、华佗夹脊。阴虚火旺配肾俞、三阴交、太冲;气滞血瘀配肝俞、血海、期门;热毒炽盛配大椎、曲池、委中、阳陵泉;气阴两虚配脾俞、商丘、关元;腰肾阳虚配命门、肾俞、天枢,实者用泻法,虚者用平补平泻。

【预防与调护】

1.避免日光曝晒或紫外线照射。

2.防止劳累,注意保暖,急性发作时应卧床休息,合并内脏损害时提示病情较重,要及时治疗。

3.加强膳食营养,忌食辛辣刺激性食物,水肿时限制钠盐摄入。

4.对患者做好思想工作,解除不能治疗的心理压力,保持乐观情绪和战胜疾病的信心。

5.注意勿服过敏药物,尽量避免大的手术,以防感染,不宜怀孕。本病病程迁延,易反复发作,死亡率较高,死亡原因多见于各种感染、肾衰、心衰、脑血管意外、消化道大出血等。

第二节 皮肌炎

皮肌炎(dermatomyositis)是一种具有皮炎和肌炎改变的结缔组织病,表现为以皮肤水肿性红斑、肌肉变性、晚期萎缩硬化为特征的自身免疫性疾病。好发于儿童和中青年女性,但各年龄组均可发病,女性发病约为男性的2倍。本病病因尚未完全清楚,一般认为与自身免疫有关,患者血清中可查出3种特异性高的自身抗体,即抗Mi抗体、抗PM-l抗体和抗Jo-1抗体。另外还可能与病毒感染有关。

【诊断要点】

一、临床特点

皮炎的症状与体征:皮损早期多发生于面部,以眼睑为中心的紫红色水肿性斑片,渐累及颈、胸、肩及四肢,称为Heliotrope征。发生于肘关节伸侧及指关节伸侧紫红色角化斑疹或丘疹,可伴鳞屑,称为Gottron征。此为皮肌炎的特征性表现,皮损消退后可有皮肤萎缩、色素沉着或减退,部分发生硬皮病样表现。急性以儿童多见,慢性以成年女性居多。

肌炎的症状与体征:主要侵犯横纹肌,以四肢近端肌肉最早受累,继而累及肩、腰、颈等肌群及咽喉、食道肌肉。表现为进行性肌无力,患者肌肉肿胀,软弱无力、疼痛或压痛。后期发生萎缩、硬化,严重时全身横纹肌广泛受累,出现咀嚼和吞咽困难、声音嘶哑、呼吸障碍或自主运动完全丧失。

全身症状:可伴不规则发热,乏力,肌肉关节疼,淋巴结肿大,贫血,肝脾肿大,心脏、肺脏等脏器组织损害。40岁以上患者有20%~30%合并恶性肿瘤。

二、实验室检查

1.一般检查:可有轻度贫血,白细胞增多,血沉增快。

2.血清肌酶检查:谷草转氨酶(GOT)、谷丙转氨酶(GPT)、磷酸肌酸激酶(CPK)、乳酸脱氢酶(LDH)、醛缩酶(ALD)等血清酶显著增高。尤以CPK 和ALD 增高显著。往往与肌肉病变消长相平行。

3.免疫学检查:抗核抗体(ANA)、类风湿因子(RF)可呈阳性;肌红蛋白测定含量增高,α_2-球蛋白、γ-球蛋白升高;血清IgG、IgM、IgA和循环免疫复合物(CIC)增高。部分患者细胞免疫功能下降;抗Mi、PM-1、Jo-1抗体阳性。

4.尿肌酸检查:肌酸排泄量显著增高,24 h排泄量达100~400 mg,重症患者则>1 000 mg,尿中有蛋白及红细胞。

5. LE细胞阴性,梅毒血清反应可阳性。

6.患处肌电图为肌源性萎缩相肌电图。

7.组织病理检查:(1)皮肤病理变化有表皮萎缩、基底细胞液化变性、真皮胶原纤维水肿、黏蛋白沉积、血管周围以淋巴细胞为主的浸润,这些均无特异性。(2)肌肉活检应取三角肌、斜方肌、股四头肌最痛处或肌电图提示肌病处,可见横纹肌消失、肌纤维变性、肌纤维断裂、肌束间水肿、间质小血管周围有淋巴细胞、浆细胞和组织细胞浸润，晚期有肌萎缩、肌纤维化和钙化等。

【皮肌炎的诊断标准】

1.对称性四肢肌群无力、肌痛、肌压痛、吞咽困难。

2.特征性皮肤损害。

3.肌酶升高。

4.肌电图异常。

5.肌活检为肌炎特征。

6.有皮肤损害另加以上标准中超过3项可确诊为皮肌炎，若无皮肤损害有3项以上者诊断为多发性肌炎，仅有特征性皮肤损害可能为无肌病性皮肌炎。

【鉴别诊断】

1.重症肌无力：眼睑下垂，患处活动后迅速无力，休息后减轻，无乳酸脱氢酶等特异性增高，肌肉活检不同。

2.进行性肌营养不良：有遗传性，多见于男性儿童，肌假性肥大、无力，但不疼痛。肌肉活检无炎症变化和细胞坏死。

3.硬肿病：皮损坚硬，按压无指凹，疼痛轻，面部呆板无表情，如戴面具，常1年内自愈。

4.运动神经元病：肌无力从肢体远端开始，进行性肌萎缩、无肌病、肌电图表现为神经源性。

5.风湿性多肌痛：发病年龄常大于50岁，表现为颈、肩胛带及骨盆带等近端肌群疼痛、乏力与僵硬、血沉增快(通常在50 mm/h以上)，血清肌酶、肌肉活检及肌电图检查均无异常，中小剂量糖皮质激素治疗迅速起效。

6.旋毛虫病：全身肌疼痛，尤其以腓肠肌疼痛为主，发热恶寒。血中嗜酸性粒细胞增高。肌肉活检可查出旋毛虫体。

【治疗】

一、一般治疗

1.注意休息，特别是急性期应卧床休息。

2.给予高蛋白、维生素、低盐、低糖、低脂肪饮食。

3.早期应减少活动，特别是禁止剧烈运动，恢复期逐渐由被动锻炼过渡到主动锻炼，以防肌肉萎缩。

4.严重吞咽困难不能进食者应鼻饲。

5.预防各种感染性疾病

6.皮肤损害明显者避免日晒。

7.常规定期进行全身检查以排除肿瘤。

二、全身治疗

1.糖皮质激素：是治疗皮肌炎的主要药物，如泼尼松每日1.0~1.5 mg/kg，口服，待症状消退、血清肌酶恢复正常后逐渐减量至最小维持量，其疗程往往需要3~4年。

2.免疫抑制剂：激素治疗2~4个月疗效不显著者则应考虑单用激素“不敏感”，应加用免疫抑制剂，如环磷酰胺0.1 g，每周1次，或甲氨蝶呤每周10~15 mg，口服，硫唑嘌呤100~150 mg/周等。

3.抗生素：有细菌感染征兆或儿童皮肌炎可加用抗生素，如青霉素等治疗。

4.抗疟药：皮肤损害明显且光敏感者可应用氯喹或羟氯喹口服。

5.免疫球蛋白：对用激素和免疫抑制剂治疗无效者可加用免疫球蛋白冲击疗法，剂量为200~400 mg/(kg·d)，静脉滴注，连用3~5 d，2~3周后可重复1次。

三、局部治疗

局部可在恢复期配合药浴、按摩等各种物理疗法。

【预防与调护】

1.急性期应卧床休息，避免日晒和受凉。

2.合理安排饮食，保证充足的维生素和蛋白质摄入。

3.加强局部功能锻炼，选用按摩防止肌肉萎缩和关节僵硬。

本病病程不定，急性暴发可在一年内死亡，进行缓慢可持续数年至数十年，一般预后儿童比成人好，亦有少数人长期可自然缓解。

第三节　硬皮病

硬皮病(scleroderma)是一种以皮肤进行性肿胀、硬化、后期萎缩为特征的自身免疫性疾病。临床上分为局限性硬皮病和系统性硬皮病两种，发病年龄前者多为11~40岁，后者多为21~50岁，以女性居多，约为男性的3倍。本病病因尚未十分明确，多认为与遗传、血管神经障碍、胶原代谢异常、病灶感染等因素引起的自身免疫有关。也有人认为局部刺激激发了细胞免疫，使致敏淋巴细胞诱发纤维母细胞原增多，合成大量胶原纤维而引起。

【诊断要点】

一、临床特点

(一)局限性硬皮病

1.皮损初起为圆形、不规则形或带形淡红色斑片，发亮水肿，逐渐扩大致皮肤变硬，局部皮肤纹理消失，出汗减少，毛发稀疏。呈蜡黄色或象牙色，边缘有轻度红晕，晚期萎缩变薄，带状皮损则凹陷变硬呈刀砍样。

2.头面、颈、躯干、四肢均可发生，皮损可为点滴状、斑片状，可单发或多发。

3.全身症状少见，个别可有发热及关节痛。

(二)系统性硬皮病

1.雷诺氏现象：90%的患者以雷诺现象为首发现象，可先于皮肤损害1~2年，或与皮肤症状同时发生。可伴有双手麻木，对称性手指肿胀或僵硬，指腹变薄或凹陷，甚至引起溃疡。

2.皮肤病变：皮损先由四肢远端或面部开始，然后向躯干蔓延。典型的皮肤病变一般要经过三个时期。水肿期：皮肤多为无痛性非凹陷性水肿，有绷紧感，手指常呈腊肠样，伴晨僵，可有关节痛，并可出现腕管综合征。硬化期：皮肤增厚变硬如皮革，紧贴于皮下组织，不能提起，成蜡样光泽。萎缩期：皮肤光滑而细薄，紧贴于皮下骨面，皮纹消失，毛发脱落，硬化部位常有色素沉着，间以脱色白斑，有毛细血管扩张及皮下组织钙化。面、颈部皮肤受累时，可形成面具脸，鼻变尖，口唇有放射状沟纹及张口困难。晚期皮肤可出现坏死及溃疡。

3.消化系统：口腔黏膜以及软腭悬雍垂及舌系带可发生萎缩，影响舌运动等，食道受累表现为蠕动功能低下、吞咽困难、反流性食管炎、食管痉挛和溃疡等，其他有恶心、呕吐、腹胀、腹痛、便秘、消化不良等。

4.肺部：由于肺纤维化可引起通气障碍，出现进行性呼吸困难、干咳和紫绀，支气管纤维化可造成支气管扩张或阻塞性肺气肿，严重时可发生肺部感染。

5.心脏受累可有心慌、心动过速、心律不齐等。

6.肾脏受累可有蛋白尿、氮质血症和高血压，严重者发生进行性肾功能不全。

7.其他：甲状腺功能减退，可并发桥本甲状腺炎；肌肉受累可发生肌萎缩、肌无力；神经系统可有三叉神经、面神经和正中神经受累，可出现周围性麻痹等症状；骨关节受累可表现为骨萎缩、畸形、关节强直等。部分患者有继发性干燥综合征表现。

二、实验室检查

局限性硬皮病一般无异常，个别可有抗核抗体(ANA)和类风湿因子(RF)阳性。系统性硬皮病可出现下列实验室异常。

1.非特异性检查：可有轻度贫血，嗜酸粒细胞增多或淋巴细胞减少、血沉增快、血中免疫球蛋白可升高，出现冷球蛋白血症。约50%患者类风湿因子阳性，血中纤维蛋白原定量可升高。尿17-酮、17-羟皮质类固醇减低。循环免疫复合物(CIC)增高、γ-球蛋白可增高。

2.自身抗体检查：间接免疫荧光法测定ANA，阳性率大于80%，为斑点型和核仁型；抗Scl-70抗体阳性率约为40%，此抗体特异性高，是诊断系统性硬皮病的标志性抗体；在肢端型硬皮病的一种特殊类型综合征(CREST)中，抗着丝点抗体(ACA)阳性率大于80%，是该综合征的标志性抗体。

3.组织病理：早期其皮内间质水肿，胶原纤维分离及真皮上层小血管周围有轻度淋巴细胞浸润。随后真皮和皮下组织胶原纤维增生、增厚、纤维化。胶原肿胀，透明变性和均质化。胶原纤维间质内和小血管周围有淋巴细胞和组织细胞浸润。以后炎性浸润逐渐减少，弹力纤维破坏，基质增加，血管壁增厚，管腔狭窄，晚期表皮及附属器萎缩，钙盐沉着。血管运动神经多为本病前驱症状，表现为每当遇冷、精神紧张、兴奋时手、足、口唇、舌等处出现苍白、青紫等雷诺现象，并可有关节酸痛、全身乏力、低热、头痛、皮肤感觉异常、瘙痒、食欲减退等。

【鉴别诊断】

1.硬化萎缩性苔藓：早期损害为多角形扁平丘疹组成的斑块，轻度硬化，呈白色光泽，可见细小黑色角质栓。后期皮肤萎缩，外观似羊皮纸样，组织病理特点为角化过度，伴有毛囊角栓(女阴黏膜部位除外)，表皮萎缩，基底细胞液化变性，真皮浅层水肿，胶原纤维肿胀均质化。

2.特发性斑状萎缩：病变多发生于躯干，损害直径1~10 cm大小，斑片呈灰褐色，形状不规则，境界清楚，表面略凹陷，组织病理上无真皮基质硬化。

3.成人硬肿病:损害自颈部开始,逐渐向头皮、面、颈、胸部及上臂发展,可波及腹部、臀部及大腿,但手足部很少累及,损害为皮肤深层弥漫实质性肿胀,质硬如板,无雷诺现象及系统病变,有自行缓解或自愈倾向。

4.局限性硬皮病:其特征为界限清晰、线状或斑状的硬皮病,无系统性硬化症的典型血清学和内脏表现。此病多见于儿童、青年和女性。

5.混合结缔组织病(MCTD):指具有两种或两种以上结缔组织病的临床症状的重叠,且血清中有高滴度的抗核抗体和U_1RNP抗体,雷诺现象、腊肠指是本病的常见症状。

【治疗】

一、一般治疗

由于本病尚无特效疗法,故治疗目的是减轻或缓解症状,预防重要器官功能受累。治疗过程中尤其是系统性硬皮病要注意适当休息,加强营养,禁止吸烟,保暖防寒冷,避免感冒等疾病,避免应用收缩血管的药物,避免皮肤受伤。

二、药物治疗

(一)局限性硬皮病

肿胀硬化期可口服维生素E,每日300~600 mg,外用皮质激素类软膏。按摩、音频等理疗也可起一定作用。萎缩损害主要涉及美容问题,小片损害若无活动边缘可切除缝合。

(二)系统性硬皮病

1.口服维生素E每日300~600mg。

2.丹参片或丹参注射液口服或静脉滴注,也可将丹参注射液加入低分子右旋糖苷中静脉滴注。

3.秋水仙碱每日0.5~1.0 mg口服。

4.抗生素用于有感染者。

5.皮质类固醇激素主要用于本病肿胀期,某些严重内脏器官受累者可考虑应用。

6.免疫抑制剂,如硫唑嘌呤、环鳞酰胺等对严重病例可考虑应用。

7.免疫增强剂,如薄芝片等应避免应用。

8.其他:D-青霉胺、阿司匹林、硝苯地平等可酌情使用。

第四节 混合结缔组织病

混合结缔组织病 (mixed connective tissue disease,MCTD) 是同时具有系统性红斑狼疮、硬皮病和皮肌炎的部分临床症状,又不能对上述疾病进行独立诊断的一种疾病,发病年龄为4~80岁,以成年女性最多。本病的病因和发病机制尚不十分清楚,B淋巴细胞活性升高、抑制性T淋巴细胞缺陷及循环免疫复合物的出现提示为与免疫异常有关。抗核糖核酸蛋白(RNP)抗体几乎100%阳性,另外还可能与血液流变学和微循环障碍有关。

【诊断要点】

一、临床特点

1.以多发性关节痛和关节炎最多见。

2.可有类似系统性红斑狼疮的症状，如面部蝶形红斑；类似硬皮病的症状，常见雷诺现象，如手指皮肤肿胀、硬化、呈腊肠样，食道蠕动功能变差等；类似皮肌炎的症状，如面部浮肿性红斑、近端肌肉疼痛、肌无力等。

3.全身症状可有发热、乏力、贫血等。

4.可累及内脏，依次为肺、心、肝、神经系统。常见的有胸膜炎、间质性肺炎、肺纤维化、心包炎、心肌炎、肝脾肿大，肾病变较少见。

二、实验室检查

1.常规检查：中度贫血，白细胞降低，血沉增快，类风湿因子(RF)阳性。

2.免疫学检查：(1)几乎所有患者抗核糖核酸蛋白(RNP)抗体阳性，滴度高(>1:4 000)；(2)抗核抗体(ANA)表现为高滴度、斑点型；(3)抗Sm抗体阴性；(4)循环免疫复合物(CIC)增高；(5)补体增高或正常；(6)重症者Coombs试验阳性。

3.血清肌酸磷酸激酶(CPK)可增高。

4.全血黏度、纤维蛋白原增高，红细胞电泳减慢，红细胞压积降低及微血管循环障碍。

5.累及肝脏可有肝酶异常，累及肾脏可有蛋白尿及管型尿。

【鉴别诊断】

1.系统性红斑狼疮：有典型的面部蝶形红斑、光敏感和肾损害，血清抗dsDNA抗体和抗Sm抗体阳性。

2.皮肌炎：以眼为中心眶周出现不等程度浮肿性紫红色斑片具有特征性，且高效价的抗RNP抗体可予区别。

3.硬皮病：本病皮肤硬化不限于手、足、面、臂和腿，颈和躯干也可累及，血清抗Scl-70抗体阳性。

【治疗】

本病用皮质类固醇激素治疗效果较好，一般中、小剂量即能控制病情，强的松每次5~10 mg，每日3次，口服。还可用雷公藤多甙片每次20 mg，每日2~3次，口服。关节疼痛可选用非激素类抗炎药，如芬必得，每次300 mg，每日2次，口服。

【预防与调护】

1.保持心情舒畅，避免紧张、劳累。

2.膳食中给予充分的蛋白质和维生素。

3.注意保暖防冻，忌用血管收缩药。

4.局部辅以物理疗法治疗。

本病病程迁延，部分患者有发展为典型硬皮病或系统性红斑狼疮的可能，应加强随访。

第五节　白塞病

白塞病(behcet syndrome)又称白塞综合征或口眼—生殖器综合征，是一种以口腔溃疡、生殖器溃疡和眼虹膜睫状体炎为主要临床表现的自身免疫性疾病。多在中青年发病，男多于女，儿童和老年人少见。本病的病因尚不清楚，遗传、感染、环境等可能参与发病。还可能与病毒和细菌感染后的过敏、体内代谢紊乱有关。长期的精神紧张、过度疲劳等也常成为发病的诱因。

【诊断要点】

一、临床特点

1.口腔溃疡：常为首发症状，为米粒至黄豆大小的溃疡，上覆黄白色脓苔，周围红晕水肿、疼痛。严重者面积大而深，可累及整个口腔黏膜，但多见于舌缘、唇、颊、软腭等处。亦可累及咽喉、食道和鼻腔。可为单发或多发，1~2周自愈，但可反复发作。

2.生殖器溃疡：多发生在口腔溃疡之后，受累部位主要以男女外生殖器多见，亦可累及宫颈、阴道、会阴、肛门等部位。溃疡病变形态大小与口腔溃疡基本相似，但溃疡多深而大，疼痛明显，愈合较慢。

3.眼部病变：眼病变可见于50%左右的患者，一般发生较晚，双侧发病，以虹膜睫状体炎最为常见，眼球前、后段均可受累，也可合并前房积脓、角膜炎、结膜炎，反复发作可导致青光眼、白内障，甚至失明。

4.皮肤损害：皮肤病变发生率可高达90%，表现有结节性红斑、丘疹、疱疹、痤疮样损害、环状红斑、多形性斑丘疹、血栓静脉炎、毛囊炎、脓皮病等损害，皮肤创伤或针刺等微小创伤后于局部可发生丘疹等炎性反应(针刺试验阳性)。

5.关节病变：主要侵犯大关节，以膝、踝、肘部多发性游走性关节炎为主。

6.内脏损害：病程中可伴内脏器官受累。如神经系统损害以中枢神经受累者多见，表现有头痛、头晕、呼吸障碍、癫痫、感觉障碍、意识障碍、精神异常等；心脏受累较少见但较严重，可有瓣膜病变、传导系统受累、心包炎、心肌梗死等。血管病变多为血管炎、大小血管均可受累；肺损害主要为肺血管受累，可发生肺动脉瘤、肺静脉血栓形成致肺梗死等；消化道受累主要为溃疡；肾脏损害可发生间歇性或持续性蛋白尿或血尿，肾性高血压等。

7.全身可有发热、乏力、关节酸痛，食欲下降，体重减轻，淋巴结肿大等症状。

8.病程慢性，反复发作，少数可自愈。

二、实验室检查

1.常规检查：白细胞总数增加，可有中性粒细胞核左移，不同程度贫血，血沉增快。

2.免疫学检查：类风湿因子(RF)阳性，部分C–反应蛋白(CRP)阳性，结核菌素试验、链球菌素试验可呈阳性，血清中可检出抗口腔黏膜的自身抗体。

3.其他检查：血清α_2–球蛋白、γ–球蛋白增高；血清黏蛋白和血浆铜蓝蛋白增高，纤维蛋白原、因子Ⅷ、优球蛋白溶解时间均明显增高，纤维蛋白溶解活性降低；微循环血液黏滞性增加。神经系统受累时可有脑脊液压力增高、白细胞轻度升高。

4.组织病理:组织病理示基本病变为血管炎，口腔及皮肤损害常为白细胞碎裂性或淋巴细胞性血管炎。血管内膜增厚，管腔变窄、闭塞。血管壁及四周有炎细胞浸润。

【鉴别诊断】

应与阿弗他口炎和急性女阴溃疡鉴别，主要鉴别点为本病皮肤针刺反应阳性，实验室检查异常。

【治疗要点】

本病目前尚无根治的有效办法，尽管多种药物治疗均有效，但停药后大多数复发，治疗的目的主要是控制症状，防治重要器官损害，减缓病情进展。

一、全身治疗

可选用免疫调节剂，如左旋咪唑，每次50 mg，每日3次，口服。每周连服3 d；或转移因子，1次1支，每周1次，肌肉注射。病情严重的应使用皮质类固醇激素，或合用免疫抑制剂，如强的松，每日30~60 mg，口服；环磷酰胺，50~150 mg，分2次口服。还可配合大量的维生素E、B、C等口服，或小剂量多次输入新鲜血。伴关节炎及结节性红斑患者可应用非激素类抗炎药。

二、局部治疗

口腔溃疡可用0.5%盐酸达可罗宁液外涂，每日3次或四环素软膏外涂。外阴溃疡用1/2 000黄连素清洗后，外涂抗生素软膏。眼部损害可用醋酸可的松滴眼剂，每日3次。

【预防与调护】

1.生活起居要有规律，避免过度劳累，保证充足睡眠和适当的户外锻炼。
2.饮食宜清淡，忌烟酒，控制辛辣肥甘厚味的食品，不饮浓茶。
3.预防感冒，一旦外感应立即治疗，防止因外感复发或加重病情。
4.局部溃疡应及时处理，避免局部化脓感染使病情加重。

第六节　干燥综合征

干燥综合征(sicca　syndrome) 是以干燥性角膜炎和口炎为主要临床表现的自身免疫性疾病，多发生于中年以上的妇女，临床上分为原发性与继发性两种，后者还伴发其他结缔组织病。本病与遗传、病毒感染、内分泌紊乱等因素有关，但主要与自身免疫有关。患者血清中存在抗唾液腺抗体和T细胞浸润现象，并有体液免疫和细胞免疫异常。

【诊断要点】

一、临床特征

患者主要见于30~50岁中年妇女。

1.干燥性角膜结膜炎:眼部泪腺萎缩、泪液分泌减少,表现为眼干涩、异物感、泪少,严重者无泪,部分患者可发生角膜糜烂、溃疡,甚至穿孔合并虹膜脉络膜炎。眼干燥易疲劳。

2.干燥性口腔炎:唾液腺萎缩,唾液分泌减少,自觉口干,口唇干裂,吞咽有异物感甚至吞咽困难。可合并龋齿,表现为牙齿逐渐变黑,继而小片脱落,最终只留残根。成人腮腺炎,表现为间歇性交替性腮腺肿痛,舌痛,舌面皲裂,口腔黏膜发生溃疡和感染。

3.皮肤症状:汗腺分泌减少,皮肤干燥、瘙痒,毛发干脆稀疏。其他有局部血管炎表现,如过敏性紫癜样皮损,结节性红斑,损害多见于下肢,雷诺现象等。

4.关节肌肉:多数患者伴关节疼痛,仅少数发生关节炎,关节破坏少见。

5.可并发内脏损害

(1)肾脏损害:主要累及远端肾小管,表现为Ⅰ型肾小管酸中毒而引起的低血钾性肌肉麻痹,严重者发现肾结石、肾钙化,也有患者表现为明显的肾小球损害,如出现大量蛋白尿、低蛋白血症甚至肾功能不全。

(2)呼吸系统:不明显,部分病人有肺泡炎症,少数发生如支气管炎、胸膜炎、间质性肺炎。重者可发生弥漫性肺间质纤维化,可因呼吸功能衰竭而死亡。

(3)神经系统:不同部位的血管炎会致中枢神经系统和周围神经系统的病变,以周围神经系统损害多见。

(4)消化系统:可表现为萎缩性胃炎、胃酸减少、消化不良等非特异性症状,肝损害可出现黄疸和肝功能不良。

(5)血液系统:可出现白细胞和(或)血小板减少,本病淋巴瘤的发生率较正常人明显增高。

6.继发于类风湿性关节炎、系统性红斑狼疮等其他结缔组织病变,称继发干燥综合征。

二、实验室检查

1.血液检查:外周血检查可有白细胞下降、血小板减少或溶血性贫血象,嗜酸性粒细胞及红细胞沉降率升高。

2.尿液检查:多次尿常规pH值>6则有必要进一步检查肾小管酸中毒相关指标,其他可有蛋白尿等。

3.免疫学检查

(1)类风湿因子(RF):70%以上病例类风湿因子阳性。

(2)抗核抗体(ANA):阳性率为50%~80%,以SS-A和SS-B抗体为主,尤其是后者有较高的诊断特异性。其中抗SS-A阳性率达70%~75%。抗SS-B阳性率达48%~60%。

(3)其他:ds-抗DNA抗体、抗甲状腺抗体常呈阳性。Coombs试验阳性。抗唾液腺导管上皮细胞抗体(ASDA)在干燥综合征合并类风湿性关节炎中阳性率达68%,而原发性SS中少见。抗心磷脂抗体阳性。

(4)冷球蛋白血症。

4.免疫球蛋白检查:丙种球蛋白明显增高,免疫球蛋白IgG、IgA、IgM常增高。约80%的患者循环免疫复合物(CIC)增高,但补体多不减低。

5.血清和唾液中β_2微球蛋白增高。

6.滤纸条眼泪试验、孟加拉玫瑰红试验阳性。

7.组织病理：特征性的变化是唾液腺中弥漫性淋巴细胞浸润，腺泡组织被破坏或消失，淋巴细胞浸润或形成淋巴滤泡样，可见生发中心。淋巴细胞浸润引起导管和腺体上皮细胞增生、变性、萎缩，代之以纤维组织。

【鉴别诊断】

干燥综合征应与成人复发性腮腺炎鉴别，成人复发性腮腺炎临床上也表现为腺体肿大，挤压腺体导管口有脓液外溢，造影也可见末梢导管扩张，排空功能也稍有迟缓。但成人复发性腮腺炎有儿童发病史，临床上无眼干、口干等症状，化验检查也多无异常。这些都有助于鉴别。

【治疗要点】

目前对本病尚无特效疗法，治疗的主要目的是改善症状，控制和延缓因免疫反应而引起的组织器官损害的进展以及预防继发性感染等。

一、全身治疗

有神经系统、肾脏、肺、肝脏等内脏损害者或急性发作时可应用免疫抑制剂和抗生素，如环磷酰胺，每日50~150 mg，分2~3次口服。病情较重者可用皮质类固醇激素，如强的松每日20~30 mg，口服。必嗽平能增加分泌，减少干燥，每次8~16 mg，每日3次，口服。非甾体抗炎药，如消炎痛等可用于减轻肌肉和关节疼痛。

二、局部治疗

口干可多饮水，咀嚼无糖口香糖刺激唾液腺分泌，也可用必嗽平16 mg，每日3次。眼干用人工泪液滴眼，也可适当用某些眼药来保护角膜。皮肤干燥，避免用肥皂、热水烫洗，外涂凡士林等润滑油以保护皮肤，减轻症状。

【预防与调护】

1.注意体育锻炼，增强体质。

2.保持口腔清洁，每餐后刷牙，及时治疗龋齿。

3.多食酸味食物及饮料，如西红柿、柠檬汁、乌梅汤等。

4.避免使用阿托品类、抗组织胺类使腺体分泌抑制的药物。本病起病缓慢，病程较长，个别患者可并发恶性淋巴瘤。

第十四章　性传播疾病

第一节　梅　毒

梅毒(syphilis)是一种由梅毒螺旋体引起的慢性全身性疾病,是常见的性传播疾病之一,主要由不洁性接触传染,可发生于任何年龄,但以性活跃期青年、中年多见。由性行为传染者称后天梅毒;孕妇患病通过胎盘可传给胎儿,引起胎儿染病,称为胎传梅毒或先天梅毒。梅毒螺旋体可侵犯皮肤、黏膜及其他多种组织器官,临床表现多种多样,亦可感染后无临床表现而呈潜伏状态。也通过接触被螺旋体污染的衣物,或接受检查、输血治疗等被感染。梅毒在性传播疾病中,对人类危害较大,它既可使人体致残而丧失劳动力,又可导致流产、早产、死胎、新生儿死亡以及胎传梅毒而影响下一代的健康。

梅毒螺旋体的增殖好发生在入侵部位, 螺旋体通过皮肤黏膜的微小伤口或细微擦伤侵入,首先在侵入处繁殖,10天至3个月发生初疮,即硬下疳,平均潜伏期为3周,用暗视野或荧光显微镜可以从病变部位检测到螺旋体。初疮经过2~5周后自然消退。螺旋体很快进入附近淋巴结,引起局部淋巴结增殖肿大,即横痃,这一阶段称为一期梅毒。螺旋体同时进人血液循环,播散全身,使身体多处器官组织感染,约6周到6个月后出现二期梅毒。经过2年以上,由于机体免疫力的作用,血液中的螺旋体逐渐被清除,只集中在少数器官组织中存活、增殖和致病,此时称为三期梅毒。先天梅毒没有一期硬下疳,一出生就相当于后天二期梅毒。二期梅毒皮损经过2~6周可自然消退,然后进入可持续数年或终生的无症状潜伏期。

【病程与分期】

(一)后天梅毒(获得性梅毒)

指通过性接触传染途径或非性接触传染途径感染引起的梅毒。

1.早期梅毒:感染梅毒后病程在2年以内,传染性较强,如一期、二期、早期潜伏梅毒。

2.晚期梅毒:感染梅毒后病程在2年以上,一般无传染性,如皮肤黏膜梅毒、心血管梅毒、神经梅毒、骨梅毒、晚期潜伏梅毒等。

(二)先天梅毒(胎传梅毒)

指患梅毒的孕妇将梅毒传染给胎儿,使其出生后表现梅毒症状。

1.早期先天梅毒:年龄小于2岁,如早期先天梅毒及早期先天潜伏梅毒。

2.晚期先天梅毒:年龄大于2岁,如晚期先天梅毒及晚期先天潜伏梅毒。

(三)梅毒的分期

1.一期梅毒：感染梅毒后病程在2个月以内者，常表现为硬下疳。

2.二期梅毒：感染梅毒后病程超过2个月，可在2年以内者。

3.三期梅毒：即晚期梅毒，病程超过2年以上者。

4.隐性梅毒：又称潜伏梅毒，指感染梅毒螺旋体后无临床症状而仅梅毒血清学试验阳性者，病程在2年以内者称早期隐性(潜伏)梅毒，病程在2年以上者称晚期隐性(潜伏)梅毒。

【诊断要点】

一、临床特点

1.多见于性活跃期的中青年，但任何年龄均可染病，卖淫嫖娼者易患此疾。

2.常有不洁性接触史，感染后2~4周(一般为3周)发病。

3.基本损害

(一)一期梅毒(硬下疳)

主要临床表现为硬下疳和横痃。硬下疳为入侵部位发生的无痛、无痒、边缘清楚的硬性结节，米粒至蚕豆大小，高出皮肤，一般单发，亦可多发，表面糜烂，有浆液渗出，干燥后结痂。有时形成溃疡，边缘整齐，基底硬韧如软骨，当继发感染时可使硬下疳坏死形成较深的溃疡。在硬下疳发生后1~2周，所属一侧或双侧腹股沟淋巴结肿大，无急性炎症，质坚硬，不痛，不破溃称为梅毒横痃。不经治疗3~8周内可自然消失，不留痕迹或遗留轻度萎缩性疤。暗视野螺旋体检查阳性；梅毒血清试验，硬下疳早期1~2周内可阴性，晚期阳性。

(二)二期梅毒

主要表现为杨梅疮，一般发生在感染后的6周至6个月或硬下疳6~8周。早期可先出现发热、乏力、关节痛、头痛、纳差、咽喉肿痛等症，2~3 d后，皮疹出现，全身症状消失。损害常由胸部开始，而后渐及腰腹、四肢屈侧、颜面及颈部，最后是手部。皮疹早期可呈玫瑰色斑疹、斑丘疹，亦可进一步出现丘疹、鳞屑性丘疹及脓疱疹等。掌跖部的脱屑性铜红色斑疹具有特征性。黏膜可出现黏膜斑，唇、口腔黏膜、外阴及肛门附近可发生扁平隆起潮湿的增殖性斑块，表面湿润，称为扁平湿疣，内含大量梅毒螺旋体，有助诊断。全身淋巴结可肿大，有时可出现骨膜炎、虫蚀状脱发及眼部虹膜炎、虹膜睫状体炎及视网膜炎等，神经系统亦可受侵。亦可出现色减或色沉斑等。损害广泛对称分布，发生发展缓慢，有明显瘙痒等自觉症状，传染性强，不经治疗可持续1~2月自行消退且不留痕迹。抗梅毒治疗后会迅速消退。发生于早发梅毒疹后至感染后2年内，病人抵抗力下降时，消退的皮疹重新出现，称为复发二期梅毒疹。早发梅毒疹消失后，病人临床症状消失，但梅毒血清反应阳性，仍有传染性，称为隐性二期梅毒。

(三)晚期梅毒(三期梅毒)

常出现在梅毒感染后2年以上者，螺旋体传染性减少，但对组织的破坏性增大，可侵犯任何组织和器官，侵犯心血管或神经系统时可危及生命。主要表现如下。

皮肤黏膜梅毒：①结节性梅毒疹，结节性皮疹常见于前额、躯干、四肢等处，呈粟粒至蚕豆大小，隆起皮肤，可自然消退，遗留萎缩性斑，或发生浅溃疡，愈后留下浅瘢痕。如溃烂、溃疡呈穿凿样，边缘陡峭，愈后形成萎缩性疤痕；②树胶样肿，多发于头面、小腿等处，初起为蚕豆至核桃大或更大硬结，渐与皮肤粘连，基底浸润，中心软化坏死，形成火山口样溃疡，有树胶样黄稠黏液渗出，如发在鼻中隔、上腭等部位，会引起穿孔。

心血管系统梅毒：感染10~20年后发病，特别是心血管系统受损，可引起梅毒性主动脉炎、主动脉瓣闭锁不全、主动脉瘤。

神经系统梅毒：感染5~15年发病，可见梅毒性脑膜炎、麻痹性痴呆、脊髓痨等。亦可为无症状性神经梅毒。

其他脏器如骨骼、眼、呼吸系统、消化系统及泌尿系统均可受侵，危害性相对较小。

梅毒血清试验：非梅毒螺旋体抗原血清试验大多阳性，部分患者亦可阴性；梅毒螺旋体抗原血清试验为阳性。神经梅毒脑脊液检查白细胞及蛋白量增加，VDRL试验阳性。

(四)潜伏梅毒

有感染史，未经治疗或治疗剂量不足，梅毒血清反应阳性而无临床症状和体征，脑脊液检查正常，且能排除其他可以引起血清反应阳性的疾病，可诊断为潜伏梅毒。病期以感染后2年为界限，可分为早期潜伏梅毒和晚期潜伏梅毒。有20%的患者可有发生二期复发性损害的可能，一般不具传染性。

(五)早期先天梅毒

生母有梅毒史，多在出生后3周至3个月内发病。患儿消瘦，皮肤干枯，貌似老人，常有轻度发热。早期表现为鼻炎、咽喉炎症状。肝脾肿大常见，亦可出现淋巴结肿大及骨膜炎，神经梅毒少见。皮肤表现多样，如鳞屑性斑丘疹、水疱及大疱、扁平湿疣样损害等。可伴脱发、甲沟炎、甲床炎。斑疹多见于掌跖、口周、臀部，丘疹、水疱可发生于全身各处，扁平湿疣样损害多发生于肛门部及外生殖器，死亡率高。

暗视野螺旋体检查阳性，梅毒血清试验阳性。

(六)晚期先天梅毒

多发于儿童及青春期，皮肤损害基本与后天三期梅毒相似，除皮肤树胶样肿外，常出现鼻中隔穿孔、鞍鼻、佩刀胫等，亦可侵犯眼、耳、骨骼及中枢神经系统，心血管系统受侵罕见。另外，晚期先天梅毒还有三个特殊症状，即梅毒齿(半月形门齿、Hutchinson齿)、实质性角膜炎及神经性耳聋三联征，对诊断具有特征性。

二、实验室检查

(一)病原学检查

1.暗视野显微镜检查

采集硬下疳的糜烂面、扁平湿疣、宫颈或阴道黏膜表面渗出液，可疑的近位淋巴结等损害的渗出液，加一滴生理盐水与渗出液混合成混悬液后加盖玻片立即用暗视野显微镜检查，寻找具有特征性形态和运动方式的梅毒螺旋体。梅毒螺旋体在暗视野下表现为白色透明发光体，可以通过它的典型形态、大小及运动方式加以识别。它是一种纤细的(0.25~0.3 μm)微生物，长6~14 μm，有平均8~14个规则紧密的螺旋。其运动方式主要有三种，即旋转式、蛇行式和伸缩式。由于螺旋体的运动方式对鉴别诊断至关重要，所以用于暗视野检查的标本不宜运输和久置，应快速检查。上述标本在暗视野显微镜下可见大量具有典型梅毒螺旋体特征和运动方式，为阳性结果。

2.直接免疫荧光试验(DFA)

受检标本直接涂片，用荧光标记抗体孵育后即可观察。DFA 的特异性及其敏感性均大于暗视野显微镜检查，当标本阳性时，可确诊。但当标本阴性时，不能完全排除梅毒。

3.梅毒螺旋体镀银染色检查

此法基本同DFA法，在镜下见到棕黑色的梅毒螺旋体为阳性结果。当标本阳性且有典型的皮肤黏膜损害者可确诊。当标本阴性时，不能完全排除梅毒。

（二）血清学检查

1.非梅毒螺旋体血清试验：性病研究实验室试验（VDRL）、快速血浆反应素试验（RPR）。主要用于初筛试验和疗效观察。此项检测梅毒血清反应阳性者，进一步做梅毒螺旋体血清试验。

2.梅毒螺旋体血清试验：梅毒螺旋体血球凝集试验（TPHA）、梅毒螺旋体明胶凝集试验（TPPA）、荧光梅毒螺旋体抗体吸收试验（FTA-ABS）、酶联免疫吸附试验（ELISA）及测定螺旋体IgM抗体的血清学试验。主要用于梅毒的确诊试验。此项检测梅毒血清反应阳性者，即可诊断。

（三）脑脊液检查

三期神经梅毒，脑脊液细胞数和蛋白量增加，华氏反应阳性。胶体金试验和性病实验室玻片试验（VDRL）阳性。

【鉴别诊断】

梅毒各期临床表现错综复杂，皮损多形，与许多病相似，如硬下疳与软下疳、药疹。二期梅毒疹与玫瑰糠疹、多形红斑等相似，均应结合病史、临床表现和血清试验等进行诊断和鉴别。

（一）硬下疳应与软下疳、固定药疹和生殖器疱疹鉴别

1.软下疳：亦为性病之一，有接触史，由杜克雷（Duery）嗜血杆菌引起，潜伏期短（3~4 d）。发病急，炎症显著，疼痛。基底柔软，溃疡较深，表面有脓性分泌物，可检到杜克雷嗜血杆菌。梅毒血清试验阳性。

2.固定药疹：有用药史，潜伏期为24 h至数日，皮损为水肿性圆形或椭圆形红斑、水疱、糜烂、渗水，自觉瘙痒，预后遗有灰紫色沉着斑，多见于皮肤与黏膜交界处。梅毒血清反应阴性。

3.生殖器疱疹：初期为微凹红斑，1~2 d后形成簇集性小疱疹，自觉痒痛，不硬。1~2周后可消退，但易复发。组织培养为单纯疱疹病毒，Tzank涂片检查阳性，PCR检测疱疹病毒DNA为阳性。

（二）二期梅毒应与玫瑰糠疹、尖锐湿疣、多形红斑和银屑病等鉴别

1.玫瑰糠疹：好发于春秋季节，多见于躯干及四肢近端，表现为椭圆形红色或淡红色斑，长轴与皮纹一致，边缘少许薄屑，常可见较大母斑，有不同程度瘙痒感，淋巴结无肿大，梅毒血清反应阴性。

2.尖锐湿疣：为淡红色或污灰色赘生物，呈乳头状、鸡冠状或菜花状，醋酸白试验阳性。

3.多形红斑：一般有反复发病的病史，多发于面部及肢体远端。皮疹发展快，十数日可消退，皮疹中央为深红色，边缘呈红色，典型皮疹为彩虹状红斑。

（三）三期梅毒应与寻常狼疮、瘤型麻风鉴别

1.寻常狼疮：多见于阴茎、龟头。皮损亦为单发、孤立浅在性圆形溃疡，表面常有结痂，自觉症状轻微，可查见结核杆菌。常伴有内脏结核。

2.瘤型麻风：皮损多、分布广泛对称，弥漫性、浸润性黄色斑块或结节，呈“狮面”，周围神经干粗大，浅感觉障碍，晚期发生畸形，有特异性病理改变。

【治疗要点】

一、全身治疗

可参照1983年南京全国性病防治工作建议方案。

1.早期梅毒：一期、二期梅毒及2年以内的潜伏梅毒。苄星青霉素240万单位，每周1次肌肉注射，共2~3次；普鲁卡因青霉素G 80万单位，每日1次肌肉注射，共15 d，总量1 200万单位。青霉素过敏者，口服红霉素，每次0.5 g，每日4次，共15 d，总量30 g。或用美满霉素0.1 g，每日2次，15 d为1个疗程。

2.晚期梅毒：病程超过2年的潜伏梅毒、晚期良性梅毒(三期皮肤、黏膜、骨、眼梅毒)。普鲁卡因青霉素G 80万单位，每日1次肌肉注射，共20 d；苄星青霉素240万单位，每周1次肌肉注射，共3周，总量720万单位。青霉素过敏者用红霉素0.5 g，每日4次，共30 d，总量60 g。

3.心血管、神经梅毒：普鲁卡因青霉素G 80万单位，每日1次肌肉注射，1个疗程15 d，间隔2周进行第2疗程。青霉素过敏者用红霉素0.5 g，每日4次，共30 d，总量计60 g。

4.妊娠期梅毒：普鲁卡因青霉素G 80万单位，每日1次肌肉注射，在妊娠初3个月及末3个月各用10 d。青霉素过敏者用红霉素0.5 g，每日4次，各15 d，总量60 g

5.先天梅毒：出生时即进行治疗，普鲁卡因青霉素G 5万单位/kg，每日1次肌肉注射，10 d为1个疗程，晚期可用2个疗程；苄星青霉素5万单位/kg，1次分双侧臀部肌肉注射。较大儿童的青霉素治疗量，不超过同期成人患者用量。青霉素过敏者可用红霉素。

6.吉—赫反应：开始治疗时，因大量螺旋体溶解释放出异性蛋白，引起高热、寒战、头痛不适，各种损害加重。早期患者多在24 h后缓解，但晚期心血管、神经梅毒可因病灶反应危及生命。可在使用抗生素前口服强的松进行预防；亦可使用抗生素，先从小量开始，逐渐加大剂量。

二、局部治疗

一般不需局部治疗。

【预防】

1.取缔卖淫嫖娼活动，对高危人群进行普查，消除传染源。

2.杜绝婚外性接触，3个月内有过不洁性行为者须进行预防性检查治疗。

3.已患梅毒应禁止性行为，女性患者治愈前避免怀孕。

4.患者的用具、物品应严格管理，进行消毒，废弃物装袋焚烧。

本病经过充分治疗，可以痊愈，但三期梅毒可致组织器官残毁等终身损害。

第二节 淋 病

淋病(gonorrhea)是由淋病双球菌感染引起的一种泌尿生殖系统传染病，好发于青壮年，为目前发病人数最多的性传播疾病之一。

该病是由淋病双球菌侵犯人类泌尿生殖道柱状上皮细胞，通过黏附、入侵和增殖使黏膜上皮细胞遭到破坏，引起的以泌尿生殖器黏膜炎症为主要临床表现的疾病。中医认为房事不洁，误染淋毒，毒邪化热化湿，蕴结下焦，扰于膀胱、精室、胞宫，灼伤血络而成。

【诊断要点】

一、临床特点

1.患者大多有不洁性生活史、配偶感染史及密切接触史。偶可通过间接接触感染，胎儿可经产道患病。

2.潜伏期平均为3~5 d。女性稍长。

3.临床表现

(1)男性淋病：急性期主要表现尿道炎症状，尿道口红肿、疼痛及有稀薄溢液，24 h后可出现尿道口溢脓、尿频、尿痛及排尿困难。少数患者伴有发热、乏力、纳差等全身症状。急性期症状不经治疗1~2周后减轻，1个月后基本消失。

若急性期治疗不当、酗酒、性生活过度或伴贫血、结核病等体质较差者，尿道炎症状持续2个月以上或反复发作，则称为慢性淋病。症状多不明显，可有终末血尿、轻微尿痛、阴部坠胀感、遗精、精液带血、自觉乏力等症。尿中可见淋丝，晨起排尿前常可见尿道口脓痂等。

男性淋病可合并前列腺炎、精囊炎、附睾炎、尿道狭窄及继发不育等。

(2)女性淋病：常侵犯宫颈、尿道、尿道旁腺等，自觉症状多不明显而易被忽视。临床可表现白带增多、下腹坠痛及轻度尿道炎等症状。

女性淋病并发症可有前庭大腺炎、盆腔炎、子宫内膜炎、输卵管炎及不孕等。

(3)儿童淋病：临床较少见，以3~7岁幼女为主，多由接触被淋球菌污染的用品而间接感染，可表现为外阴炎、阴道炎及尿道炎等。

(4)其他淋病：新生儿经患淋病产妇产道感染可引起淋菌性眼炎，口交及肛交者可引起淋菌性咽喉炎和直肠炎，亦可因治疗不及时而发生淋菌性关节炎、败血症等。

(5)无症状淋病：这类患者大都有不洁性生活史，感染淋球菌后不出现临床症状，但具有传染性，须进行实验室检查明确诊断，尤其女性多见，此为淋病蔓延的重要原因之一，临床应予高度重视。

二、实验室检查

1.分泌物涂片镜检

采集尿道口(男性患者取材涂片时应先用灭菌等渗盐水清洗尿道口，然后用手指由后向前挤出脓液，用棉拭子或接种环蘸取脓液后轻轻涂布于载玻片上。女性患者应挤压尿道口，见到分泌物时，以棉拭子或接种环蘸取分泌物涂片)、前列腺或宫颈口分泌物、脓汁，直接涂片待自然干燥后加热固定做革兰染色镜检，镜下可见大量多形核白细胞，不少多形核白细胞浆内可见数量不等的革兰氏阴性的淋病双球菌，即可作出诊断。男性急性淋病阳性率达95%~99%，女性患者阳性率较低，可有假阴性。且因宫颈分泌物杂菌较多，有些细菌在形态上不易与淋病双球菌区别，应进一步做培养进行鉴定。

2.淋球菌分离培养

对涂片镜检阴性标本或女性患者标本需进行淋球菌培养。取少许分泌物接种于Thayer-Martin选择性培养基上，35~36 ℃烛缸培养24 h，可出现典型菌落。挑取典型菌落做细菌涂片可见到大小和形态符合淋球菌特征的革兰氏阴性双球菌，则初步诊断为阳性培养物。

3.氧化酶试验

淋球菌具有氧化酶，与氧化酶试剂可产生颜色反应。但氧化酶阳性者并不完全是淋球菌。

4.过氧化氢酶试验

淋球菌具有过氧化氢酶，能使过氧化氢迅速分解成水和氧气，出现气泡。

5.糖发酵试验

淋球菌具有分解葡萄糖的酶类，它能分解培养基中的葡萄糖产酸，使培养基的pH值降低，因而培养基中的指示剂颜色发生改变。如由红或紫变黄，即为阳性反应。

6.直接免疫荧光试验

在荧光显微镜下可见到发苹果绿色荧光的双球菌。本试验敏感性和特异性还不够理想，只能结合临床进行判断。

【鉴别诊断】

一、与男性淋病鉴别的疾病

非淋菌性尿道炎：该病病原体多为沙眼衣原体和解脲支原体，症状较淋病轻，有尿道分泌物。

尿道内疱疹：为疱疹病毒所致，尿道有烧灼痛和少量分泌物。

软下疳：尿道口红肿、疼痛、有分泌物。

二、与女性淋病鉴别的疾病

念珠菌性阴道炎：患者有外阴、阴道瘙痒，白带增多呈凝乳状，妇科检查显示阴道黏膜充血水肿，有白色假膜，真菌镜检可见菌丝及孢子。真菌培养有助于诊断。

滴虫性阴道炎：外阴瘙痒，白带增多，呈泡沫状，多为血性。妇科检查可见阴道黏膜及宫颈充血，有点状出血，外观似草莓状。

细菌性阴道病：顽固性白带增多，呈灰白色，有鱼腥味，分泌物涂片可见线索细胞。

非淋菌性尿道炎：表现为白带增多，尿痛，下腹痛，妇科检查可见子宫颈充血水肿，有脓性分泌物。

与淋菌性宫颈炎需要鉴别的疾病有：阑尾炎、子宫内膜异位症、盆腔子宫异位症、感染性流产。

【治疗要点】

1.抗生素治疗可靠，依照及早、足量、规则用药的原则，可选用壮观霉素（淋必治）2.0 g，女性患者4.0 g，1次肌肉注射。头孢三嗪（菌必治）250 mg，1次肌肉注射，或苄星青霉素G 480万单位，分双侧臀部，1次肌肉注射。喹诺酮类可选用氟哌酸800 mg，1次口服；或氟嗪酸400 mg（女性600 mg）、环丙沙星500 mg，1次口服。亦可选用红霉素500 mg，每日4次口服，共7 d。

2.单方验方及其他疗法

(1)龙胆泻肝丸或汤剂，单独或配合其他药物治疗，适用于各期淋病。

(2)马齿苋150 g(鲜品加倍，每日1剂，水煎服，10 d为1个疗程，可服1~3个疗程。

(3)苦参、黄柏、生大黄等量水煎，温后坐浴熏洗，每日2~3次；或土茯苓、地肤子、苦参、芒硝各30 g水煎,外洗局部,每日3次。

(4)尿道口、巴氏腺红肿可用地榆油局部外涂或滴入,每日1~2次;或香油调敷青黛散或锡类散。

(5)针刺时取肾俞、膀胱俞、中极、阴陵泉、三阴交,用泻法。

【预防与注意事项】

1.避免不洁性交,夫妻一方染病应暂停性生活。

2.在30 d内与淋病患者有过密切接触者,均应进行预防性检查及治疗。

3.一旦染病应去正规医院就医,彻底治愈,并进行疗后随访,如复查涂片、培养,以上述体征全部正常者为准。

4.对患者的衣服等各种物品,应严格管理,彻底消毒,防止感染他人。

5.患病6周后应检查梅毒血清抗体及艾滋病抗体。

第三节　非淋菌性尿道炎

非淋菌性尿道炎(non-gonococcal urethritis,NGU)过去称为非特异性尿道炎,是指临床有尿道炎或宫颈炎的症状,但分泌物镜检及培养均未发现淋球菌的一种泌尿生殖道炎症。主要由沙眼衣原体及分解尿素支原体引起,少数由阴道滴虫、疱疹病毒引起,是临床最常见的性传播疾病之一。该病发病缓慢,症状轻微或无症状,常与淋病合并发生或交叉感染。青壮年好发,女性多于男性。有报道,女性非淋菌性尿道炎是男性发病率的4倍。自20世纪80年代以后,其发病率急剧上升,在国外已居性传播疾病之首,国内报道其发病率也超过淋病。

【诊断要点】

一、临床特点

1.好发于处于性活跃期的青壮年,患者有不洁性交史,潜伏期1~3周。

2.男性非淋菌性尿道炎:该病较淋菌性尿道炎潜伏期长且症状轻。典型的表现为尿道内不适、发痒及烧灼感,同时伴有轻重不一的尿急、尿频、尿痛、排尿困难等尿道刺激症状。尿道口发红,有浆液性或黏液脓性分泌物,量少,较稀薄,很少能自行从尿道口排出。有的患者仅表现为晨起尿道"糊口"或分泌物污染内裤,有的患者只有尿痛而无尿道分泌物,还有相当一部分患者无任何症状,很容易造成临床漏诊和误诊。约有近半数的淋病患者合并有NGU双重感染,因单纯采用对淋球菌有效的抗菌素治疗,而始终不能消除尿道炎症状,被作为"淋病后尿道炎"、"慢性淋病"、"难治性淋病"或"耐青霉素淋球菌感染"予以处理,使其感染持续数月乃至数年。

3.女性非淋菌性宫颈炎:多数患者症状不明显或无症状,若仅发生尿道感染,患者可有尿频、排尿困难及少量尿道分泌物。通常在尿道感染的同时,出现宫颈感染,表现为下腹痛、阴道及外阴瘙痒、白带增多。妇科检查发现宫颈红肿、糜烂,宫颈口有黄色黏液脓性分泌物,易被误诊为一般的妇科炎症。并可合并引起异位妊娠、不孕症等。

4.新生儿衣原体感染

(1)结膜炎：系婴儿在分娩过程中通过产道而感染沙眼衣原体所致。表现为急性结膜炎改变，即结膜充血、水肿，有脓性分泌物，但无滤泡形成，多为单侧发病。与淋球菌感染所不同的是不会致盲。

(2)新生儿衣原体性肺炎：似病毒性肺炎，可不发热，有百日咳样咳嗽，呼吸急促，双肺有湿性罗音。实验室检查：嗜酸性粒细胞增多，免疫球蛋白增高，可从鼻、咽部、气管、支气管分泌物中分离出沙眼衣原体。因该病具有自限性，可在2~3个月内自愈，抗病毒治疗有效。

5.男性可并发附睾炎、前列腺炎、尿道狭窄、直肠炎等。女性可合并引起输卵管炎、盆腔炎、异位妊娠、不孕症等。其他：如前庭大腺炎、阴道炎、肛周炎、产褥热、流产、死产、肾盂肾炎等。

6.尿道分泌物革兰氏染色、镜检，每高倍视野下多形核白细胞数超过5个。涂片及培养淋球菌阴性。

有条件应作沙眼衣原体、分解尿素支原体等病原学检查。

二、实验室检查

用涂片、培养检查，无淋病奈瑟氏菌。

1.直接涂片检查(分泌物与尿中多形核白细胞数量检测法)

(1)在高倍镜视野下，男性尿道分泌物涂片姬姆萨染色检查可见多形核白细胞在油镜(1 000倍)下5个或5个以上，为阳性；晨起首次尿或排尿3~4 h的尿液(前段尿15 mL)尿沉渣在高倍镜(400倍)视野下平均每视野多形核白细胞在15个或15个以上，有诊断意义。或者男性病人<60岁，无肾脏疾病或膀胱感染、无前列腺炎或尿路机械损伤，但尿白细胞酯酶试验阳性者也可诊断。

(2)女性宫颈黏液、脓性分泌物在油镜(1 000倍)下平均每视野多形核白细胞>10个有诊断意义(但应排除滴虫感染)。

2.血清补体结合试验：用沙眼衣原体抗原检测患者血清中的沙眼衣原体抗体，在常见的沙眼衣原体性尿道炎中补体结合试验滴度很少高于1:16。因此，该试验敏感性低，若为阳性结果，可明确诊断。但补体结合试验的操作繁杂，技术要求高，大多数实验室趋于采用更为方便且有商品化试剂盒供应的方法。

3.抗原检测：此方法目前应用较广，包括：免疫荧光检测法、酶联免疫吸附试验等。

4.血清抗体检测：通常用微量免疫荧光试验，这是血清分型的唯一方法，主要用于流行病学调查。

5.沙眼衣原体的检测

(1)细胞培养：是检测衣原体的"金标准"，但操作复杂。通常取待测标本注入单层的McCoy细胞(McCoy细胞能够提供良好的衣原体生长繁殖的条件)，经恒温离心后，加入含有放线菌酮的生长培养基，培养后进行碘染色，镜下寻找包涵体。细胞培养的特异性可达100%，敏感性则随各个实验室的技术水平而异，为70%~90%，此法可作为确证试验和治疗后的判愈试验。

(2) 细胞学检查：即涂片直接镜检，取分泌物涂片，用姬姆萨、碘染色后找到上皮细胞内的包涵体。此法多用于眼部沙眼衣原体检查，但对泌尿生殖道的衣原体感染则不敏感，往往需要借助细胞培养或尿中多核白细胞的数量来协助诊断。

6.聚合酶链反应:这是一种体外扩增特异DNA片段的方法,即PCR法。此法敏感性和特异性均较高,但易出现假阳性或假阴性结果,在临床应用时,PCR的结果应结合病史和治疗情况进行分析。

7.解脲支原体的检测:分离培养和鉴定是支原体实验室诊断的唯一方法,具有较高的特异性。

【鉴别诊断】

本病应与淋病鉴别,后者潜伏期短,一般3~5 d,症状急重,多有尿痛和排尿困难,部分患者可伴有发热、乏力、纳差等全身症状。分泌物为脓性,尿液混浊,涂片可查到淋病双球菌,病原体培养有淋病双球菌生长。但本病有时和淋病混合感染,临床症状被淋病掩盖,治疗时应加以注意。

【治疗要点】

一、全身治疗

可选用四环素500 mg,每日4次口服,至少7 d,一般为2~3周;美满霉素100 mg,每日2次,连服10 d,或强力霉素100 mg,每日2次,共服7 d;喹诺酮类可用氟哌酸200 mg,每日3次,连服7 d或环丙沙星200 mg,每日2次,连服7 d。妊娠妇女及儿童可选用红霉素类500 mg,每日4次,连服7 d。阿奇霉素1 g,顿服。

二、局部治疗

由于炎性浸润导致的管腔狭窄及纤维化,可用扩张法或手术治疗。

三、单方验方及其他疗法

1.马齿苋120~150 g(鲜品加倍),红糖90 g,水煎服,每日1剂,分3次服下。

2.泡桐花20~30朵,加水煎后滤渣,一次服下,早晚各1剂。

3.牡丹根皮6~10 g,研末,鸡蛋1个,按日常方法炒熟,每日1剂,5次为1个疗程。

4.凤尾草30~60 g,冰糖10 g,浓煎后口服,每日2次。

5.蚤休粉灭菌后喷涂,适用于女性宫颈、阴道感染。

6.针刺取肾俞、膀胱俞、中极、照海、阴陵泉穴,施平补平泻法。

【预防与调护】

1.提倡一夫一妻道德观念,杜绝婚外不洁性交。

2.注意个人防护,对阴道滴虫、霉菌等感染及时治疗。

3.患病后应到正规医院诊治,做到及早、足量、规律用药。

4.本病有时与淋病同时感染,并且症状被淋病掩盖,在治疗淋病时,可同时治疗本病。

第四节　尖锐湿疣

尖锐湿疣(condyloma acuminata)又名生殖器疣或性病疣,是由人类乳头瘤病毒(HPV)感染引起的肛门生殖器部位的性传播疾病,以形成局部皮肤黏膜交界处疣状增生性病变为主。为常见的性传播疾病之一,近年来该病的发病率急剧上升,我国也有类似国外的增长趋势。据报道,本病占性病的9.86%~58.4%,主要因性接触传染,亦可通过接触污染物、分娩等间接传染,以中青年多见。HPV与尖锐湿疣有关的为(HPV) 6型、11型、16型、18型及33型,其中(HPV)16型、18型长期感染与女性宫颈癌的发生有关。

【诊断要点】

一、临床特点

1.多有不洁性生活史或配偶感染史,少数通过接触污染的用具感染,感染后潜伏期为3周至8个月,平均为3个月。

2. 80%的患者为20~40岁的性活跃人群。

3.好发部位在性交易损伤的部位。如男女外生殖器及肛周,皮肤与黏膜交界处,以男性的包皮、冠状沟及女性的阴唇、宫颈、阴道较为常见。生殖器以外的部位偶可发生。

4.典型的临床皮损为乳头状增生性丘疹。初发损害为小而柔软的淡红色丘疹,逐渐增大增多,相互融合或重叠形成乳头瘤状、菜花状、鸡冠状、蕈状等不同形态的赘生物,色粉红,质脆柔软,触之易出血。病程较久者色污灰,形成糜烂面易继发感染。

5.一般无明显自觉症状,可有瘙痒。如有破溃及继发感染时可伴疼痛,阴道和宫颈的损害可表现为白带增多或性交后出血。

6.少数患者,尤其是巨大尖锐湿疣可继发癌变,病原多为(HPV)16型、18型。

7.孕妇子宫颈、阴道或会阴部广泛的病变会引起分娩困难,经产道分娩时亦可传染胎儿,因而病情未能治愈者分娩时须考虑剖宫产。

8.醋白试验:应用3%~5%冰醋酸溶液涂搽可疑受侵皮肤,3~5 min如变白则为醋白试验阳性,可检出肉眼所不能发现的亚临床感染。

9.对于非典型皮损、亚临床感染及潜伏感染,须借助实验室检查以明确诊断。病理检查有助于诊断及鉴别诊断,并能发现早期癌变。

二、实验室检查

1.醋酸白试验:将3%~5%冰醋酸用棉拭子涂布于皮损表面,3~5 min即可进行观察,肛周皮损则需10~15 min。如出现局部变白,稍膨隆,则为阳性。细小皮损、阴道内皮损则需借助放大镜及阴道镜观察。

2.巴氏涂片检查:在HPV可疑感染部位用钝刀片刮取组织细胞,进行涂片。经过固定、加水、染核、脱水、染浆等步骤,最后封片,镜检。如镜下见到空泡化细胞,该细胞较大,核深染,核周有透明的空晕,即为阳性。其次,还可见到成簇分布的核小致密、胞浆红染的角化不良细胞。该法检出敏感性不高，但由于方法简单，适用于大样本的普查。

3.免疫学检查：常用的方法有免疫荧光法、过氧化酶—抗过氧化酶法（PAP法）等，此类检查有逐渐被取代的倾向。

4.分子生物学检测如原位DNA杂交法和聚合酶链反应（PCR）：用以确定病毒的类型，对诊断及预后判断均有意义。

5.组织病理：表皮角化不全，棘细胞层高度肥厚，呈乳头瘤状增生，真皮浅层炎细胞浸润。基底层和棘细胞层可见多数核分裂现象，但细胞排列规则，颗粒层及棘层可见明显的胞浆淡而大的空泡细胞，中央有大而圆的嗜碱颗粒。

【鉴别诊断】

1.扁平湿疣：为二期梅毒疹，多发生于肛周及生殖器周围，呈扁平片状隆起，表面湿润，有分泌物，有时皮损可成疣状或乳头状，皮疹可发现梅毒螺旋体，梅毒血清反应阳性。

2.阴茎珍珠样丘疹：成年男性发病，为沿冠状沟排列的米粒大小、圆形、平滑丘疹，皮损大小一致，互不融合，易于鉴别。

3.鳞状细胞癌、疣状癌：皮肤鳞状细胞癌多以溃疡的形式存在，并向四周及深部发展，边缘隆起外翻，似菜花状，质地较硬，而尖锐湿疣质地柔软，且根部有蒂，一般不发生溃疡。疣状癌与尖锐湿疣临床不易分辨，组织病理有助于诊断。

4.生殖器鲍温样丘疹病：本病由HPV16型所致。发病与不洁性交有关，好发于青壮年的生殖器、肛门及股部，部分患者可同时合并有尖锐湿疣。皮损改变似早期的尖锐湿疣，外观呈淡红色或棕红色，一般无自觉症状，组织病理相似于鲍温病。

5.假性湿疣：又称绒毛状小阴唇、女阴尖锐湿疣样丘疹，为一种良性的乳头状瘤，主要发生于20~30岁女性的小阴唇内侧及阴道前庭。皮损为1~2 mm的淡红色丘疹，表面光滑，群集分布，互不融合，外观似鱼子样，触之有颗粒感或柔软感，多数患者无症状，偶有瘙痒。局部外涂醋酸后皮肤无变白改变，组织病理不同于尖锐湿疣。一般认为，本病可能是生理性变异，或是白色念珠菌感染以及阴道分泌物刺激所致。

6.光泽苔藓：由多数粟粒大的丘疹组成，3~50岁均可发病，皮损互不融合，有特殊光泽，好发于龟头、阴茎、下腹部、大腿内侧、肩胛部、臀部、阴囊、阴唇，甚至遍及全身。无自觉症状，病程缓慢，可持续多年或自然消失。

【治疗要点】

一、全身治疗

可选用抗病毒药和免疫增强剂，如无环鸟苷0.2 g，每日4次，口服。聚肌胞2 mg，每周3次，肌肉注射。或人白细胞干扰素，每次100万单位，每日1次，肌肉注射。

二、局部治疗

根据病情可选用10%~25%的足叶草酯、0.5%鬼臼毒酊（疣敌）、1%~5% 5-氟尿嘧啶、30%~50%三氯醋酸、3%~5%酞丁胺及0.5%~8%秋水仙碱、5%无环鸟苷、0.25%疱疹净等在病损表面涂敷，但要注意保护正常皮肤黏膜。

三、单方验方及其他疗法

1.板蓝根注射液：局部湿敷，每日3~5次。

2.蒜灰油：生石灰60 g，加水浸泡，取澄清液100 mL，对入花生油20 mL、大蒜汁10 mL，手术切除后，每日涂5~6次，直到愈合。

3.鸦胆子油：鸦胆子1份，花生油3份，浸泡半个月后即可使用，适用于疣体小者，每日2~3次，点涂患处。

4.洁尔阴液：用温水稀释到70%~80%浓度，每次10 min坐浴，每日2~3次。

5.激光疗法：局部消毒，用镊子夹住疣体，从皮疹与正常组织间移行处灼切，切除后逐步把残余病变组织扫净。

6.液氮冷冻疗法：对散在的丘疹状疣，可用棉签蘸液氮，点至患处并稍加压力，至疣体冰冻即可脱落；对较大疣体采用喷雾法，用喷嘴对准疣体喷液氮，至疣体发白变硬结霜，时间为20~30 s，冻融3~4次，局部出现红肿或水疱，脱落后遗留溃疡面，逐渐愈合。

7.手术治疗：对疣体巨大者，应手术切除，为减少出血可使用高频电刀配合电熔进行。

【预防与调护】

1.保持肛周部、会阴处干燥。对滴虫病、霉菌病引起白带过多应及时治疗。包皮过长者应切除。

2.配偶患病，对方应进行预防性治疗。

3.对患者使用的衣物、用具应严格管理并进行消毒。

4.避免婚外不洁性接触。

本病发病及病程与机体免疫力相关，免疫缺陷或低下者多难治愈。病程多呈慢性，有5%~10%可发生癌变。

第五节　软下疳

软下疳(chancroid, soft chancre)为我国重点防治的8种性传播疾病之一，是由革兰阴性的杜克雷嗜血杆菌通过性接触而感染，在性接触部位发生的限局性、坏死性、疼痛性溃疡，以伴有腹股沟横痃为其特点的一种性传播疾病，以性旺盛期的中青年多见，其临床症状为急性、多发性、疼痛性生殖器溃疡伴炎症性腹股沟淋巴结炎，通常不引起系统性损害，但能自身接种，常与其他性传播疾病并存。传染源为患者及无症状带菌者。

【诊断要点】

一、临床特点

1.该病潜伏期通常为4~7 d，很少短于3 d或长于10 d，女性较男性潜伏期长，为7~18 d。患者主要为中青年人。

2.常有不洁性交史或与患者密切接触史。

3.好发于外生殖器部位，男性多见于包皮、冠状沟、龟头、系带两侧、尿道口、肛门等处；

女性好发于大小阴唇、阴道、阴蒂、会阴、宫颈、肛门等处。少数发生在生殖器外部，如口唇、舌、眼睑及女性乳房处。

4.初起出现小的疼痛性丘疹，迅速形成脓疱，在2 d内脓疱扩大溃破形成深浅不一的溃疡，圆形或卵圆形，典型的软下疳溃疡边缘不规则但界限清楚，质地柔软，触之易出血，溃疡底面凸凹不平，覆有灰色或黄色坏死脓性分泌物。

5.自觉疼痛较重，压痛剧烈。

6.约50%患者并发腹股沟淋巴结炎，常为单侧发病，开始肿胀、疼痛，若治疗不及时，3~4周后化脓、破溃，或形成瘘管或溃疡，阴囊、阴唇象皮肿及继发感染。严重者可伴发热、寒战等症。

二、实验室检查

1.直接涂片：从溃疡边缘或基底部取材，或作淋巴结穿刺，将抽出液涂于玻片上，作革兰染色、姬姆萨染色，约50%的病例可查见革兰阴性呈链状或鱼群样排列的短小杆菌。此方法虽然简便，但易出现假阳性和假阴性结果，目前不推荐用涂片法检查软下疳。

2.细菌培养：常用血琼脂培养基，或M-H巧克力培养基，将标本接种于平皿上，放入5%~10%二氧化碳及饱和湿度的环境中，在33~35 ℃下，培养48~72 h，观察结果。杜克雷菌的菌落较小，如针尖大，表面光滑，呈不同形状，菌落特别紧密，用接种环触之，几乎整个菌落都可在培养基上滑动是其特点。从菌落取材再进行生化反应，以鉴定杜克雷嗜血杆菌，该方法较为可靠。未长菌落者应培养至第5天，根据菌落特征和革兰染色可对培养物进行初步鉴定。

3.确证试验：将菌落特征和革兰染色提示为杜克雷嗜血杆菌的培养物，进一步作生化鉴定进行确证。

(1)氧化酶试验：杜克雷嗜血杆菌氧化酶试验呈弱阳性。

(2)硝酸盐还原试验：杜克雷嗜血杆菌硝酸盐还原试验为阳性。

(3)卟啉试验：杜克雷嗜血杆菌卟啉试验呈阴性反应。

(4)过氧化氢酶试验：呈阴性结果。

(5)β-内酰胺酶测定应为阳性。

(6)碱性磷酸酶试验阳性。

4.血清学试验常用的是酶联免疫吸附试验。

5.聚合酶链反应(PCR)：系体外DNA扩增试验，其原理是一种酶促合成反应，即在模板DNA、引物和脱氧核糖核苷酸存在下，在DNA聚合酶的作用下，使DNA链扩增延伸。本试验虽然敏感性和特异性较高，但对试验要求亦高，必须具备一定的主、客观条件，严格把握试验的操作规程，要设置各种对照，以纠正各种原因引起的假阳性和假阴性结果。

6.伊东—雷斯提纳试验：通常采用已被杀死的杜克雷嗜血杆菌悬液中提取的抗原制成菌苗，取0.1 mL接种于前臂或股部皮内，或是从软下疳横痃抽出脓液加5倍生理盐水，消毒后注入0.1 mL于皮内，24~36 h局部出现直径1 mm以上的丘疹为阳性；出现硬结或脓疱者为强阳性，然后涂片检查杜克雷嗜血杆菌，软下疳患者尤其是伴有软下疳横痃者几乎100%为阳性。患者一般从感染开始5~20 d即可出现阳性反应。有些患者虽已治愈，但仍可出现阳性反应，由此证明患者曾患过软下疳。

【鉴别诊断】

1.性病性淋巴肉芽肿：本病在生殖器部位出现溃疡和腹股沟淋巴结炎，后者为多腔性化脓。补体结合试验阳性，当滴度在1:64以上有诊断意义。

2.硬下疳：较硬，无痛，多单发，螺旋体暗视野检查和梅毒血清试验阳性。

3.腹股沟肉芽肿：病变为无痛性匍行性溃疡和增生性肉芽肿性溃疡，淋巴结症状轻或无症状，涂片可见杜诺凡小体。

4.生殖器疱疹：即在外阴部出现一个或多个小水疱，疱疹破溃形成糜烂面或溃疡，结痂后自愈，自觉疼痛。

5.急性女阴溃疡：其临床症状与软下疳相似，但本病无性接触史，常发生于少女及未婚女性，易反复发作，涂片可见粗大的杆菌。

【治疗】

近年的研究显示，杜克雷嗜血杆菌对某些抗菌素如四环素等产生广泛的质粒介导和染色体介导的耐药性，故四环素类制剂已不作为首选药，而磺胺甲基嘧啶与甲氧苄氨嘧啶联合用药也不予以推荐。

一、全身治疗

目前常用的药物有：红霉素500 mg，每日4次，连服14 d；阿奇霉素1.0 g，1次顿服；头孢曲松250 mg，1次肌肉注射；环丙沙星500 mg，每日2次，口服，共服3 d（孕妇及哺乳期妇女忌用）；壮观霉素2 g，1次肌肉注射。还可选用喹诺酮类药物，如氟哌酸0.2 g，每日4次，连服2周。

二、局部治疗

对病损部位应尽可能保持清洁，可用生理盐水、3%过氧化氢或1:(2 000~5 000)高锰酸钾溶液浸泡患处，然后外搽抗菌素软膏。对包茎者则用上述药物浸泡或湿敷，然后再行包皮环切术。对已有化脓的横痃，切勿切开引流，以免切口不愈，应该反复用粗的消毒针头穿刺抽吸脓汁，防止横痃自发破溃和窦道形成（穿刺时应从健康皮肤处进针），然后向脓腔内注入抗菌药物，反复冲洗和引流，并予以包扎，直至无脓液排出为止。对于溃疡愈合所形成的瘢痕，则需外科矫形手术。

三、单方验方及其他疗法

1.大豆甘草汤治疳疮疡痛，用黑豆50 g、甘草30 g、小葱白3茎、槐枝适量，煎水洗患处，每日2次。

2.疳疮初起红肿时用芙蓉膏外敷，糜烂后用黄连膏外敷。

3.横痃未溃用千捶膏外敷，红肿不堪、发硬疼痛用冲和散葱汁调敷；已溃久不收口或形成窦道时，先用八二丹祛腐拔脓，脓尽后用生肌散，外敷生肌橡皮膏。

4.横痃脓已熟未溃时忌切开，宜用火针刺透后，用五五丹药线引流，排净脓血后，用生肌散、生肌橡皮膏收口。

【治疗注意事项】

1.首先应当明确并不是所有的抗菌素都能治疗软下疳。现已证明，青霉素对软下疳没有治疗效果。

2.应用药物治疗无效时,必须做药敏试验,选择敏感药物。同时还需考虑是否有抗菌素耐药,是否同时有其他性传播疾病混合感染,是否有HIV感染。若是合并HIV感染时,上述药物治疗是无效的。

3.软下疳常与梅毒的硬下疳混合存在,现主张软下疳治疗后3个月内做梅毒血清学检查。

4.软下疳患者无永久免疫力,故治愈后仍可发生再次感染。

【预防与调护】

1.要洁身自爱,避免婚外性接触,杜绝性生活混乱。

2.治疗期间禁止性接触,对患者的性伴侣要进行检查和必要的治疗。

3.患者使用过的物品、器具及其分泌物和排泄物应彻底消毒。

4.对局部病灶切勿自行处理,防止自身接种传染。

本病病程不定,若不治疗,可并发严重的包茎、坏疽及形成腐蚀性溃疡。

第六节 性病性淋巴肉芽肿

性病性淋巴肉芽肿(lympho granuloma venereum,LGV)又称腹股沟淋巴肉芽肿,是一种经典的性病,由沙眼衣原体通过性接触传播。因此,主要见于性活跃期的中青年。LGV是由沙眼衣原体血清型LI、L2 、L3型引起,主要侵犯淋巴组织。临床以外阴部无痛性浅溃疡、化脓性腹股沟淋巴结炎为特征。伴有横痃形成及疾病晚期的瘘管、直肠狭窄和生殖器象皮肿。

【诊断要点】

一、临床特点

1.大多患者有不洁性生活史或配偶感染史,好发于性活跃期的中青年。

2.潜伏期一般为1~6周,通常为3周。

3.初疮为生殖器部位(如男性冠状沟、阴茎干、包皮内侧,女性阴唇、阴道、宫颈等)细小的丘疹或水疱,2~3 d自愈,无明显自觉症状。

4.发病后1~3周,患者腹股沟淋巴结开始肿胀,2/3患者为单侧发生,质硬、触之疼痛。但不与深部组织粘连。如任其自然发展,淋巴结会随之互相融合成斑块,不久化脓、坏死,形成窦道。

5.在肛门直肠周围的淋巴结肿大,可引发肛门直肠黏膜出血,导致直肠炎和肛门直肠周围炎,晚期引起直肠肛门狭窄或瘘。部分可导致局部象皮肿。

6.淋巴结肿大时可伴发热、关节痛、贫血、肝脾肿大等全身症状,少数人可并发关节炎、肺炎、脑炎、脑膜炎等。

二、实验室检查

1.血清学试验

诊断性病性淋巴肉芽肿的血清学试验包括补体结合试验、微量免疫荧光试验、单一抗原全包涵体免疫荧光试验和酶联免疫吸附试验。

(1)补体结合试验:该试验所采用的抗原是从鸡胚卵黄囊中培养的沙眼衣原体提取出来的,主要是一种属特异性抗原(脂多糖)。它可以用来检测患者血清中所产生的衣原体抗体。由于LGV病程极为缓慢,因此可以用单份血清来做诊断。如果补体结合试验抗体滴度≥1:256,则有力支持LGV的诊断;≤1:32则可排除LGV。一般来说,滴度≥1:64,结合临床症状即可诊断LGV。在常见的沙眼衣原体性尿道炎中补体结合试验滴度很少高于1:16。补体结合试验操作繁杂,技术要求高,又难有高质量抗原供应,所以,未能被大多数实验室采用。

(2)微量免疫荧光试验(MIF):该试验主要用于血清流行病学研究。MIF采用从细胞培养中提取出的经福尔马林固定的沙眼衣原体抗原,主要用于检测患者血清中所产生的沙眼衣原体IgG抗体型特异性抗体。抗衣原体IgG抗体的存在表明有衣原体既往感染。而高滴度的IgM抗体说明为衣原体的首次感染。据报道,MIF对婴儿衣原体肺炎有诊断价值。LGV中MIF的滴度很高,且比补体结合试验更为特异。其缺点是非常费时、费力,仅限于少数实验室使用。

(3)单一抗原全包涵体免疫荧光试验:这种试验只采用一种血清型的沙眼衣原体抗原(常为L2型)检测对全部血清型沙眼衣原体有广泛交叉反应的抗体。该试验敏感性稍高于补体结合试验和微量免疫荧光法。既可检测IgG,又可检测IgM。阳性者可在感染细胞中见到呈绿色荧光的小包涵体。产生明显荧光的最高稀释度为抗体滴度,血清LGV抗体滴度可达1:640或更高。但无并发症患者的衣原体抗体滴度较低。不适于应用血清学试验。

(4)酶联免疫吸附试验:利用酶联免疫吸附试验检测针对沙眼衣原体属特异性抗原的血清抗体,所用抗原通常也是沙眼衣原体L1或L2型,该试验敏感性高,操作方便,已得到广泛应用。

2.沙眼衣原体细胞培养

用来培养LGV株的临床标本,在男性常采自尿道、直肠和腹股沟、股沟横痃抽吸液;女性常采自直肠和宫颈。拭子采集标本后放入运送液中,在18 h内送至中心实验室,或放入-70 ℃环境中,保存备用。对直肠标本进行衣原体培养分离时,因标本中含有大量的杂菌,应先以抗生素做预处理,LGV株不需离心即可感染细胞,利用这种特性可做初步的鉴定。尽管培养可以明确LGV感染,但其敏感性并不高,即使有明显症状者也是如此。加上培养技术要求高,血清学分型不易,诊断LGV常用的方法仍是血清学方法。

3. 血沉增快,血清球蛋白增高。

4.其他方法。

用于检测沙眼衣原体抗原的直接免疫荧光试验和酶联免疫吸附试验已有商品化试剂供应,用它们来诊断LGV感染,不失为一种快速简便而又较为准确的检查手段。还可用聚合酶链反应(PCR)检测临床标本中的沙眼衣原体DNA。

【鉴别诊断】

1.腹股沟肉芽肿:皮肤损害较大,可查到多诺万(Donovan)小体,腹股沟淋巴结变化不显著。

2.软下疳:疼痛较剧,脓浓量多。在原发初疮中可查到杜克雷氏杆菌。

3.硬下疳:不疼,可查到螺旋体,横痃质坚硬,无痛,也不破溃。

【治疗要点】

一、全身治疗

磺胺类及四环素类药物疗效佳，可选用复方新诺明片，每次2片，每日2次，口服，连服2周。四环素或土霉素，每次均为0.5 g，每日4次；或强力霉素，每次0.1 g，每日2次，连服3周。儿童及对皮肤过敏者可用红霉素，每次0.5 g，每日4次，连服2周。

二、局部治疗

淋巴结化脓后不可切开排脓，否则不易愈合，应穿刺抽吸脓液，冲洗后注药。

三、单方验方及其他疗法

1.初疮期可用千里光50 g或马齿苋120 g（干品减半），水煎，温洗疮面，每日2~3次。

2.溃疡红肿可用炒白僵蚕9 g、当归9 g、大黄9 g、山甲4.5g、甘草4.5 g，水煎服。或生大黄18 g、全蝎粉9 g、穿山甲9 g、白芷12 g，水煎服，每日1剂。

3.横痃坚硬未溃可内服夏枯草膏，外敷该膏。

4.横痃已溃外用黄连膏。

【预防与调护】

可参照“软下疳”。

本病晚期，大约在几年或十几年后，可形成外阴象皮肿及尿道狭窄。

第七节　生殖器疱疹

生殖器疱疹（genital herpes, GH）又称为阴部疱疹，是由性接触而感染单纯疱疹病毒（HSV）所致的一种泌尿生殖器及肛门部位皮肤黏膜的急性炎症性病变。其发病率逐年增高，已成为常见的性传播疾病之一。因其发病率以及复发率均甚高，可给患者带来很大的身心痛苦，影响其生活质量和人际交往，并可能引起播散性HSV感染，如病毒性脑膜炎、脊髓神经根病、盆腔炎综合征等一系列并发症。孕妇生殖器疱疹还影响优生优育，可引起子宫内HSV感染和新生儿HSV感染，导致流产、早产、死产。新生儿死亡或发生严重后遗症。

生殖器疱疹的临床表现多种多样，但无症状亚临床型感染者较为普遍。在不同的个体中甚至同一个体的不同发作中，临床表现都不相同，因而该病常常需要通过实验室检测手段来证实。单纯疱疹病毒有两种类型，单纯疱疹病毒1型（HSV-1）和单纯疱疹病毒2型（HSV-2）。多数生殖器疱疹是由HSV-2型病毒引起，但近年来HSV-1型病毒所致的生殖器疱疹增多，约占该病的10%~40%。两种类型病毒感染的预后有差别，因此有必要在做病毒检测的同时进行分型。

【诊断要点】

一、临床特点

1.生殖器疱疹的好发年龄为15~45岁，潜伏期多为2~20 d，平均为4~5 d。

2.生殖器疱疹的临床表现具有多样性，皮损有典型的集簇性水疱、脓疱、溃疡及结痂，也可表现为非典型红斑、丘疹、裂隙、硬结、毛囊炎等。而无症状的亚临床感染者则更普遍。通常初次感染呈亚临床状态，即为无症状的HSV携带者，但其中绝大部分所谓亚临床感染并非无症状，只是未被识别出来，导致临床漏诊，因而为HSV的传播带来极大的危险性。

3.受累部位男性常为冠状沟、包皮、龟头、阴茎干；女性常为大阴唇、小阴唇、会阴、阴道口、肛周。

4.生殖器疱疹呈慢性复发过程，尚无彻底治愈的方法。

5.复发性生殖器疱疹可发生于原发性生殖器疱疹消退后1~4个月，发热、月经来潮、性交、情绪激动、消化不良、外伤甚至气候变化等均能促使病变复发。

6.患者与无症状的病毒携带者均是传染源。

二、实验室检查

1.病毒分离培养和分型

这是生殖器疱疹实验室诊断的“金标准”。 通过组织培养法分离培养HSV，每天观察病毒对敏感细胞的细胞病变，初步确定病毒的存在。

分离培养通常需时2~4 d，有时可长达14 d。分离培养成功与否影响因素较多：(1)采集的标本中含有活病毒(感染性病毒颗粒)；(2)正确的标本取材、运输、保存和接种；(3)避免细菌和真菌污染。临床标本可以来自皮损、尿道内、宫颈管。临床标本的来源和部位及疾病的病程影响病毒分离培养的敏感性。采用斑丘疹、水疱、脓疱、溃疡、结痂性皮损标本作病毒分离培养的敏感性分别为25%、94%、87%、70%和27%。

组织培养法分离培养HSV，所用的细胞有非洲绿猴肾细胞(Vero)、宫颈癌细胞(Hela)等。大体步骤为：细胞的准备—标本接种—细胞病变的观察—病毒传代。病毒培养的初步结果可通过免疫学方法(如免疫荧光法、免疫酶法、酶联免疫吸附试验等)和分子生物学方法(如DNA限制性内切酶图谱、DNA探针分子杂交技术)来进行鉴定和病毒分型。常用的方法是单克隆抗体免疫荧光试验和酶联免疫试验进行分型。此法精确简单，已有商品化试剂盒供应。

2.快速诊断试验

(1)细胞学检查：取活组织或皮损基底部组织涂片，经固定、涂片后用巴氏(Papanicolaou)或瑞特-吉姆萨(Wright-Giemsa)染色后镜检，在油镜下感染细胞呈气球样变或出现胞浆空泡或感染细胞相互融合成多核巨细胞，有时见核内包涵体。这种检查的敏感性只有抗原检测法、DNA检测法或病毒培养法敏感性的50%~70%，而且不具特异性。

(2)抗原检测：用免疫学技术检测病毒抗原，是目前最常用的快速诊断方法，以特异性抗HSV抗体(单克隆抗体或多克隆抗体，常用单克隆抗体)为基础，包括直接免疫荧光试验、染色和酶联免疫吸附试验(ELISA)等，这些方法的敏感性可达病毒分离培养法的70%~90%。但前提是要选择质量高、特异性好的试剂。

3.HSV-DNA检测法

(1)核酸分子杂交技术：其敏感性和特异性相当于免疫荧光试验，但操作较为复杂，试验要求高。

(2)聚合酶链反应(PCR)：使病毒DNA片段通过PCR体外扩增以增加检出的敏感性，是成人及新生儿疱疹性脑膜炎的首选实验室诊断方法。此法更为敏感，且可同时对HSV进行分型。

4.血清学诊断

(1)血清抗体检测：方法包括补体结合试验、中和试验、被动血凝试验、间接免疫荧光试验、免疫酶试验、免疫印迹法、ELISA等。以免疫荧光试验使用较多，主要用于回顾性诊断原发性感染，对于恢复期或复发性生殖器疱疹的诊断意义不大。用于原发性HSV感染的回顾性诊断时，当患者的急性期血清HSV抗体检测阴性或抗体滴度低，而恢复期血清抗体滴度增加4倍或4倍以上时，有诊断意义。HSV感染的型特异性血清学诊断方法(主要是免疫印迹试验和一部分ELISA试验)，采用HSV的型特异性的糖蛋白G为抗原，可特异性检测并区分血清中的抗HSV-1和抗HSV-2抗体，可确定诊断。

(2)血清学诊断的意义：亚临床无症状生殖器HSV感染是造成生殖器HSV感染流行的重要因素。因此，及时发现这类感染者并采取相应措施对阻止HSV的性传播起着重要作用。HSV型特异性抗体检测是发现HSV亚临床无症状HSV感染者的最可行手段。对于防止HSV性传播和母婴传播有重要意义。

【鉴别诊断】

所需鉴别的疾病有一期梅毒、软下疳、白塞病、带状疱疹等。

1.硬下疳(一期梅毒)：潜伏期3~4周，呈单发性硬结或溃疡，溃疡比生殖器疱疹深，基底呈软骨样硬度，无自觉疼痛及触痛。

2.软下疳：病原菌为杜克雷嗜血杆菌，性接触3 d左右于外生殖器出现单发或多发性浅表溃疡，基底柔软，边缘不整，呈穿凿样，自觉疼痛，触痛明显。

3.白塞病：又称口眼—生殖器综合征，为自身免疫性疾病，与性接触无关。本病皮肤针刺反应阳性。

4.急性女阴溃疡：发生于女阴的急性疼痛性溃疡，多见于10~30岁的女性，且多数为未婚女性，与性接触无关。

5.外阴带状疱疹：该病是由水痘—带状疱疹病毒引起，水疱较大较多，疼痛明显，疱疹分布在一侧，愈后不复发。

6.性病性淋巴肉芽肿：又称腹股沟淋巴肉芽肿，由沙眼衣原体通过性接触传播。潜伏期为5~12 d，其特征为外阴部无痛性浅溃疡、化脓性腹股沟淋巴结炎。

7.固定药疹：起病前常有明确的服药史，皮损好发于皮肤黏膜交界处，常见红斑、水疱、大疱及溃疡样损害，与性接触无关。

【治疗要点】

一、局部治疗

原则为干燥、收敛、保护患部，防止继发感染，可外涂3%阿昔洛韦软膏或乳剂、1%喷昔洛韦、α或β干扰素乳剂、2%龙胆紫溶液、3%四环素软膏、0.5%新霉素软膏或2%氧化锌油剂。或选用10%次没食子酸铋(代马妥)、5%疱疹净二甲基亚砜溶液(用于皮肤疱疹)等。对颜面部疱疹亦可用10%醋酸铝或锌铜合剂。

二、全身治疗

1.可用阿昔洛韦(无环鸟苷)静脉滴注或口服丽珠威。对初发患者,阿昔洛韦0.2 g,口服,5次/d,连用7~10 d;对复发性患者,0.2 g,口服,5次/d,连用5 d。或0.4 g口服,3次/d,连用5 d。或0.8 g口服,2次/d,连用5 d。轻症者:1.0~1.6 g/d,分5次口服,连用5~7 d;重症者:15 mg/(kg·d),静脉滴注,连用5~7 d。

2.利巴韦林(三氮唑核苷):0.6~0.8 g/d,口服或肌肉注射,连用5~7 d。

3.α、β及γ-干扰素(α、β、γ-IFN):100万单位/d,共5~7 d。

4.聚肌胞2~4 mL,肌肉注射,隔日1次,连用5~7 d。

5.阿糖胞苷等也可用。

【预防与调护】

可参照"软下疳"。

第八节　艾滋病

本病又称获得性免疫缺陷综合征(acquired immunodeficiency syndrome,AIDS),是1981年在美国首先被发现的。在短短20多年的时间里,已经波及全球所有国家和地区。由于其蔓延迅速,死亡率极高,尚无确切疗法,危害十分严重。截至2007年年底,全球累计存活的艾滋病感染者有3 320万人,2007年新增感染人数250万人。其中非洲占68%,亚洲占15%。截至2007年底,我国报告的有27万感染者,其中艾滋病患者5万人。在二十多年的时间里,艾滋病在我国经历了传入期和扩散期,目前已进入快速增长期,也是防治的关键期。本病有三种主要传播途径,性接触传播(如同性恋者、性乱交者)、经血液传播(滥注毒品者、接受血液或血制品治疗者)、母婴传播。

本病是由人类免疫缺陷病毒(HIV)引起的一种获得性免疫缺陷综合征,使人体对病原体和恶变细胞的免疫应答减弱或消失,从而导致严重的感染或恶性肿瘤。

【诊断要点】

一、临床特点

1.有接触感染病史。

2.出现持续3个月以上不能解释的慢性症状,如长期发热,消瘦,盗汗,极度疲乏,淋巴结肿大,顽固性腹泻等。

3.存在条件致病菌感染,也可多种感染同时存在,最常见的为卡氏肺囊虫肺炎。

4.合并免疫缺陷引起的恶性肿瘤,如卡波西肉瘤、未分化的非何杰金淋巴瘤等。

5.可出现脑炎、痴呆、脊椎症状和末梢神经症状。

二、实验室检查

1.HIV病原检测

(1)HIV抗体检测:我国现阶段艾滋病实验室检测主要为血清HIV抗体检测。血清HIV抗体检测包括初筛和确认试验,血清HIV抗体检测是目前确定有无HIV感染最简便、最快速有效的方法。常用方法有酶联免疫吸附试验(ELISA)、明胶颗粒凝集试验(PA)、乳胶凝集试验(LA)、各种快速检测试验、放射免疫试验(RIA)、间接免疫荧光测定(IFA)等。一般多采用ELISA法做初筛,初筛阳性结果,需双孔复检。复检阳性者,送确认实验室确认,常用确认试验方法有醋酸纤维免疫印迹法(Western Blot, WB)。

(2)HIV-1 P24抗原检测:HIV感染人体后,有一段窗口期,在这段时间内,病毒抗体不能被检出,但可以检测到病毒相关抗原,因此,在窗口期检测抗原是早期诊断和缩短窗口期的一种方法。P24抗原检测阳性,应做双孔复检,双孔重复试验阳性标本应做确认试验。

2.免疫功能检查

(1)CD^+_4细胞计数:血液中CD^+_4细胞计数测定是衡量机体免疫功能的一个重要指标。正常值为500~1600/μL。

(2)CD^+_4 /CD^+_8比值:正常为(1.5~1.7):1。

(3)外周血淋巴细胞计数:在不能进行CD^+_4细胞计数时,可用淋巴细胞总数作为HIV感染病情进展的替代指标。

3.各种机会感染的病原学检测:在AIDS患者中机会性感染的病原学检测主要包括卡氏肺孢子菌检查、隐孢子虫检查、弓形虫抗体检查、真菌检查、疱疹病毒检查、HBV和HCV检查、细菌学检查。

4.血常规检查:常有红细胞、血红蛋白降低。呈轻度正色素正细胞性贫血。白细胞常降低至4.0×10^9/L以下,多为1.0×10^9/L 以下。血小板一般无明显变化。

【治疗要点】

用于抗HIV的药物有三大类[核苷类逆转录酶抑制药(NRTI),如叠氮胸苷(AZT,ZDV)、地丹诺辛(DDL)、扎西他滨(DDC)、司坦夫定(D4T)和拉米夫定(3TC);非核苷类逆转录酶抑制药(NNRTI),如奈韦拉定(NVD)、埃弗维伦兹(EFV)和台拉韦定(DVD);蛋白酶抑制药(PI),如沙奎拉韦(SAQ)、里托拉韦(RTV)、英地那韦(IDV)、萘非拉韦(NVP)和埃匹拉韦(amprenavir)],能够影响到病毒使人致病的各个环节,如影响病毒穿入细胞、病毒转录、病毒翻译、病毒的构成及释放等。这三大类共有11种化学治疗药物,包括5种核苷类逆转录酶抑制剂、2种非核苷类逆转录酶抑制剂及4种蛋白酶抑制剂。

HIV感染和AIDS患者至今仍无特效根治药物,联合用药又称高效抗逆转录病毒疗法(HAART),即鸡尾酒疗法,能减少HIV的复制和控制AIDS的发展,提高生命质量和减少传染性。但停药后病毒可恢复繁殖,不能彻底消除体内的病毒。联合用药的基本方案:把各种抗HIV药物分为A、B、C、D四组,联合用药取其组合中的一种,A(AZT,D4T);B(DDC,DDL,3TC);C(IDV,RTV);D(DVD,IDV,NVP,SAQ)。

1.二联治疗:A加B。

2.三联治疗:A加B加C或A加B加D。

3.四联治疗:A加B加C加D或A加B加2种C。需注意的是,D4T和DDC不能联用,以免增加外周神经病变的危险。

HIV具体治疗措施如下。

1.抗病毒治疗：叠氮胸苷(AZT)200 mg，每日3次，其主要不良反应为白细胞减少；司他大定(双脱氧胸苷)40 mg，每日3次，主要不良反应为末梢神经炎；地丹诺辛(双脱氧肌苷，DDI)200 mg，每日3次；扎西他滨(双脱氧胞苷，DDC)0.75 mg，每日3次，主要不良反应为末梢神经炎；拉米夫定，150 mg，每日2次；奈韦拉平(NVP)，200 mg/d，连服2周后400 mg/d，用药后6~20周病毒变异对之产生耐药性。常见的不良反应为皮疹，一般为自限性，发生于40%的病人；沙奎那韦(SAQ)600 mg，每日2次，生物利用度低，必须在进餐或用脂肪快餐时服用，耐受性一般良好。常见的不良反应有腹泻、恶心、腹痛、腹部不适；英地那韦(IDV)，800 mg，每日3次，空腹服药，或与无脂肪低蛋白饮同时服用，足量饮水，耐受性一般良好，常见不良反应为肾结石病，胆红素升高。

2.维护促进免疫功能：免疫调节剂α-干扰素、干扰素诱导剂、胸腺肽、丙种球蛋白、白介素-2以及骨髓移植、胸腺移植等。

3.条件致病性感染及恶性肿瘤的治疗。

4.中医药治疗：目前采用中医药治疗艾滋病已取得了一定的进展。有研究表明，针刺疗法能促进人体T淋巴细胞数量增多，并能激发机体的免疫功能，提高抗病毒的能力。

根据临床症状，进行辨证论治，可明显改善艾滋病患者的症状，增强体质，改善和调整机体的免疫状态，对延缓病变的发展有一定的作用。

二、单方验方及其他疗法

1.克艾可(Glyke)是甘草等提取物制成的口服片剂，每片含量30 mg(连云港东风制药厂生产)，无毒副作用，是一种治疗艾滋病安全、有效的药物。

2.二陈汤加味治疗艾滋病并发带状疱疹，属脾湿内蕴型，制半夏12 g、陈皮10 g、麦芽20 g、板蓝根10 g、栀子10 g、藿香10 g、丹皮10 g、甘草10 g，1日1剂，水煎分次服。

3.针刺取合谷、曲池、外关、足三里、关元、气海、大惟。肺病配肺俞、太渊、中府、列缺；脾病配太白、脾俞、胃俞、三阴交；肾病配肾俞、太冲；心病配神门、内关；血液病配血海、膈俞，以补法为主。

【预防与调护】

1.取缔卖淫嫖娼，杜绝婚外性行为。

2.打击吸毒贩毒，对使用注射毒品者，常规进行艾滋病检查。

3.对血液制品的进口、使用应严格管理，对供血者进行体检。

4.艾滋病治疗用的注射器、棉球、废弃物等应严格管理，尽量使用一次性制品。对患者用过的食物、衣服、用具严格消毒，废弃物装袋焚化。

5.夫妻任何一方染毒，均应避免怀孕。

本病潜伏期4个月至15年(一般5年左右)，大部分患者在发病2~3年后死于严重的感染和衰竭。

第十五章　单纯疱疹病毒感染实验室检查法

一、查包涵体

病毒包涵体的显微镜检测是一种简便、便宜的方法，其缺点是灵敏度相对较低，对皮肤疱疹样损害的检测效果较好。

二、病毒培养

外周血单个核细胞、器官组织、唾液中可分离出病毒。

1.基本原理

HSV可在某些细胞系内寄生并生长。因此，通过体外细胞培养法可分离HSV。根据每天观察HSV感染细胞产生的特征性细胞病变（CPE），能初步确定HSV的感染。因其他疱疹病毒如水痘—带状疱疹病毒感染等也可引起类似的CPE，因此需要进一步鉴定。

2.仪器材料

（1）CO_2培养箱、倒置显微镜、培养瓶、培养板。

（2）常用的敏感细胞株有非洲绿猴肾细胞（vero）、宫颈癌细胞（Hela）、乳地鼠肾细胞（BHK）、原代兔肾细胞（PRK）、人胚包皮细胞（HFF）等。

（3）细胞生长培养基、细胞维持培养基、标本运送液。

3.标本采集

（1）疱液取材：用结核菌素注射器和25号注射针头抽取成熟的水疱疱液，注入标本运送液中；或刺破水疱后用棉拭子或涤纶吸取疱液，洗脱于标本运送液中。

（2）溃疡取材：先用干纱布或拭子去除溃疡表面的痂皮或污物，再用棉拭子或涤纶拭子刮取溃疡基底部的组织液，尤其是从边缘部位采集组织渗出液，洗脱于标本运送液中。

（3）子宫颈取材：先用一棉拭子擦去子宫颈表面的黏液，再用另一棉拭子插入子宫颈管内1~2 cm处，捻转数圈，停留10~20 s取出。或者在子宫颈可疑损害部位用棉拭子或刮匙反复擦拭，刮取子宫颈黏膜组织，洗脱于标本运送液中。

（4）其他标本取材：采集除水疱及溃疡外的其他标本时，先清洁局部，再用棉拭子反复擦拭皮损部位取皮肤黏膜上皮细胞，或取痂皮及痂下组织液。男性尿道标本应将尿道拭子伸入尿道内2~4 cm，捻转数圈，停留10~20 s取出，洗脱于标本运送液中。

4.操作步骤

（1）制备单层细胞：将冻存的细胞从液氮中取出，经37 ℃融化、培养基中孵育、调整细胞浓度等步骤，然后分装于24孔培养板中待细胞长成单层后备用。

（2）标本接种：取0.2 mL标本运送液接种于单层细胞中，置5%的CO_2、37 ℃环境中培养1~2 h，吸去标本运送液，加入细胞维持培养基，每孔0.5 mL，继续培养3~7 d。

(3)病变细胞观察:接种标本后,每日观察。培养结果阴性或可疑阳性者,应观察到第7天。

(4)病毒传代:至少50%以上细胞出现CPE后,收集培养物,再次接种至新鲜细胞中。

(5)鉴定和分型:50%以上细胞出现CPE后,收集感染细胞及培养物,离心后弃上清液。将沉淀物重新混悬于培养基中,用单克隆抗体免疫荧光试验或酶免疫试验进行鉴定和分型(参见下述“免疫荧光试验”部分)。

5.结果观察

(1)观察CPE:连续观察7 d。细胞一般2~4 d出现病变,表现为细胞变圆、肿胀和气球样变,可见融合细胞和多核巨细胞,初步判定HSV培养阳性。

1+:25%以下细胞出现CPE。

2+:25%~49%细胞出现CPE。

3+:50%~74%细胞出现CPE。

4+:75%以上细胞出现CPE。

(2)用免疫荧光法对CPE进行进一步鉴定和分型。

6.结果报告

(1)阳性:出现上述CPE。

(2)阴性:未出现上述CPE。

7.临床意义

(1)细胞培养是HSV检测的“金标准”。对病毒分离敏感、特异,标本中只要有1~10个感染性病毒颗粒就可检出。

(2)可用免疫荧光等方法对HSV进行鉴定和分型。

8.注意事项

(1)应尽量选择敏感细胞系,且细胞应为活力强的幼龄细胞。

(2)取材前不使用消毒剂,取材时不使用润滑剂。

(3)应尽量取水疱液或脓疱液进行接种培养。

(4)标本取材后尽快接种,不能在24 h接种的标本应放置于-70 ℃冻存。

三、病毒感染的免疫诊断方法

(一)免疫荧光试验

1.基本原理

此试验可自临床标本中直接检出病毒,如用已知抗原同样可检查特异性抗体。将抗体与异硫氰酸荧光素结合,经与标本中的抗原结合,形成有荧光的抗原抗体复合物,通过荧光显微镜观察结果。

2.材料与试剂

(1)直接试验:荧光素标记的特异性抗体。

(2)间接试验:特异性抗体和荧光素标记的抗人Ig均应稀释至恰当工作浓度(已知阳性标本达3+或4+)。

(3)磷酸盐缓冲液(PBS)。

(4)碱性甘油缓冲液。

(5)高性能荧光显微镜,相应光源与滤片。

3.标本采集

(1)细胞培养标本：收集细胞培养阳性标本。

(2)病损标本：收集病损部位基底部细胞。

4.操作步骤

(1)固定：将标本固定于载玻片上，冷丙酮(-20 ℃)或甲醇固定标本10 min。

(2)洗涤：PBS洗涤3次，37 ℃或自然干燥。

(3)染色：如检查抗体应将已知抗原固定，加患者血清试验；如为直接试验，加特异性的荧光抗体试验。间接试验检查抗原分两步：与非标记的特异性抗体作用；洗涤除去残余抗体，加荧光素标记的抗人Ig作用。置37 ℃湿盒中30 min。

(4)洗涤：PBS洗涤3次，再用双蒸水洗涤1次，37 ℃或自然干燥。

(5)封片镜检：加碱性缓冲甘油液封片液1滴，封片后在荧光显微镜下观察结果。

(6)结果判读方法：-为无荧光；±为极弱可疑荧光；+为荧光较弱，但清晰可见；++为荧光明亮；+++~++++为荧光闪亮，且范围广泛。

5.结果观察

(1)观察阴性和阳性对照试验结果是否正常，判断结果的有效性。

(2)观察试验标本：阳性时，荧光显微镜下FITC荧光素标记的抗原—抗体复合物可发出亮绿色荧光，而阴性时无亮绿色荧光。

6.结果报告

(1)阳性：见到上述特征荧光。

(2)阴性：未见到上述特征荧光。

7.临床意义

免疫荧光试验的敏感性是病毒分离培养法的70%~90%。由于操作简单、敏感性和特异性好等优点，免疫荧光试验是目前临床HSV检测的常用方法。常用于HSV分离培养阳性标本的鉴定和分型。

8.注意事项

(1)荧光染色每批试验应有阴性和阳性对照，注意排除假阳性现象。

(2)试验需有特异性好、质量可靠的抗体，最好选用单克隆抗体和高质量的荧光显微镜并由技术熟练的人员操作。

(3)取材时应避免出血，以免影响结果判断。

(二)酶联免疫吸附试验(ELISA)

1.基本原理

ELISA是极有用的免疫试验，可处理大量标本，且可避免荧光免疫试验的主观性，缺点是耗时。将特异性抗原或抗体包被在酶标板微孔中，去捕获标本中的抗体或抗原。最常用者为固相直接法，即将酶标记的特异性单克隆抗体包被于固相层(酶标板微孔中)，与标本中的抗原特异性结合，再用酶标记的特异性抗体去检测，酶遇色原而呈色。

2.仪器材料

(1)酶标仪、洗板机、恒温培养箱。

(2)试剂盒：标本运送液、酶结合物、洗涤液、底物、反应终止液、反应板、阳性对照、阴性对照。

3.标本采集

同“细胞培养法”。

4.操作步骤

(1)加样：在酶标板微孔中加入待检标本。每次试验应设置阳性对照和阴性对照。

(2)加酶结合物：加酶标记结合物，置35~37 ℃湿盒内孵育。

(3)显色：洗板后，每孔加底物，置35~37 ℃湿盒内反应。

(4)终止：加终止液，在酶标仪上读取OD值。

5.结果判读

(1)每次试验的阳性、阴性对照OD值应在试剂盒说明书规定的数值范围内。

(2)根据试剂盒要求计算设定阈值(cutoff值)。

6.结果报告

(1)阳性：标本OD值大于或等于阈值。

(2)阴性：标本OD值小于阈值。

7.临床意义

为目前临床上作病毒抗原检测的常用方法之一。

(三)胶乳凝集试验

特异性抗体或抗原通过物理吸附作用或化学交联法使其与聚苯乙烯(胶乳)颗粒形成共价键而致敏。抗体覆盖在胶乳颗粒表面。性能稳定可长期保存，称为胶乳凝集试验。胶乳凝集的过程只需15~30 min即可完成，操作简便。包被特异性抗体或抗原的聚苯乙烯小球与待检标本中的特异性抗原或抗体结合，形成肉眼可见的凝集。

该试验在病毒抗原检测方面有较好的特异性，但不及ELISA法敏感，临床应用较少。

第十六章　真菌感染实验室检查法

第一节　常见皮肤癣菌检查法

临床常见侵犯皮肤、毛发、指(趾)甲或仅侵犯浅表角质层的真菌有毛癣菌属、小孢子菌属、表皮癣菌属,其常规检查如下。

一、分类

毛癣菌属:红色毛癣菌、须毛癣菌、石膏样毛癣菌、紫色毛癣菌、许兰毛癣菌。

小孢子菌属:犬小孢子菌、铁锈色小孢子菌、石膏样小孢子菌。

表皮癣菌属:絮状表皮癣菌、糠秕马拉色霉菌。

二、生物学特性及鉴别鉴定

(一)毛癣菌属的特点

为最常见的癣菌,侵犯皮肤、毛发、指(趾)甲,侵犯毛发可引起发内型或发外型感染。取病变处的皮屑、毛发、甲屑置载玻片上,加1滴10%~20%的KOH溶液,覆盖片,待10 min左右或火焰上微加热,直接镜检。在弱光下先低倍再高倍镜观察可找到菌丝和孢子。

接种在沙氏琼脂斜面上室温培养菌落可呈蜡状、绒毛状、粉末状、羊毛状。表面光滑、折叠、沟回状。颜色为白、淡黄、棕黄、红色或紫色。

培养物镜检,在营养菌丝旁有小分生孢子侧生,多散在,半球形、梨形或棒状,2 μm×4 μm。大分生孢子为棍棒状或腊肠状,宽4~6 μm,长10~50 μm,壁薄而光滑,多有2~10个分隔,多细胞。

1.红色毛癣菌

(1)直接镜检:临床标本如皮屑、毛发、甲屑等置于载玻片上,滴加10%~20%的KOH溶液加盖片,加温后镜检。皮屑可见分枝菌丝,指(趾)甲标本可见由孢子排列成的链状菌丝,被感染的毛发标本孢子呈串,包被毛干。

(2)培养:病变处采集标本,接种在沙氏琼脂斜面上,每管接种3~4点,3~4 d开始缓慢生长,菌落初始表面为白色,背面呈微黄色。继续孵育菌落出现绒毛状、粉末状、颗粒状等。边缘菌丝红葡萄酒颜色,背面可见深红色,有时褐色或紫色,渗入培养基内。在葡萄糖玉米培养基上,该菌产生红色素,此点可与须毛癣菌相鉴别。钩取培养物或小培养镜检,可见典型的葡萄簇状小分生孢子,也有侧生型棒状小分生孢子。因菌落形态不同,可有或多或少的棒状大分生孢子,壁薄而光滑,多分隔,铅笔状或香烟状,末端钝圆。

皮肤癣菌病的病原中,红色毛癣菌占首位。该菌侵犯皮肤、指(趾)甲,但极少侵犯毛发,为发外型。

2.须毛癣菌

(1)直接镜检:标本加KOH,加盖片,加温后镜检,皮屑可见细长分枝菌丝、螺旋菌丝,也可见到梳状菌丝。甲屑内有成串小孢子,毛发周围有小孢子成链状排列。

(2)培养:须毛癣菌在沙氏琼脂斜面上生长较快,3~4 d形成菌落;表面可呈毛状、粉末状或颗粒状等多种形态。菌丝呈白色、淡黄或棕黄色。在葡萄糖玉米培养基上不产生红色素。培养物镜检可见2 μm大小的小分生孢子,球形,排列密集或呈葡萄串样,在菌丝两侧。大分生孢子2~7个分隔,棒状薄壁光滑。常见螺旋状菌丝。羊毛样菌落者无螺旋菌丝和大分生孢子,仅见较细的分隔菌丝和少数小分生孢子,偶见球拍菌丝和结节菌丝。

临床上常见的皮肤癣菌,数量仅次于红色毛癣菌,居第2位。可侵犯皮肤、指(趾)甲和毛发,为发外型。

3.紫色毛癣菌

(1)直接镜检:属发内型。标本经KOH处理后镜检可见发内有多量孢子呈链球排列,皮屑中有分隔菌丝及成串的孢子。

(2)培养:生长非常缓慢,在沙氏培养基上室温下7~10 d开始生长,起初为蜡样白色细小的菌落,表面光滑,微隆起。以后自中央向外渐变紫色,但边缘色淡。取3~4周后的培养物镜检,可见不规则分隔、分枝菌丝和厚膜孢子。在加有维生素B_1(10 mg/L)的沙氏培养基上此菌生长较旺盛,菌落颜色鲜明,深红到紫色。镜检可有侧生小分生孢子。继代培养时快速丧失颜色。

主要引起头黑癣,也可侵犯皮肤、胡须和指(趾)甲,黄癣现已少见。

4.许兰毛癣菌

(1)直接镜检:标本经KOH处理后,发内可见较粗的菌丝,与毛发长轴一致,发内常有大小不一的气泡。黄癣痂内可见很多不规则的短小菌丝和形状不一的孢子。皮肤和指甲中可见菌丝,孢子少见。

(2)培养:一般生长非常慢,5~7 d开始生长,菌落小,质地光滑呈蜡状,渐呈折叠形似核桃仁样,呈黄或橘黄色。新分离物菌落下沉明显,可使培养基裂开。培养物镜检有很多厚膜孢子,鹿角状菌丝和梳状体,但无大、小分生孢子。

该菌是黄癣的主要病原菌,儿童多见,侵犯皮肤、指(趾)甲,黄癣现已少见。

(二)小孢子菌属的特点

侵犯毛发及皮肤可引起头白癣、体癣,一般不侵犯甲板。病变标本经KOH处理后,病发周围有许多圆形孢子,为镶嵌状或链状排列,属发外型。皮屑内有细长分枝分隔菌丝。形态上无法与毛癣菌属或表皮菌属区别。在沙氏培养基上生长呈绒毛状、羽毛状或羊毛状白色、淡黄色乃至褐黄色菌落。沿菌丝生长有棍棒状小分生孢子和梭形大分生孢子。大分生孢子呈纺锤形、梭形,4~13个分隔,壁厚,粗糙。

1.犬小孢子菌

(1)直接镜检:标本经KOH处理后,病发外有小孢子包绕,圆形,作镶嵌状排列。皮屑中可见细长菌丝。

(2)培养:在沙氏培养基上2~3 d生长较快。菌落表面呈毛状到羊毛状,2周后菌丝增多为棉花样，菌落周围有白到浅黄色素，背面为橘黄色，时间更长菌落表面可呈羊毛状。培养物镜检有厚壁、粗糙梭形多分隔大分生孢子，4~7个分隔。可有少量小分生孢子，呈棒形。同时可见球拍菌丝、梳状菌丝、结节菌丝及厚膜孢子。

2.石膏样小孢予菌

(1)直接镜检：标本经KOH处理后，可见发外型孢子，孢子较大，可密集成群。皮屑上可见菌丝和孢子。

(2)培养：生长较快，3~5 d即可见菌落，表面呈绒毛状、粉状到颗粒状。初呈白色，逐渐为淡黄色至橘黄色菌落，表面变粉末样。菌落背面米黄色到棕褐色。培养物镜检可见多数梭形大分生孢子，壁薄，粗糙，有棘状突起，分隔少，4~6个分隔。偶见少数小分生孢子，菌丝较少。可见球拍状菌丝、梳状菌丝、结节器官及厚膜孢子。

石膏样小孢子菌引起头癣及体癣，亦可引起动物感染。

(三)表皮癣菌属的特点

1.絮状表皮癣菌

(1)直接镜检：标本经KOH处理后，皮屑可见分隔菌丝。甲屑中有排列成链状的孢子。

(2)培养：在沙氏培养基上生长缓慢，初始菌落平坦，然后稍隆起，表面呈绒毛状至粉末状，黄绿色。以后中心逐渐成不规则的皱襞或脑回状沟。培养物镜检可见洋梨状、薄壁、光滑、2~4个分隔的大分生孢子，常2~3个为一组。无小分生孢子，可见厚膜孢子。

絮状表皮癣菌侵犯皮肤和指(趾)甲，不侵犯毛发。

2.糠秕马拉色霉菌

糠秕马拉色霉菌原称圆形或卵圆形糠秕孢子菌(pityrosporum orbiculare orovale)。

(1)直接镜检：标本经KOH处理后，镜检可见群集性、厚壁圆形或卵圆形孢子，间或出芽，大小为3~8 μm，同时可见粗而短的弯曲菌丝。

(2)培养：一般培养基上不生长，在加有橄榄油的培养基上35 ℃下可以缓慢生长。菌落酵母样。镜下所见：菌细胞大小(1 μm×2 μm)~(2 μm×4 μm)，瓶状芽生酵母，明显看到子代芽生细胞和母细胞连接处，稍膨大是其主要特征。作为属级鉴定水平，取决于典型的显微镜下和肉眼观察生长于含橄榄油和吐温80改良沙氏琼脂平板上形态学特点，该属菌种不发酵碳水化合物，脲酶阳性。糠秕马拉色霉菌和厚皮马拉色霉菌的主要区别是后者在橄榄油—吐温80改良沙氏琼脂平板上生长不良。

本菌主要侵犯皮肤角质层，引起花斑癣(或称汗斑)。近年有报告，在新生儿及免疫受损病人中偶见引起全身性感染甚至败血症。

第二节　念珠菌感染检查法

念珠菌属生物学特性：念珠菌属菌细胞呈圆形或卵圆形，直径3~6 μm，发芽繁殖，绝大多数形成假菌丝，少数产生真菌丝或厚膜孢子，不产生子囊孢子、掷孢子、关节孢子，不能利用肌醇作为碳源，芽生孢子形态不稳定，从圆、卵圆到伸长。大多数菌种需氧，普通营养琼脂平板上，生长菌落不呈现红、粉红、橙色色素。

一、白色念珠菌

白色念珠菌是临床上最常见、致病性最强的一种念珠菌，分离最多，占50%~60%。该菌的常规实验室诊断方法有显微镜检查法和培养法。

(一)显微镜检查法

1. 10% KOH镜检法

原理：10% KOH可保持念珠菌在组织内的形态，并使菌丝及孢子具淡绿色折光，如观察到孢子、芽生孢子及假菌丝，即可作为诊断依据。

(1)标本采集

男性标本：用灭菌钝刀刮取龟头及冠状沟和阴茎包皮等处皮损的鳞屑及分泌物，或用湿棉拭子擦洗患部皮损留取标本。怀疑有尿道感染者，可用尿道拭子缓慢伸入尿道内2~4 cm处取材。

女性标本：应使用灭菌棉拭子从阴道后穹隆处取阴道分泌物，最好取奶酪样、豆腐渣样的白色凝块。

尿液：有尿道感染时最好收集清晨新鲜中段尿10~20 mL，离心后取沉渣。

皮屑：皮肤损害或女性外阴有感染时，应将局部的皮肤充分展开，用钝刀刮去皮屑。取材时，刀口应紧贴皮肤呈直角轻轻刮取。

(2)方法

将采集的标本直接涂片，以10% KOH或生理盐水制片，盖上盖玻片置酒精灯火焰上微加热。直接在100倍或400倍显微镜下观察。可见淡绿色折光的假菌丝和成群的圆形或卵圆形孢子或芽生孢子。孢子直径为3~5 μm。假菌丝节间有明显的狭窄，芽生孢子往往集中于菌丝分隔处，偶可见到分隔的真菌丝。结果报告为“假菌丝及芽生孢子阳性”。有时仅有孢子而无假菌丝，可能为其他酵母菌感染，应报告为“芽生孢子阳性”。皮屑直接镜检可见菌丝和孢子，报告为“菌丝、孢子阳性”。

(3)注意事项

涂片虽然简单易行，有一定的敏感性，但采集标本方法要求准确。标本量要稍多；念珠菌性龟头炎的病人，如有鳞屑应滴加10% KOH溶液，促进角质溶解，增加透明度，以利于检查；念珠菌性阴道炎病人，患念珠菌性龟头炎仅有分泌物或伪膜而无鳞屑的病人，可直接用无菌等渗盐水涂片作检查。这样可直接用载玻片上的标本做真菌培养。

2.涂片革兰染色法

(1)原理

分泌物涂片后，念珠菌的假菌丝及芽生孢子可染成紫色革兰阳性，更有利于检出，同时还可观察到有无其他微生物存在。

(2)方法

涂片：将所采集标本加少量生理盐水制成玻片，室温自然干燥。

固定：用酒精灯火焰固定。

革兰染色：①第一液(结晶紫)染30~60 s，流水冲洗。②第二液(碘液)染60 s，水洗。③第三液(95%乙醇)脱色30~60 s，水洗。④第四液(复红)复染30 s，水洗。⑤镜检，油镜观察。

(3)结果

经革兰氏染色后假菌丝及芽生孢子均被染成紫色，假菌丝的狭窄部及芽生孢子的特征明显，易于观察。

(4)注意事项

采集方法要求准确，要有足够的标本量。

(二)分离培养

1.沙氏平板：沙氏琼脂平板上，25~30 ℃生长良好(可生长在45 ℃下)，24 h可见菌落，菌落呈奶油色、光滑。在玉米—吐温80琼脂平板上25 ℃、72 h显微镜下形态：假菌丝中隔部伴有成簇的圆形分生孢子，顶端有厚壁的厚膜孢子。

2.中国蓝蔷薇色酸平板：该平板35 ℃培养24 h可见乳白色、混浊菌落出现，不要误当肠道革兰阴性杆菌鉴定。

3.血琼脂平板：35 ℃、48 h有灰白色和瓷白色菌落。

4.吐温80—玉米琼脂平板：作密划线，置25 ℃(此温度点很重要)孵育。每天观察，在72 h内可见丰富的假菌丝和真菌丝，绝大部分菌株可在菌丝顶端有典型的单个、最多不超过两个厚膜孢子。在30 ℃以上，不产生厚膜孢子，此特点是与都柏林念珠菌重要的鉴别。

5.芽管试验：将待测菌接种于0.5~1.0 mL的血清中(兔、人、小牛等)，菌量10^6/mL。37 ℃(水浴箱)中孵育2~3 h，镜下观察，绝大部分白色念珠菌可产生典型手镜状芽管，其形态是：萌出芽管的孢子呈圆形，芽管较细，为孢子直径的1/3~1/2，其萌发连接点不收缩。孵育时间不得超过4 h，不然其他产假菌丝的酵母也将发芽与芽管混淆。

6.生化特性：能同化葡萄糖、麦芽糖、蔗糖(少数例外)、半乳糖、木糖、海藻糖，不能利用硝酸盐，尿素酶阴性。可用同化试验生长图谱法(Aux anographic method)或商品试验卡进行。

与该菌形态相似的菌种为类星形念珠菌，两者区别在于后者不同化蔗糖，不发酵半乳糖。

二、热带念珠菌

热带念珠菌是临床标本中多见的一种，约占临床所见酵母样菌的10%~25%。

沙氏琼脂上奶油样、灰白色、柔软、光滑菌落，边缘或有皱褶。在TTC沙氏琼脂孵育后出现紫红色菌落。

在吐温80—玉米琼脂平板上可见大量菌丝，上附芽生孢子，不产生厚膜孢子。极少的菌株可有泪滴状厚膜孢子。在血清中不产生典型的芽管；少数菌株圆形孢子出芽处明显狭窄，芽管较粗。在沙氏肉汤管中呈膜样生长。

除能同化葡萄糖、麦芽糖、蔗糖、半乳糖、木糖、海藻糖外，尚同化纤维二糖。不同化L-阿拉伯糖和鼠李糖。不利用硝酸盐，尿素酶阴性。

三、近平滑念珠菌

直接镜检可见芽生孢子及假菌丝。

分离培养在沙氏琼脂上，菌落奶油样至淡黄色、柔软、光滑或有皱褶。

在吐温80—玉米琼脂平板上有丰富的假菌丝，分枝链状，附着芽生孢子，不产厚膜孢子。血清中不产芽管。沙氏肉汤中无膜样生长。

生化反应与热带念珠菌相似，但本菌可同化L-阿拉伯糖，不同化纤维二糖，热带念珠菌则相反。

四、都柏林念珠菌

常见于口腔念珠菌病的病理标本，特别是艾滋病人或HIV阳性者。该菌生化学性状与白色念珠菌极为相似。产生厚膜孢子和芽管，过去多将其误鉴定为白色念珠菌。其鉴别主要特征是在吐温80—玉米琼脂平板上产生的厚膜孢子，在(菌丝)顶端成对、3个甚至成簇排列，培养在沙氏琼脂上，45 ℃不能生长。白色念珠菌则与其相反。

五、鉴定试验常用培养基及方法

(一)放线菌酮—氯霉素琼脂培养基

(1)成分

葡萄糖	40 g
蛋白胨	10 g
琼脂	17~20 g
蒸馏水	1 000 mL
氯霉素	50.0 mg(溶于10 mL的95%乙醇中)
放线菌酮	500 mg(溶于10 mL丙酮中)

(2)制法

上述前3项成分溶于蒸馏水。高压灭菌(121 ℃)10 min后，加人氯霉素乙醇液和放线菌酮丙酮液，分装、备用。

(二)吐温80—玉米琼脂

(1)培养基

玉米粉	10 g
琼脂	10~20 g
吐温80	10 g
蒸馏水	1 000 mL

(2)制法

将玉米粉加水隔水煮沸30 min(加热中不停摇振，以防玉米粉沉淀)，纱布滤过，取上清液，然后加入其他成分，补足水分，高压(121 ℃)15 min灭菌，备用。

(3)方法

先将培养基加热溶化，取适量置于洁净的载玻片上，把待检菌株水平方向穿刺接种。置潮湿平皿内，室温孵育24~72 h，显微镜下观察厚膜孢子及假菌丝。

(三)糖发酵试验

酵母样菌发酵碳水化合物，产生二氧化碳和乙醇，全部试验管中应放人倒管，以捕捉气体，能见到气体产生，才确认是发酵。凡是发酵碳水化合物都是同化，但所有同化未必皆发酵。

(1)培养基

胰蛋白胨	2 g
NaCl	0.5 g
蒸馏水	100 mL
0.4%溴麝香草酚蓝	1.2 mL

糖含量　　2%

(2)制法

上述成分溶于蒸馏水,116 ℃、15 min高压蒸汽灭菌,分装备用。

(四)糖同化试验

(1)培养基

硫酸铵	5 g
磷酸二氢钾	1 g
结晶硫酸镁	0.5 g
酵母浸膏	0.5 g
琼脂	20 g
蒸馏水	1 000 mL

(2)制法

上述成分溶于蒸馏水,116 ℃、15 min高压蒸汽灭菌,分装备用。

(3)方法

融化20 mL上述含氮基础培养基(糖同化试验培养基)冷至48 ℃,将培养24~72 h被鉴定酵母菌株,混悬于4 mL无菌盐水中,调整浊度相当于McFarland 4号管,全部菌液加入培养基中,混匀倾注成平板,凝固后,将含各种碳水化合物纸片贴在平板表面,多孵育于25~30 ℃,10~24 h,检查被检菌在纸片周围生长与否,如能围绕含糖纸片生长者,即为该糖同化阳性。如观察不清楚,可继续孵育24 h。

(五)芽管形成试验

芽管试验是一种价值大、操作简单、能快速推断性鉴定白色念珠菌的方法。

值得注意的是,白色念珠菌产生芽管和芽生孢子连接处,不出现收缩现象,称为箭状;而其他念珠菌产生起始菌丝和母体芽生孢子连接处,呈紧缩现象。

上述试验必须用白色念珠菌、热带念珠菌、光滑念珠菌做质量控制。试验孵育时间不超过3 h,因为其他产生假菌丝的念珠菌在3 h之后开始发芽,出现起始菌丝体。

第三节　新型隐球菌检查法

一、显微镜检查

1.直接镜检:标本一般为脑脊液或痰、脓、尿等液体标本,需离心沉淀,浓稠者应加盐水或KOH溶液覆盖片检查。可见圆形或卵圆形芽生孢子,少有假菌丝。

2.革兰染色:为革兰阳性圆形或卵圆形孢子。

3.墨汁涂片:用优质绘图用墨汁1滴,加脑脊液沉渣1滴,必要时加生理盐水1滴稀释,覆盖片。稍待3 min左右,先低倍再高倍镜检查。在黑色背景下可见圆形孢子周围绕以透光的厚荚膜,宽度与菌体直径相当。菌体的大小和荚膜的宽窄在同一张片子上可有较大不同。有时可看到出芽的孢子。新型隐球菌的特征:①圆形或卵圆形的孢子,孢壁厚,边缘清晰,微调观察有双圈；②孢子周围有透亮的厚荚膜，孢子与荚膜之间的界限和荚膜的外缘都非常整齐、清楚；③孢子内有反光颗粒；④有的孢子生芽，芽颈甚细；⑤加KOH溶液后，菌体不破坏。任何圆形物体边缘模糊，内部无反光颗粒，外部有较窄、内外界限不清的透亮环，加KOH溶液后即消失者，不是隐球菌。但应注意新型隐球菌以外的其他隐球菌也有荚膜。

二、分离培养

将标本接种于沙氏琼脂斜面至少2支，分置于25 ℃及35 ℃ 培养。快者3~5 d就有小菌落生长，但少数2~3周方见生长，故3周不生长可报告阴性。菌落初为白色、奶油样、光滑，渐变黏液样，颜色逐渐变为淡褐色。

三、菌种鉴定

1.生长温度：新型隐球菌可以在25 ℃及35 ℃下生长，大部分菌株可在37 ℃下生长；其他隐球菌很少能在35 ℃及37 ℃下生长。

2.在吐温80—玉米琼脂平板上25 ℃下产无菌丝及厚膜孢子；在血清中37 ℃下不产芽管。

3.生化性状：同化肌醇，尿素酶阳性，不发酵糖、醇、酚，氧化酶阳性。在birdseed agar(鸟食琼脂)上室温2~5 d菌落呈暗褐色至黑色；用咔啡酸纸片试验(caffeic acid disk test)亦可，即将新分离物涂纸片上放湿处(22~35 ℃)，30 min纸片变黑褐色；国内有人用咔啡酸玉米培养基72 h可测得酚氧化酶。

第四节　曲霉菌属检查

曲霉菌属是分布广泛的一种真菌，为常见的实验室污染菌，有100多种。某些种可引起皮肤、鼻窦、眼、耳、支气管、肺、中枢神经系统及播散性曲霉菌病。亦可导致变态反应或毒素中毒症等。临床常见的有烟曲霉、黄曲霉、黑曲霉、土曲霉等。

1.直接镜检：被检材料置玻片上，加10%~20%的KOH溶液，覆盖片镜检。可见粗大菌丝从足细胞上垂直长出，是分生孢子柄，顶端膨大形成顶囊。顶囊上辐射状长出一层或两层小梗，上层小梗呈瓶状(次生小梗)。在次生小梗顶端形成一串分生孢子。孢子因菌种不同呈黄、绿、蓝、棕、黑等色。

2.分离培养：在沙氏琼脂上25 ℃及37 ℃ 生长良好，发育迅速。初为绒毛或絮状白色丝状菌落，渐呈黄色、褐色、灰绿、黑色等。

3.菌种鉴定：据分生孢子头和顶囊的形态、结构、大小，小梗的级数、着生方式，分生孢子的形状、颜色、大小和纹饰等特点进行区分。

第五节　毛霉属和根霉属检查

毛霉和根霉菌种也是广泛分布于自然界的真菌。可引起人的皮肤、肺、胃、外耳道及脑部感染。侵入深部组织,侵犯血管壁形成血栓,导致严重病变。

1.直接镜检:可见宽大、不分隔、分枝较少的菌丝。

2.分离培养:在沙氏琼脂上25 ℃及37 ℃ 生长迅速,3~5 d长成大菌落甚至蔓延整个平板。先为白色丝状,菌丝上长出孢子,囊梗上生孢子囊。众多孢子囊成熟后变为黑色,肉眼可见黑色小颗粒在菌丝顶端。

3.菌种鉴定:毛霉菌丝粗、无隔,孢子囊梗单生或分枝,分枝顶端可产生孢子囊,呈球形、内含孢子囊孢子。成熟后,囊破放出孢子囊孢子,形状及表面状态因种而不同。根霉的孢子囊梗直接从匍匐菌丝的假根上长出,不分枝,亦形成孢子囊及孢子囊孢子。

第六节　荚膜组织胞浆菌检查

1.直接镜检:痰、分泌物、骨髓等涂片需用血液学染色法染色后镜检。用油镜检查可见2~5 μm大小卵圆形、芽生、有荚膜的孢子。在大单核细胞或多形核细胞内,有时在细胞外。

2.分离鉴定:本菌生长较慢,在所有培养基上应培养至少3周。

(1)标本接种于加抗生素的脑心浸液葡萄糖血琼脂上,封口,置37 ℃ 培养。菌落为薄膜状、潮湿、酵母样菌落。转种沙氏琼脂室温下长出典型菌落。酵母菌落涂片镜检有1~5 μm卵圆形芽生孢子。

(2)加抗生素的沙氏琼脂接种标本,25 ℃ 培养,生长慢。产生白色、棉花样气中菌丝体,逐渐变为淡黄乃至褐色。镜检可见分枝、分隔菌丝,附有小而圆的孢子(2~3 μm)。菌落成熟,可有典型的圆形、棘状大孢子(7~15 μm),此特征有确定意义。

荚膜组织胞浆菌主要在美洲和非洲的局部地区引起疾病。我国虽有报告,但常有国外居留背景,确诊需有培养证实。为双相型菌。

荚膜组织胞浆菌感染性很强,常经呼吸道传染侵犯肺,继而累及网状内皮系统,淋巴结、肝脾肿大。原发性组织胞浆菌病肺部有浸润病灶,但临床症状轻可自愈。播散性组织胞浆菌病的原发病灶,除肺脏外也可以是唇、舌、口、耳或咽喉。患者发烧、贫血、腹泻、体重减轻,不经治疗多致死亡。

第十七章　沙眼衣原体感染实验室检查法

生殖道沙眼衣原体是引起尿道炎和宫颈炎的重要病原体之一。属细胞内寄生的原核微生物。感染后50%男性和70%女性常不表现临床症状。

诊断沙眼衣原体感染常用的实验室方法有以下几种：①标本涂片染色直接镜检；②细胞培养法；③抗原检测试验，包括直接免疫荧光法和酶联免疫吸附试验；④DNA杂交及聚合酶链反应法；⑤血清抗体检测。

一、标本涂片染色直接镜检

将临床标本涂片后，做吉姆萨染色、碘染色或巴氏染色，镜下观察。这是一种简便、价廉的诊断方法，可用于新生儿眼结膜刮片的检查，其敏感性约95%，特异性则依操作人员的技术水平而定。但是，这种方法不适宜用于泌尿生殖道沙眼衣原体感染诊断，因为在这种情况下，它的敏感性和特异性均极低。

1.原理

沙眼衣原体在宿主细胞内生长繁殖，形成包涵体。吉姆萨染色后，镜下可见细胞内包涵体。

2.方法

(1)将采集的拭子样本均匀地涂布在玻片上，空气中自然干燥后，滴加丙酮固定10 min。

(2)加吉姆萨染液30 min，洗涤后，显微镜下观察结果。

3.结果

观察油镜下可见细胞内紫红色衣原体包涵体，而周围胞质为灰色，细胞核为粉红色。

4.注意事项

取样时最好采用黏膜刮片，尽量多取黏膜细胞。注意排除假阳性现象。

二、细胞培养法

此法是目前检测沙眼衣原体最为敏感和特异的方法，敏感性为70%~95%。此法可用于证实试验和治疗后的判愈试验，作细胞培养取材很重要，标本采集的原则是要取到含足够数量衣原体颗粒的标本。而衣原体只寄生在细胞内，所以采集标本必须是感染细胞。

1.标本采集

(1)尿道标本：对男性患者，拭子应伸入尿道2~4 cm，轻轻转动并停留片刻，以尽可能多地获得细胞材料；对女性患者，先用手指自耻骨联合下方沿女性尿道走向向前轻轻按摩，观察尿道口有无分泌物，将采样拭子深入尿道1~2 cm，轻轻转动后取出。

(2)宫颈标本：取女性宫颈分泌物时，先用一根无菌棉拭子擦去宫颈口外溢分泌物，然后再用一根采样拭子插入宫颈管内1.0~1.5 cm，轻轻转动并停留20~30 s后取出，送检。作沙眼衣原体检查时，拭子标本放入到标本运送液中，85 ℃低温冰箱保存备用。

(3)眼结膜标本：翻转眼皮，用拭子轻轻擦拭黏膜，收集上皮细胞。新生儿可取结膜刮片标本。

(4)鼻咽部标本：新生儿肺炎，将拭子从鼻孔插入到咽后壁处，转动取样。也可取痰液、支气管洗出液。

(5)咽喉部标本：用拭子从扁桃体窝和后咽部取样。

2.原理

沙眼衣原体是专性细胞内寄生的微生物，它自身不能产生三磷酸腺苷(ATP)，需依赖宿主细胞提供，其生活周期有原体和始体二个发育型。在适宜条件下，衣原体吸附并进入敏感细胞，其原体在细胞中发育成始体，二分裂增殖形成胞质内包涵体，染色后可在显微镜下观察。

3.器材

(1)CO_2培养箱、倒置显微镜、显微镜、培养瓶、培养板、恒温离心机。

(2)常用的敏感细胞株有McCoy、HeLa229、BHK-21细胞等。

(3)胰酶—EDTA液、标本运输培养基、蔗糖—磷酸盐标本运送培养基(2PS)、衣原体生长培养基、衣原体分离培养基。

(4)碘染色液。

4.方法

(1)细胞复苏：将McCoy细胞从液氮中取出，置37 ℃水浴中迅速融化。移至RPMI1640培养基中，在37 ℃、5% CO_2环境下培养过夜。更换新鲜生长培养液。再培养2~3 d至形成单层细胞。弃去培养液，加入5 mL胰酶—EDTA液，室温放置数分钟，吸除胰酶消化液，加10 mL细胞培养液，吹管吹打细胞成混悬液。

(2)单层细胞制备：将胰酶—EDTA消化细胞混合液进行细胞计数，用培养液调整细胞数量为$2×10^5$/mL，然后接种于预先放置有盖玻片的24孔培养板中，在5% CO_2、36 ℃培养48 h形成单层细胞。

(3)标本接种与感染细胞：去除单层细胞培养板孔中的培养液，加入0.5~1.0 mL标本(如冻存样本先置于35 ℃水浴中速溶)，每份样本接种2孔。同时每板设阳性和阴性对照孔。将接种后的培养板于22~35 ℃条件下离心1 h。去除标本液，每孔加衣原体分离培养基1 mL，培养48 h，观察结果。

(4)染色鉴定

碘染色：培养孔弃去培养液，每孔加入0.2 mL甲醇，固定感染细胞10 min，弃去甲醇后加染液，5~10 min取盖玻片显微镜下观察结果。

吉姆萨染色：培养孔弃去培养液，每孔加入0.2 mL甲醇，固定感染细胞10 min，弃去甲醇后加染液，30 min取盖玻片显微镜下观察结果。

直接免疫荧光法：感染细胞用甲醇固定10 min，吸去甲醇后加荧光标记单克隆抗体，37 ℃染30 min，洗涤数次，用碱性甘油封片后荧光显微镜下观察。

(5)结果

有沙眼衣原体生长时，显微镜检查碘染色可见细胞内深棕色包涵体；吉姆萨染色可见细胞内紫红色包涵体；免疫荧光染色可见苹果绿色荧光的包涵体。

5.临床意义

细胞培养是诊断和鉴定沙眼衣原体的“金标准”，特异性可达100%，但敏感性依实验室和样本类型而不同，通常在70%左右。

6.注意事项

(1)McCoy细胞浓度应合适，产生的单层细胞密度不宜过密或过疏，否则会影响衣原体的生长。

(2)尿液、精液标本或使用阴道制剂及服过抗生素的患者，不宜做衣原体培养。

(3)胎牛血清质量对细胞生长影响很大，应选择质量合格的血清。

(4)标本取材后尽快接种，24 h内不能接种应放置于-70 ℃环境保存。

三、直接免疫荧光法

1.原理

针对沙眼衣原体主要外膜蛋白的单克隆抗体与样本中的沙眼衣原体抗原结合单克隆抗体标有荧光素，在荧光显微镜下，阳性标本可见发苹果绿色荧光的原体和包涵体。

2.方法

(1)将标本涂于玻片上，空气中干燥，滴加丙酮固定。

(2)染色标本及阳性和阴性对照片各滴加荧光标记的抗沙眼衣原体抗体。

(3)置湿盒中37 ℃孵育。

(4)磷酸盐缓冲液洗涤数次，空气干燥。

(5)滴加碱性甘油后加盖玻片，荧光显微镜下观察结果。

3.结果

观察阳性和阴性对照判断结果的有效性，阳性标本中可见单个针尖样发苹果绿荧光颗粒。

4.临床意义

与细胞培养相比，此法诊断沙眼衣原体感染的敏感性为70%~90%，特异性为83%~99%。直接免疫荧光法的优点是：快速，价廉，操作简便，标本运送和贮存方便，标本中的沙眼衣原体不必是存活的或是有感染性的。缺点是：在低感染率的人群中敏感性差，受实验人员的主观影响大。

四、酶联免疫吸附试验

1.原理

抗衣原体脂多糖(LPS)抗体包被酶标板微孔，标本中的衣原体LPS抗原与之结合形成复合物，再与酶标记的抗衣原体抗体结合，使底物显色。

2.方法

(1)抗原提取，在标本中加入样本处理液，振荡10 s，同时取阳性和阴性对照，加入样本处理液。然后样本和阴、阳性对照管置于95~100 ℃水浴中处理15 min，冷却10 min。

(2)加样，孵育，洗板。

(3)加酶标抗体，孵育，洗板。

(4)加显色剂，显色数分钟。

(5)加终止液，酶标仪读取OD值。

3.结果

按试剂盒要求计算设定阈值。标本OD值大于或等于阈值值为阳性；标本OD值小于阈值为阴性。

4.注意事项

采样部位应正确，并尽可能多取样。不同批号试剂禁止混用。拭子质量可能对结果有影响，最好为涤纶金属或塑料拭子。试验结果阴性时不能完全排除沙眼衣原体感染，有可能是沙眼衣原体数量不足或标本采集不当。

五、免疫胶体金扩散试验

在两块长方形塑板中衬有检测滤纸条，滤纸条上吸附有抗沙眼衣原体单克隆抗体，在塑板的"样本窗"加样，通过毛细作用渗入"结果窗"，如为阳性则能见到细线形成。此法诊断女性宫颈沙眼衣原体感染的敏感性为87%，特异性为98.8%。此法优点是简易、方便、快速，尤其适用于基层单位。缺点是标本中需要有足够数量的沙眼衣原体抗原。

六、血清抗体检测

尽管沙眼衣原体感染时血清和泌尿生殖道分泌液中会出现抗体，但血清学试验对于诊断无并发症的泌尿生殖道感染价值不大。免疫反应为期短暂，且再感染常有发生。血清抗体在性病高危人群中有较高的本底检出率，不过在性病性淋巴肉芽肿(LGV)和沙眼衣原体性附睾炎、输卵管炎时血清抗体水平明显升高，检测血清抗体水平有助于诊断。新生儿衣原体肺炎也可用血清学方法测定抗衣原体IgM抗体，具有诊断价值。检测方法有酶联免疫吸附试验和微量免疫荧光法。前者是将抗原包被于塑料梳齿上，后者则是包被于微量板孔中。当抗体滴度达到一定水平(如女性≥1:128，男性≥1:64)时，提示有并发症(附睾炎、输卵管炎)或LGV。由于沙眼衣原体感染后血清阳转需2~3周，因此抗沙眼衣原体抗体IgG检测阴性不能完全排除感染。而患者即便经过治疗，IgG升高仍能持续较长时间，故阳性结果也不一定证明有现症感染存在。

七、聚合酶链反应

这是一种体外扩增特异DNA片段的方法，用于诊断沙眼衣原体感染的PCR法已有商品化试剂盒。PCR法诊断泌尿生殖道沙眼衣原体感染的敏感性高，在细胞培养阴性者也能检测出沙眼衣原体感染。在一项比较研究中，PCR法、培养和Gen-Probe(一种核酸杂交试验)的敏感性分别是95%、86%和65%。有研究发现，PCR法的特异性达到99%~100%。然而，也有报告由于"残留(carry over)"污染而造成PCR假阳性，或因标本中含有Taq酶抑制物而使PCR假阴性。此时可将标本反复冻融几次或冻存较长时间或用稀释等方法来解决。PCR的敏感性和特异性都非常高，但是在临床应用时，PCR的结果应结合病史和治疗情况进行分析，必要时重复取材或其他部位取材做试验。

第十八章 支原体感染实验室检查法

支原体感染与非淋球菌尿道炎的发生密切相关,也可引起前列腺炎、附睾炎、不育症及妇女上下生殖道的炎症等。根据目前国内实际情况,介绍几种常见的支原体,即解脲脲原体(解脲支原体,Uu)、人型支原体(Mh)和生殖支原体(Mg)的实验室检查。

一、解脲支原体(Uu)感染

(一)分离培养法

1. 原理

Uu在含5% CO_2和95%氮气环境中生长良好。其生长最适pH值为5.5~6.5,最适温度为36~37 ℃。Uu具有尿素酶,能分解尿素产氨,使含酚红指示剂的Uu液体培养基pH值上升,颜色由黄色变为红色。再将液体培养物转种到固体培养基上,能生长成具有特征性油煎蛋样集落。

2.材料

(1)液体培养基:加0.4%酚红溶液0.5 mL,青霉素(使其在培养基中的浓度为500~2 000 U/mL),用1 mol/L HCl调pH值至5.5~6.5,用小试管分装后置冰箱中备用。每管1.5~2.0 mL。

(2)固体培养基:在100 mL支原体肉汤培养基中,加入琼脂1.2~1.4 g,高压灭菌后冷却到50 ℃左右,逐一加入上述添加剂。摇匀,倒入无菌平皿中,待凝固后,置冰箱中备用。

3.方法

将标本洗入液体培养基后,置37 ℃温箱中培养,每日观察。在有氧和无氧环境下均能生长,但放于含5%~10% CO_2环境中生长更好。60%~80%湿度环境适宜支原体生长。Uu生长繁殖达到高峰极易死亡,故应及时转种。固体培养基也可放入烛缸内,经3~5 d孵育后,在低倍显微镜下观察Uu集落形态。

4.结果

接种标本后,经孵育,若培养基发生由黄变红的颜色变化,透明无混浊(有别于某些细菌及真菌生长),则可初步判断为有支原体生长。大多数Uu在24 h内可获得阳性结果。如果培养基发生颜色变化,但液体又有混浊,则应排除杂菌污染,可用孔径为0.45 μm的滤膜过滤后,作接种观察。进一步诊断需将液体培养物接种到固体培养基上培养,经Dienes法染色后在低倍显微镜下观察集落形态。阴性结果需观察5~7 d。Uu在固体培养基上集落核心呈粗颗粒状,具极窄的边,有时呈油煎蛋样。如用Dienes法染色,集落为特异的蓝色。一般细菌的菌落不着色,容易鉴别。

(二)代谢抑制试验

1.原理

根据特异性抗体能阻止支原体的生长和代谢这一特性,可用病人血清进行代谢抑制试验。在加有抗血清的培养基中,支原体的代谢受到抑制,从而阻止了培养基的颜色改变。

2.方法

如为了测定患者是否为Uu感染，可在含有尿素的支原体培养基中加入该患者的血清后接种Uu，在37 ℃温箱中培养，经培养后，Uu感染者不出现培养基的颜色改变，而未加抗血清的对照培养基则会发生颜色改变。

3.结果

当不加抗血清的对照培养基出现颜色变化时，即可判断结果。被检血清管颜色不发生变化的为阳性，反之为阴性。代谢抑制试验也可用于检测感染支原体患者血清抗体的滴度。即将血清作10倍连续稀释以后，滴入支原体培养液，并以不加血清的支原体试验管和不加支原体液的培养基管作为对照。经37 ℃培养，不加抗血清的培养管支原体应生长良好，培养基应变成红色，未加支原体液培养基管颜色不变。未发生颜色变化的最高血清稀释度为代谢抑制试验的抗体滴度。

(三)间接血凝试验

1.原理

在一定条件下，抗体和相应抗原相遇，可形成抗原抗体复合物。这种复合物分子团很小，不能形成肉眼可见的反应。用经鞣酸处理的红细胞作为载体，将抗原吸附在其表面，使红细胞致敏，待与相应的血清抗体相遇时，可出现肉眼可见的凝集现象。

2.结果

红细胞凝集程度在+ +以上判断为阳性反应。滴度在1:32以上有诊断意义。

(四)生长抑制试验

1.原理

特异性抗体能阻止支原体的生长和代谢。

2.材料和方法

用直径为6~8 mm的圆形灭菌滤纸片，以未稀释抗血清浸透后放入无菌平皿内，于4 ℃下干燥后待用。吸取待检菌液0.5 mL涂布于固体培养基上，置37 ℃使琼脂表面稍干燥。以无菌操作镊取抗血清纸片放于琼脂表面，培养4~5 d后，在低倍显微镜下观察滤纸片周围有无支原体生长。

3.结果

滤纸片周围无菌落生长，出现抑菌圈大于2 mm者表示该支原体与抗血清系免疫原同种，小于2 mm判为异种。

(五)分子生物学诊断方法

目前主要应用聚合酶链反应(PCR)及DNA探针技术作诊断。前者具高度特异性和敏感性，且快速、简便，但操作要求极为严格。

用聚合酶链反应的原理是DNA片段扩增，其中支原体引物的选择是PCR检测技术中的关键。

二、人型支原体(Mh)感染

(一)分离培养法

1.原理

人型支原体(Mh)在有氧及无氧环境中均能生长，在液体培养基上培养2~3 d、固体培养基上培养4~5 d即可生长成集落。生长除需胆固醇外，尚需精氨酸。生长的最适pH值为7.0，最适温度为36~37 ℃，Mh具有精氨酸脱氢酶，能水解精氨酸产氨，使含酚红指示剂的Mh液体培养基pH值上升，呈碱性，颜色由橙黄色变为红色。Mh和Uu一样不发酵葡萄糖，这与Mg有区别。将液体培养物转种到固体培养基上，能生长成具有特征性的油煎蛋样集落。

2.材料

液体培养基中不加尿素，需加入精氨酸，其他成分与Uu同。

3.方法

Mh在液体培养基中培养2~3 d，在固体培养基中培养4~5 d。

4.结果

(1)液体培养基培养：颜色由橙黄色变为红色，透明无混浊，则可初步判断为有Mh生长。

(2)固体培养基培养：由上述液体培养物转种到Mh固体培养基上，经孵育后，用Dienes法染色，在低倍显微镜下观察可见到具有特征性的油煎蛋样集落。

(二)Mh其他实验诊断方法

与Uu同。

三、生殖支原体(Mg)感染

生殖支原体(Mg)能发酵葡萄糖和其他碳水化合物，使培养基pH值下降呈酸性，但即使pH值降至6.0以下，Mg仍可存活，Mg不能分解精氨酸及尿素。Mg生长缓慢，需在特殊的SP-4培养基中才能生长，若在液体培养基中加入特异性抗血清，使血清与Mg结合可抑制其分解葡萄糖产酸的能力。Mg在固体培养基上，置于5%~10% CO_2和90%~95%的氮环境中，可形成油煎蛋样集落。营养要求复杂，因此分离培养的难度较大，而血清学诊断因其与肺炎支原体有广泛的交叉反应而受到限制。这些都给诊断Mg感染带来困难。

(一)分离培养方法

Mg在一般支原体培养基中不生长，需在不含醋酸铊的SP-4培养基中生长。因Mg发酵葡萄糖可使含酚红指示剂的培养基出现由红色变为黄色的变化，在固体培养基上，在合适的环境中可形成油煎蛋样集落。用分离培养法检测Mg，在临床实际应用中尚有一定的难度。

(二)血清学诊断试验

目前尚无可靠的方法。

(三)分子生物学诊断方法

目前主要应用DNA探针及PCR技术检测Mg。前者敏感性较差，后者具有高度的敏感性和特异性，能测出10~15 g的Mg-DNA，又有快速和简便等优点。

第十九章　梅毒实验室检查法

梅毒实验室检查可分为梅毒螺旋体检查、梅毒血清学试验和脑脊液检查。

一、梅毒螺旋体检查

(一)暗视野显微镜检查

这是一种能够立即在获得性或先天梅毒的早期进行直接诊断的唯一方法，因此被广泛用于性病临床实验室。

1.适应证:发生于不洁性交后的生殖器溃疡,呈硬结性且伴邻近淋巴结肿大的溃疡,不论发生的部位如何,都应取材送检;发生在皮肤黏膜的慢性潮湿损害,疑有早期梅毒者。

2.原理:梅毒硬下疳、扁平湿疣、黏膜斑等皮损的渗出液涂片,以及淋巴结穿刺液涂片等,在暗视野显微镜下,光线从聚光器的边缘斜射到涂片上的梅毒螺旋体而发出亮光,从而可根据其特殊形态和运动方式进行检查。

3.取材方法

(1)尽可能选择发病时间短的损害(溃疡、扁平湿疣、黏膜斑、可疑的近位淋巴结等),用无菌生理盐水棉球拭净该部位污物,然后去除痂皮和分泌物,保持皮损局部清洁,然后轻刮皮损表层数次,轻压皮损至出现渗液如导致出血,可用消毒棉球压迫止血,再取渗出的血清或渗出液少量覆盖于玻片上,加一滴生理盐水与渗出液混合成混悬液后加盖玻片,立即置暗视野显微镜下观察。

(2)特殊部位的标本采集:①包皮龟头部,可用矿物油作为润滑剂,轻轻地将包皮翻上去,暴露损害,再用上述方法取之。②引流淋巴结穿刺,常规消毒皮肤,用注射器吸取0.25~0.5 mL等渗盐水,经皮刺入淋巴结,将等渗盐水注入淋巴结内再回吸数次。最后将抽吸的液体注于载玻片上。③宫颈部位借助阴道窥器,清洁损害后,用一长毛细吸管或长腰椎穿刺针吸取标本,也可用长棉拭子取标本。④皮疹用70%酒精消毒,待干后。用消毒手术刀刮破皮疹表面,取渗出液与预先滴加在载玻片上的生理盐水混合后加盖玻片镜检。

4.结果

在暗视野显微镜下寻找具有特征性形态和运动方式的梅毒螺旋体。梅毒螺旋体在暗视野下表现为白色透明发光体,可以通过它的典型形态、大小及运动方式加以识别。它是一种纤细的(0.25~0.3 μm)微生物,长6~14 μm,有平均8~14个规则紧密的螺旋。其运动方式主要有三种,即旋转式、蛇行式和伸缩式。由于螺旋体的运动方式对鉴别诊断至关重要,所以用于暗视野检查的标本不宜运输和久置,应快速检查。上述标本在暗视野显微镜下如发现具有典型梅毒螺旋体特征和运动方式为阳性结果。

5.临床意义

对一、二期梅毒的皮肤黏膜和淋巴结病变具有快速、简便和可靠的诊断价值,特别是一期梅毒。若暗视野显微镜下看到的病原体，其形态及运动符合梅毒螺旋体特征时即为阳性。但是，并非在梅毒所有的病程中都能找到梅毒螺旋体，即使是一、二期梅毒，由于取材不当或用药等原因，都可出现阴性结果。如果是阴性结果，也不能完全排除梅毒，应重复检查。该方法具有一定的局限性。

(二)直接免疫荧光试验

1.原理

是将特异的抗梅毒螺旋体单克隆抗体用荧光素标记，如标本中存在梅毒螺旋体，则通过抗原抗体特异性结合，在荧光显微镜下可见到发苹果绿色的梅毒螺旋体。

2.方法

此方法操作简单，受检标本直接涂片，直径小于1 cm。空气自然干燥后，用丙酮或甲醇固定10 min。滴加用荧光标记的抗梅毒抗体孵育后即可观察。

3.结果

在荧光显微镜下，见到发苹果绿荧光的梅毒螺旋体，即为阳性结果。DFA 的特异性及其敏感性均大于暗视野显微镜检查。当标本阳性时，可确诊。特别对口、肛周等部位的损害能区别梅毒螺旋体与非致病性螺旋体。但当标本阴性时，不能完全排除梅毒。因标本、荧光素、抗体的质量及操作技术等因素均可导致假阴性。

4.注意事项

为了确保判断结果的正确性，实验人员必须经过培训，必须使用高质量的荧光显微镜和试剂，以确保试验的质量。

(三)梅毒螺旋体镀银染色检查

1.原理

此法基本同DFA法。梅毒螺旋体具有亲银性，可被银溶液染成棕黑色，在普通高倍镜下即可观察到梅毒螺旋体。

2.方法

将标本于洁净的载玻片上作一薄片，于空气中自然干燥。用罗氏固定液固定抗原颗粒2~3 min。以无水酒精洗涤。再经媒染，通过加硝酸银染色处理，水洗待干，用油镜检查。

3.结果

在镜下见到棕黑色的梅毒螺旋体为阳性结果。镀银染色可显示内脏器官和皮肤损害中的梅毒螺旋体。当标本阳性且有典型的皮肤黏膜损害者可确诊。当标本阴性时，不能完全排除梅毒。

二、梅毒血清学检查

当人体感染梅毒螺旋体后，经过一定的时间，血清中就可产生一定数量的抗类脂质抗原的非特异性反应素和抗梅毒螺旋体抗原的特异性抗体，主要是IgM和IgG。梅毒血清学试验的目的在于检测血清中的抗体是否存在。通常根据其抗原的不同分为非梅毒螺旋体抗原血清试验和梅毒螺旋体抗原血清试验，而原有的传统试验手段如华氏、康氏试验已被淘汰。

(一)非梅毒螺旋体抗原血清试验

即以心磷脂作为抗原，检测血清中抗心磷脂抗体，亦称反应素。

1.性病研究实验室试验(venereal disease research laboratory，简称VDRL)：该试验是用

心磷脂、卵磷脂及胆固醇作为抗原，可检测梅毒患者体内的抗类脂抗原的抗体，进行定量及定性试验，亦可用于检测脑脊液中抗体的梅毒血清反应，其缺点是对一期梅毒敏感性不高。

(1)标本采集

血清：抽取静脉血，室温静置凝固后分离新鲜血清。也可采用冻存的血清。

脑脊液：采用腰椎穿刺术获得，应由相关专业人员操作。

(2)材料

试剂盒VDRL抗原原液、VDRL缓冲液、抗原滴管及针头、直径为14 mm漆圈的玻璃反应板、VDRL试验结果判读用参照图片。30 mL平底玻璃小瓶、生理盐水。

(3)方法

①VDRL抗原配制。

②VDRL玻片定性试验。a.灭活：血清标本56灭活30 min；b.吸样：吸取0.05 mL血清放入反应圈中，将血清涂布到整个圈内；c.加抗原：用标准针头加1滴VDRL抗原悬液；d.反应：将反应板置水平旋转仪上旋转4 min(180±5 r/min)，立即置低倍镜下观察。

③VDRL定量试验。a.加稀释液：在圈内加入0.05 mL生理盐水(根据需要确定稀释度)；b.样本稀释：吸取0.05 mL样本与各圈中盐水作系列稀释并涂布到整个圈内；c.以下步骤同②中的c–d。

(4)结果判断

3+~4+：较大的或大块的絮状物，液体清亮。

2+：絮状物比较小，液体较清亮。

1+：絮状物较小且多，需用显微镜(100倍)观察其性状。

±：抗原颗粒较粗糙。

–：抗原颗粒均匀散在，液体混浊。

(5)注意事项

实验的环境温度应为23~29 ℃；试验完毕，应立即观察结果。

2.不加热血清反应素试验(unheated serum reagin test，简称USR)：系VDRL的改良，其敏感性及特异性与VDRL相似，因操作简单，可用于大量标本的初筛。

3. 快速血浆反应素环状卡片试验 (rapid plasma reagin circLe card test，简称RPR)：与VDRL相似。其优点为操作简便，不需要显微镜观察结果，抗原不需新鲜配制，可用患者的血浆进行检测，分定量和定性试验两种。操作步骤与性病研究实验室试验(VDRL)基本相同。

(1)结果判读

3+~4+：圆圈内出现中到大的黑色絮状物，液体清亮。

2+：圆圈内出现小到中的黑色絮状物，液体较清亮。

1+：圆圈内出现小的黑色絮状物，液体混浊。

–：圆圈内仅见碳颗粒集于中央一点或均匀分散。

(2)结果报告

定性试验，出现1+~4+强度的凝集反应为阳性；不产生凝集反应为阴性。定量试验滴度，出现凝集反应的样本最高稀释倍数。

(3)临床意义

性病研究实验室试验(VDRL)、不加热血清反应素试验(USR)、快速血浆反应素试验

(RPR)三项试验主要用于初筛试验和疗效观察及复发和再感染的检查。此项检测梅毒血清反应阳性者,进一步做梅毒螺旋体抗原血清试验。

(二)梅毒螺旋体抗原血清试验

用活的或死的梅毒螺旋体来检测抗梅毒螺旋体抗体。

1.荧光螺旋体抗体吸收试验(fluorescenf treponemal antibody-absorption test,简称FTA-ABS):以完整的梅毒螺旋体作为抗原,采用间接免疫荧光技术检测患者血清中的抗梅毒螺旋体IgG抗体。该试验敏感性和特异性均高,是梅毒螺旋体抗原血清试验的“金标准”。对未经治疗的一期、二期、潜伏期梅毒和晚期梅毒患者的敏感性分别为84%、100%、100%和96%,特异性均可达到97%。

2.梅毒螺旋体血凝试验(treponema pallidum hemagglutination test,简称TPHA):用超声裂解的梅毒螺旋体为抗原,致敏经醛化、鞣化的羊或禽类红细胞,与梅毒螺旋体抗体反应产生肉眼可见的凝集反应。用被动血凝法检测梅毒螺旋体抗体,其敏感性和特异性均高,而且操作较FTA-ABS试验简单,费用低,临床应用较为广泛。

3.梅毒螺旋体明胶凝集试验(treponema pallidum particle assay ,TPPA):TPPA与TPHA试验原理基本相同,为用超声裂解的梅毒螺旋体为抗原,致敏红色明胶颗粒,此致敏颗粒与人血清或血浆中的梅毒螺旋体抗体结合,产生肉眼可见的凝集反应。TPPA可作为非梅毒螺旋体抗原血清试验(如RPR等)初筛阳性标本的确诊试验;梅毒患者经抗梅治疗后TPPA仍可为阳性,故该试验不能作为疗效观察的指标;TPPA阳性不能区分既往感染和现症感染,应结合非梅毒螺旋体抗原血清试验结果进行诊断。

4.螺旋体特异IgM抗体法

(1)19s-IgM FTA-ABS:为FTA-ABS试验的改良,用以检测抗螺旋体IgM抗体。

(2)19s-IgM-TPHA:是TPHA试验的改良,用以检测抗螺旋体IgM抗体。

临床意义:在梅毒中特异IgM抗体的合成是第一次感染后的体液免疫应答,检测梅毒患者体内的IgM抗体,对于早期梅毒具有极高的敏感性和特异性,可用于早期梅毒诊断;在潜伏期及晚期患者也能发现;由于IgM抗体分子量大不能通过胎盘,新生儿体内IgM抗体升高可作为诊断胎传梅毒的依据;经过抗梅治疗后,患者体内的IgM抗体随着梅毒螺旋体的消亡而消失,若再发生感染时又可出现。因此,对梅毒的治愈、复发和再感染的判断具有可靠的参考价值。

上述两项试验由于操作复杂、费用高而未广泛用于临床。

5.酶联免疫吸附试验(ELISA):是将经超声裂解、纯化处理或重组的梅毒螺旋体抗原包被在固相板条上,测定待检样本中的梅毒螺旋体抗体。其敏感性和特异性均较高,且设备简单,操作方便,试剂稳定,适用于基层防疫医疗机构使用。

6.脑脊液梅毒螺旋体血凝试验(CSF-TPHA)及脑脊液IgM固相吸附试验(CSF-lgM-TPHA):用以诊断神经梅毒。

梅毒血清试验种类较多,但不论哪种方法都各有优缺点,通常选用非梅毒螺旋体抗原血清试验作为临床的初筛试验,若血清学反应阳性,则需采用梅毒螺旋体抗原血清试验予以确诊。一般感染5~7周梅毒血清学反应多为阳性,最早的可在硬下疳出现后2周内呈现阳性反应。若在潜伏期予以不规则抗生素治疗,则梅毒血清学反应可缓慢出现阳性结果。二期梅毒血清学反应阳性率达100%。三期梅毒只有部分患者血清反应为阳性。

(三)梅毒血清试验应用指征

1.非梅毒螺旋体抗原血清试验:由于试验设备简单,操作方便,易于推广,具有一定的敏感性和特异性,故作为常规试验及用作大量可疑病例的筛选;可做定量试验,用于观察疗效,判断复发及再感染;能够鉴别早期和晚期潜伏梅毒;鉴别胎传梅毒与被动反应素血症;脑脊液VDRL试验有助于神经梅毒的诊断。

2.梅毒螺旋体抗原血清试验:通常采用FTA-ABs试验和TPHA试验,因有较高的敏感性和特异性,一般用作梅毒诊断的证实试验。这种方法检测的是抗梅毒螺旋体IgM。由于95%以上的患者一旦血清反应呈阳性结果,即使经过足够的抗梅治疗,血清反应仍持续阳性,甚至终生存在。因此,不能作为判断疗效、复发、再感染的指征。

梅毒血清学试验是诊断梅毒的重要依据之一,但不能作为诊断梅毒的唯一依据。因此,对于试验的阳性结果,既不能绝对地肯定梅毒诊断,阴性结果也不能全然否定梅毒诊断,因为血清学试验中时常会出现假阳性/假阴性结果。

梅毒患者的血清反应强度在梅毒各期是不一致的,通常血清反应阳性率出现的过程是一期低,二期高,三期再度降低。

(四)梅毒血清的假阳性反应

非梅毒患者的梅毒血清学试验呈阳性反应被称为"假阳性反应"。各种梅毒血清学试验都会出现一定比率的假阳性反应,导致假阳性反应的原因主要有生物性和技术性两个方面。

1.技术性假阳性反应:约占假阳性反应的1/4,主要是由于标本的保存、转送、试剂质量问题或实验室操作失误等造成。凡属于技术性假阳性反应是能够避免的,往往通过重复试验或对照试验即可排除。

2.生物性假阳性反应:约占假阳性血清反应的3/4,由于病人有其他疾病或生理状况发生改变所致。通常可分为急性和慢性两种。

急性生物学假阳性反应多见于非梅毒性感染性疾病,如回归热、雅司、疟疾、黑热病、斑疹伤寒、猩红热、风疹、水痘、传染性单核细胞增多症、传染性肝炎以及某些呼吸道感染等。任何急性发热性病都能产生急性生物学假阳性反应,但滴度很低,很少高于1:8,当病情缓解后数周内,血清反应常转阴性。若非梅毒螺旋体血清试验6个月内转为正常,而梅毒螺旋体血清试验呈阳性,可确定为急性生物学假阳性反应。

慢性生物学假阳性反应通常能够持续数月或数年,乃至终身。常见的疾病有自身免疫病:如系统性红斑狼疮、系统性硬皮病、风湿热等。其他疾病有肝硬化、自身免疫性溶血性贫血、慢性肾炎、结肠癌等疾病。麻醉剂成瘾者、少数孕妇、老年人、饮酒者等也可出现梅毒血清反应假阳性。对出现生物学假阳性者,应该做仔细全面的检查和密切随访,以排除其他疾病。对孕妇血清反应阳性又不能排除梅毒者,为了保护胎儿,应做必要的抗梅治疗。

(五)梅毒血清反应阴性与假阴性反应

一般正常人血清内无反应素或无梅毒螺旋体抗体存在,故梅毒血清反应呈阴性。若梅毒患者经过正规、足量的抗梅治疗,亦可使血清阴转。早期梅毒治疗后血清阴转率较高;晚期梅毒虽经足量的抗梅治疗,血清阴转率却较低。一般把连续3年梅毒血清反应阴性的梅毒患者称为血清治愈;未经治疗的梅毒患者经过一定时间后,由于血清中反应素含量降低,故易引起血清阴性反应,称为假阴性反应。如一期梅毒、三期梅毒或是在感染梅毒的初期就开始抗梅治疗者都易出现血清阴性反应。另外,因技术操作错误或抗原敏感性过低亦能出现血清反应阴性。因此，梅毒血清反应阴性并不能排除梅毒。梅毒血清假阴性反应的患者仍可随时出现各期梅毒的症状，所以对于疑为梅毒者，即使血清反应呈阴性结果，也必须做梅毒血清定量试验。

(六)梅毒血清反应与治疗

梅毒患者经过抗梅治疗后，其血清反应有三种变化。

1.梅毒血清反应阴转：通常血清反应的阴转率与梅毒的类型和抗梅治疗的情况(包括抗梅药物的种类、用量、方法、开始治疗的时间等)有直接关系。

2.梅毒血清反应不阴转：梅毒患者经正规、足量的抗梅治疗后，在一定时期内(早期梅毒6个月，晚期梅毒1~2年)，非梅毒螺旋体抗原血清试验一直不阴转，或是定量滴度不降，称为血清固定。形成的原因有：体内仍有潜在的活动性病灶存在；患者体内的免疫力持久；对抗梅药物有耐药性或剂量不足；神经梅毒的存在。早期的血清固定多与治疗(如剂量不足或方法不规则)、复发、再感染，或与神经梅毒、心脏梅毒、内脏梅毒的存在等因素有关。晚期的血清固定与梅毒的类型及进行治疗的时间早晚有关。晚期的血清固定，即使超量抗梅治疗仍不能使血清滴度降低。可以说有血清固定的存在，就有梅毒症状复发的可能。对于血清固定、复发与再感染的鉴别一般要靠再次的正规治疗和梅毒血清学的监测来实现。

3.抗梅治疗中或治疗后血清复发：梅毒患者因接受不足量和不正规的抗梅治疗后，血清反应暂时转阴，经过一定时间后，血清反应又转为阳性，或梅毒血清反应为阴性，经治疗后反而转为阳性，或血清滴度升高2个稀释度者，称为血清复发。复发意味着抗梅治疗失败，这时应再次加倍剂量进行复治，才能达到治愈的目的。同时有必要作脑脊液检查来观察中枢神经系统有无受累，以排除无症状性神经梅毒的存在。

4.复发与再感染：梅毒治愈的标准分为临床治愈和血清治愈。而梅毒的复发则包括血清复发和症状复发。后者见于抗梅治疗后，梅毒的症状消失，经相当时期症状再现，称为症状复发，如二期复发梅毒疹。梅毒彻底治愈后，再次感染称为再感染(reinfection)。初患梅毒未愈，又发生新的梅毒螺旋体感染称为重染(superin-fection)。

三、脑脊液检查

(一)脑脊液检查指征

早期梅毒抗梅治疗后12个月；病期不明的梅毒患者、晚期梅毒或潜伏期梅毒患者，治疗前均应做脑脊液检查，以排除无症状神经梅毒的存在；在治疗期间或治疗后出现症状复发或血清复发者；感染2年以上而未进行正规、足量的抗梅治疗者；有神经梅毒症状者。

(二)脑脊液检查的内容

1.脑脊液VDRL试验：是神经梅毒的标准试验，阳性结果可诊断为神经梅毒，但该试验存在假阴性。脑脊液的FTA-ABs试验阴性可排除神经梅毒，但特异性不高，可能产生假阴性。

2.白细胞数：正常时白细胞数应小于3×10^6/L，若白细胞数大于或等于10×10^6/L，提示中枢神经系统有炎症现象。

3.蛋白质量测定：总蛋白质量正常为0.1~0.4 g/L，神经梅毒可稍升高，或高达1.0~2.0 g/L，主要是α-2脂蛋白、α-2巨球蛋白、IgG、IgM升高。

4.胶体金试验：神经梅毒及其他神经系统疾病时，CSF中白蛋白、球蛋白发生变化。与胶体金在不同稀释度下发生沉淀。麻痹性痴呆和脑膜血管梅毒常呈麻痹型或第一带型；脊髓痨及脑血管梅毒呈梅毒型或中间型;脑血管梅毒多数呈正常型或微弱的中间型反应。

(三)临床意义

对神经梅毒(包括无症状神经梅毒)的诊断、治疗及预后的判断均有帮助。

胎传梅毒的诊断指标:(1)暗视野检查梅毒螺旋体阳性;(2)患儿非梅毒螺旋体血清学抗体滴度持续上升;(3)患儿非梅毒螺旋体血清学定量试验结果比母亲高4倍(低于或等于该值并不排除胎传梅毒);(4)患儿检出19s-IgM抗体。

四、诊断

1.根据病史:后天梅毒有接触传染性病史,先天梅毒其母有梅毒病史。

2.临床表现:后天梅毒有一、二、三期临床表现,先天梅毒有早期或晚期临床表现,隐性梅毒无明显临床表现。

3. 实验室检查: 梅毒螺旋体检查阳性和 (或) 梅毒血清学试验(VDRL、RPR、TPPA、TPHA)阳性,可明确诊断。

第二十章 淋球菌实验室检查法

淋病的实验室检查包括显微镜检查、培养检查、抗原检测、药敏试验及PPNG测定、基因诊断等。

一、标本的采集和处理

淋病实验室检查的主要目的是检查患者的分泌物中有无淋球菌。因此,取材方法的正确与否对获得正确的结果至关重要。

1.男性患者:取材作涂片时,应先用灭菌生理盐水清洗尿道口,然后用手指由后向前挤出脓液,用棉拭子或接种环蘸取脓液后轻轻涂布于载玻片上,待自然干燥后做染色。取材作培养时,应用小棉拭子深入到尿道口内3~4 cm,轻轻转动并停留10~15 s,取出的分泌物应带有黏膜细胞,然后尽快接种到培养基中(取材前2 h内不应排尿)。

2.女性患者:女性宫颈分泌物取材时,应先用无菌棉拭子擦去宫颈口外分泌物,然后用女性采样拭子插入宫颈管内1~2 cm,转动并停留20~30 s,让棉拭子充分吸附分泌物;女性尿道分泌物取材时,用一手指插入阴道内,沿尿道口方向挤压尿道,尿道口出现分泌物时以棉拭子或接种环蘸取分泌物。若无明显分泌物,也可采用与男性相同的采样方法取材。

3.对怀疑是淋菌性直肠炎的患者,应将棉拭子插入肛门2.5 cm以上,从紧靠肛环的隐窝中取材。检查淋菌性咽炎时应从扁桃体或扁桃体窝或咽后壁取材。

二、分泌物涂片检查

1.原理

男性淋球菌尿道炎患者的泌尿生殖道分泌物经涂片革兰染色后,在显微镜下可见多形核白细胞内有革兰阴性双球菌。

2.方法

先用浸有灭菌等渗盐水的拭子揩尿道口,然后取患者尿道分泌物或宫颈口脓汁,轻轻涂布于载玻片上,待自然干燥后固定作革兰染色,油镜观察。

3.结果

可见大量红色多形核白细胞,有些细胞内吞噬有革兰氏染色阴性淋球菌,呈圆形或卵圆形,常成双排列,两菌接触面扁平或稍凹。多数多形核白细胞中并不含淋球菌,但不少白细胞中常含有1对至数对,甚至几十对淋球菌,淋球菌常位于细胞浆中。在病程较长或经过治疗的淋病患者的分泌物涂片中,淋球菌数目较少,有时呈单个、四联和八叠状,且位于细胞外。

4.注意事项

(1)涂片时不要用力涂搽,涂片厚度要适宜,太厚革兰阴性菌也会呈现紫色。

(2)固定涂片时只要将涂片迅速通过火焰2~3次,加热过度会使细胞变形。

(3)涂片检查不推荐用来判愈,也不推荐用于女性患者的诊断。

(4)急性病人判断标准为细胞内见到革兰阴性双球菌。

5.临床意义

涂片检查方法简便、价格低廉。对有大量脓性分泌物的男性淋球菌前尿道炎的患者,阳性率达95%~99%,可以初步诊断。女性患者阳性率较低,且因宫颈分泌物杂菌较多,有些形态甚至和淋球菌形态相似,因而敏感性和特异性较差,阳性率仅为50%左右,且有假阳性。因此世界卫生组织(WHO)不推荐将涂片法用于女性患者的诊断。另外,咽部和直肠涂片发现革兰阴性双球菌不能诊断淋病,因为其他奈瑟氏菌属在咽部是正常菌群,不典型的涂片阳性应作进一步的检查。因此建议有条件者均应进一步做淋球菌培养检查。慢性淋病由于分泌物中淋球菌较少,阳性率较低,故前列腺液检查应取按摩液,以提高检出率。

三、培养检查

淋球菌培养是诊断淋球菌的"金标准"。对临床症状不典型、涂片检查阴性、咽喉和直肠淋球菌及女性患者应进行淋球菌培养,如阳性可确定诊断。在基因诊断问世以前,培养是世界卫生组织推荐的筛选淋病的唯一方法。目前国内外常用的选择培养基有改良的Thayer-Martin(T-M)和NewYorkCity(NYC) 培养基。或采用巧克力琼脂或血琼脂培养基,均含有抗生素,可选择性地抑制许多其他细菌生长。在36 ℃、70%湿度,含5% CO_2环境中培养24~48 h观察结果。培养后还需进行菌落形态、革兰染色、氧化酶试验和糖发酵试验等鉴定。培养阳性率男性80%~95%,女性80%~90%。

1.原理

如果标本中有淋球菌,则在合适的培养基上经培养后可长成具有一定特征性的菌落。根据菌落大小、表面高起或扁平、光泽、色素和边缘的情况等,可作为细菌检定的标准。分离到纯菌后还可进行其他试验。

2.方法

按上述取材后迅速培养,培养条件为温度35~36 ℃,含5% CO_2。

3.培养基

由于淋球菌的营养要求较复杂,所用的培养基中应含有动物蛋白及细菌生长所需的各种因子。目前国内常用的是巧克力琼脂或血琼脂培养基,选择培养基有改良的T-M和NYC培养基,均含有多黏菌素和万古霉素抗菌物质,可选择性地抑制许多其他细菌生长。而淋球菌菌落可长得较大,从而大大提高了由宫颈、尿道尤其是咽部和直肠分离出淋球菌的阳性率。

4.结果

24~48 h后可见圆形、凸起、湿润、光滑、半透明或灰白色菌落。边缘呈花瓣状,直径0.5~1.0 mm,有黏性。涂片染色25%为典型双球菌,75%为单球菌、四联或八叠。

5.初步鉴定

(1)氧化酶试验

原理:淋球菌在生长过程中产生氧化酶,往培养基生长了24~48 h的菌落上滴加氧化酶试剂,淋球菌菌落的颜色可变成紫红乃至黑色。

方法:直接在淋球菌分离平皿上滴加氧化酶试剂后变成紫红色菌落为氧化酶试验阳性;亦可挑取可疑菌落于一干滤纸条上,滴加试剂,涂菌处变成红黑色者为阳性。

结果:淋球菌氧化酶试验阳性,但氧化酶试验阳性者并不完全是淋球菌。

(2)过氧化氢酶试验

原理：淋球菌在生长过程中产生过氧化氢酶，该酶能使过氧化氢迅速分解成水和氧气，出现气泡。

方法：取可疑菌落于一干滤纸条上，滴加30%过氧化氢溶液，或直接滴加于可疑菌落表面。

结果：若在1 s内产生大量气泡，为阳性反应。反应迟缓或气泡弱为阴性反应。此试验阴性可排除外淋球菌。

6.鉴定试验(糖发酵试验)

原理：糖发酵培养基中除供给淋球菌生长所需的营养外，还有各种糖类和指示剂，淋球菌有分解葡萄糖的酶类，可分解葡萄糖产酸使培养基的pH值降低，因而指示剂颜色会发生改变。如酚红由红变黄，溴甲酚紫由紫变黄。

方法：(1)用无选择性的巧克力或哥伦比亚琼脂平皿(含5%马血或羊血)转种受检菌株，已获得纯菌。挑取培养18~24 h的纯菌2满环混悬于0.34~0.4 mL缓冲平衡盐指示溶液(BSS)中，制成浓浊混悬液。每升BSS中含磷酸氢二钾0.4 g，含磷酸二氢钾0.1 g，氯化钾8 g，酚红0.6 g，pH值为7.1~7.2，过滤灭菌后储于4 ℃冰箱备用。(2)用5支小试管，在1—4管中分别加入20%经过灭菌的葡萄糖、麦芽糖、蔗糖和乳糖溶液各0.05 mL。第5管不加糖(对照管)。(3)每管加0.1 mL BSS。(4)每管加0.05 mL悬液，充分混匀。在37 ℃孵育4 h，观察结果。

结果：淋球菌发酵葡萄糖，不发酵其他糖。因此，只有使葡萄糖管的pH值下降，颜色由红变黄。其他糖管颜色不变。

注意事项：用于发酵试验的糖纯度要高，菌要纯。应使用18~24 h培养物，超过24 h易产生假阴性。

7.药敏试验

在培养阳性后进一步作药敏试验。用纸片扩散法(K-B法)做敏感试验或用琼脂平皿稀释法测定最小抑菌浓度(MIC)，以指导选用抗生素。

8.产青霉素酶淋球菌菌株(PPNG)的测定

某些淋球菌菌株获得耐药质粒后产生β-内酰胺酶。该酶能分解青霉素，使培养基的pH值降低而发生颜色改变。用纸片酸度定量法，使用whatmanI号滤纸，菌株能使其颜色由紫变黄，阳性为PPNG，无变化阴性为N-PPNG。

四、抗原检测

1.固相酶免疫试验(EIA)

可用来检测临床标本中的淋球菌抗原，不能作培养或标本经长时间运送时使用，可以用于女性人群中淋球菌感染的诊断。

2.直接免疫荧光试验

原理：将淋球菌抗血清(单克隆抗体)用荧光素标记，当遇到淋球菌(抗原)时，抗体与抗原结合，在荧光显微镜下可见到发苹果绿色荧光的菌体。

方法：将可疑菌涂片加热固定，把试剂(工作液)铺于涂膜上，放于湿盒内，置室温作用5 min，再用磷酸盐缓冲液轻轻淋洗，等干燥后，滴加1滴甘油封固液，盖上盖玻片，在荧光显微镜下观察。同时涂一张涂片做革兰染色，作为对照。

结果:标本为阳性时,在荧光显微镜下可见到发苹果绿色荧光的双球菌。通过检测淋球菌外膜蛋白I的单克隆抗体作直接免疫荧光试验。但目前对男女两性标本检出的敏感性不高,特异性差。故本试验尚不能推荐用来诊断淋球菌感染。

五、基因诊断

1.淋球菌的基因探针诊断

淋球菌的基因探针诊断所用的探针有质粒DNA探针、染色体基因探针和RNA基因探针。

2.淋球菌的基因扩增检测(PCR)

PCR法及为敏感,所以操作应有严格的防污染措施。以上讲的探针诊断技术检测淋球菌的方法,虽然比培养法在灵敏度、特异性、方便性方面有了很大的提高,但其仍有一定的局限性,多数情况下需要标本的淋球菌浓度很高。而PCR技术和连接酶联反应的出现进一步提高了检测的灵敏度,它具有快速、灵敏、特异、简便的优点,可直接检测临床标本中极微量的病原体。因为过于敏感,所以操作应有严格的防污染措施,目前不作为常规诊断方法。

第二十一章　性病检查常用培养基和染液

一、梅毒诊断用

1. VDRL缓冲液(pH值 6.0±0.1)

福尔马林(中性)	0.5 mL
Na_2HPO_4	0.037 g
KH_2PO_4	0.17 g
NaCl	10.0 g
蒸馏水	1 000 mL

2. VDRL抗原配制

(1)吸取0.3 mL VDRL缓冲液置30 mL小瓶。

(2)吸取0.3 mL VDRL抗原迅速滴入小瓶内VDRL缓冲液中(约4 s),随后摇动10 s,使之混匀。

(3)立即加2.4 mL VDRL缓冲液,盖上瓶盖,快速振摇小瓶10 s约30次,即为VDRL抗原,此抗原仅可用1 d。

3. Fontana-Tribondean镀银染色

(1)罗吉固定液:冰醋酸1.0 mL,甲醛溶液2.0 mL,蒸馏水100.0 mL。

(2)鞣酸媒染剂:鞣酸5.0 g,石炭酸1.0 g,蒸馏水100.0 mL。

(3)Fontana银溶液:硝酸银5.0 g,蒸馏水100.0 mL。

临用前,取硝酸银溶液20.0 mL,逐渐滴入10%氨液使之形成棕红色沉淀经摇匀后恰能重新完全溶解为止。此时,溶液清亮,再加入硝酸银溶液数滴,至溶液摇均后仍显轻度混浊为止。此液应在临用前配制,不可预制。

二、淋病诊断用

1.美兰染色

将美兰0.3 g加到30 mL 95%乙醇中,混匀,加入蒸馏水100 mL及10% KOH溶液0.1 mL,混合即成碱性美兰溶液。

2.革兰染液

第一液(结晶紫染液):结晶紫2 g加到95%乙醇20 mL中,配成结晶紫饱和液。再称取草酸铵0.9 g加入80 mL蒸馏水中,配成1%草酸铵溶液。然后将上述溶液混合过滤。

第二液(碘媒染液):称取碘1 g,碘化钾2 g,加水少许摇匀,溶解后再加水至300 mL。

第三液(乙醇脱色剂):95%乙醇或乙醇丙酮(7:3)混合液。

第四液(复红或沙黄复染液):称取碱性复红1 g加95%乙醇100 mL,置室温24 h,过滤,加蒸馏水900 mL。或用2.5%沙黄乙醇溶液10 mL加蒸馏水90 mL。

3.T-M培养基

(1) 成分

GC基础培养基粉：36 g/1 000 mL。

V-C-N抑菌剂：每1 000 mL添加2瓶（每瓶含万古霉素1.5 mg，多黏菌素3.75 mg，制霉菌素6 250单位，甲氧苄啶2.5 mg）。

Vso-Vitalex增菌剂：每1 000 mL添加2瓶。

血红蛋白粉（用新鲜脱纤维羊血替代可不加Vso-Vitalex增菌剂）。

(2)配制

①制备双倍浓度的基础培养基：将GC基础粉36 g溶于488 mL蒸馏水中（用1 000 mL烧瓶），充分混匀，加热搅拌直至煮沸1 min，使其完全溶解。

②将20 g血红蛋白粉加少许蒸馏水研成糊状，再逐步加入蒸馏水至488 m1制成溶液。

③将上述两液分别于121 ℃高压灭菌15 min后，冷却到50 ℃左右备用。

④V-C-N抑菌剂：每安瓿抑菌剂以无菌手续加入蒸馏水2 mL，摇动，使充分溶解。

⑤Vso-Vitalex 增菌液：每安瓿增菌液加入所附的稀释液10 mL，使溶解。

⑥无菌手续将GC基础培养基488 mL、血红蛋白溶液488 mL、抑菌剂4 mL和增菌液20 mL混合（pH值7.2），倾注平皿凝固后置4 ℃存储备用。

⑦新鲜脱纤维羊血替代血红蛋白粉法：新鲜脱纤维羊血置37 ℃预温，将GC基础粉36 g溶于876 mL蒸馏水，121 ℃高压灭菌15 min后，冷却到50 ℃左右，加人抑菌剂和增菌液各2瓶，再加入100 mL羊血，混匀，倾注平皿凝固后置4 ℃存储备用。此方法配制方便，营养丰富，更适合淋病奈瑟菌生长。

4.氧化酶试剂（盐酸四甲基对苯二胺或盐酸二甲基对苯二胺）

(1)贮存液

盐酸四甲基对苯二胺	1 g
95%乙醇	100 mL

混匀后避光、4 ℃存储备用。

(2)工作液

贮存液	1 mL
蒸馏水	2 mL

每日配制新鲜的工作液（无色或很淡的紫色），此液在空气中缓慢氧化呈紫色。

(3)糖发酵培养基

①成分［缓冲平衡盐指示溶液（BSS，1 000 mL配方）］

K_2HPO_4	0.4 g
KH_2PO_4	0.1 g
KCl	8 g
酚红	0.6 g

pH值调至7.1~7.2。高压灭菌后置4 ℃存储备用。

②配制：葡萄糖、麦芽糖、蔗糖、乳糖（AR级）配置成20%水溶液，各种糖用不同的颜色作上标记，过滤灭菌后取0.05 mL分装于0.6 mL的Eppendorf管中，4 ℃或更低温度保存备用。

三、生殖道沙眼衣原体感染诊断用

1.胰酶—EDTA液

(1)无Ca^{2+}、Mg^{2+}磷酸盐缓冲液(PBS)

NaCl	8.0 g
KCl	0.2 g
Na_2HPO_4	1.15 g
KH_2PO_4	0.2 g
蒸馏水	1 000 mL

混合均匀后,121 ℃高压灭菌20 min。

(2)胰酶—EDTA液

胰蛋白酶	0.1 g
EDTA·4Na	0.04 g
PBS(无Ca^{2+}、Mg^{2+})	200 mL
0.5%酚红	0.2 mL

混合均匀,滤膜过滤除菌后,分装小试管,于-20 ℃保存备用。

2.蔗糖—磷酸盐标本运送培养基(2SP)

(1)培养基1

K_2HPO_4	2.1 g
KH_2PO_4	1.1 g
蔗糖	68.5 g
蒸馏水	1 000 mL

pH调至7.2。过滤除菌,储存于-20℃,保存数月。

(2)培养基2

上述液体	90 mL
胎牛血清	10 mL
庆大霉素	10 mg
万古霉素	10 mg
两性霉素B	0.5 mg

无菌操作,混合后4 ℃保存2周,-20 ℃保存数月。

3.衣原体生长培养基(1000 mL)

Eagle's MEM	14.49 g(含1.5 g/L $NaHCO_3$,无谷氨酰胺)
胎牛血清	100 mL
谷氨酰胺(100×)	10 mL
HEPES(1 mol/L)	20 mL
庆大霉素	10 mg
万古霉素	25 mg
制霉菌素	25 μg

7.5%碳酸钠调整pH值至7.4。双蒸馏水至1 000 mL。

4.衣原体分离培养基

衣原体生长培养基	1 000 mL
葡萄糖	0.59 mg/mL
放线菌酮	2.0 mg

5.碘染色液

碘化钾15 g溶解于95%乙醇50 mL中，加入5 g再升华碘，待溶解。加蒸馏水50 mL过滤于棕色瓶。

6.姬姆萨染色液（储存液）

姬姆萨粉	0.5 g
甲醇	33.0 mL
甘油	33.0 mL

将姬姆萨粉溶解于甘油中，55~60 ℃加热90 min，使染料充分溶解，再加入甲醇，棕色瓶保存备用。使用时将储存液用蒸馏水以1:23配制成工作液。

四、生殖器疱疹诊断用

1.细胞生长培养基（1 000 mL）

Eagle基础培养基（EBM）	900 mL
胎牛血清	100 mL
HEPES	20 mmol
庆大霉素	50 mg
两性霉素B	5 mg

2.细胞维持培养基

在细胞生长培养基的基础上，将胎牛血清的浓度由10%改为2%。

五、软下疳诊断用

1.炭琼脂培养基

(1)培养基成分（国外有成品出售）

血红蛋白	10.0 g
Columbia琼脂	40.0 g
Sigma活性炭	2.0 g
BBL Iso Vitalex	10.0 mL
万古霉素（溶于无菌蒸馏水）	5 mL(6.4 mg/10 mL)
无菌胎牛血清	50 mL
蒸馏水	1 000 mL

(2)配制方法

将血红蛋白粉溶解于400 mL的蒸馏水中（此液为A液），放置冰箱中过夜或研磨，使用前121 ℃高压灭菌15 min。

取Columbia琼脂、Sigma活性炭溶解于600 mL的蒸馏水中（此液为B液），混匀，使用前121 ℃高压灭菌15 min。

将A液加至B液混匀，冷却至50 ℃左右，以无菌操作加入无菌的胎牛血清混匀，分装于直径为65 mm灭菌平皿13 mL。

胎牛血清和万古霉素均采用过滤除菌。

2. H-ducreyi运送培养基(BM-SGA)

(1)MB成分

Na_2HPO_4	10.0 g
$Mg(NO_3)_2$	0.1 g
KH_2PO_4	2.0 g
NaCl	5.0 g
$CaCl_2$	0.1 g
血红素	0.2 g
巯基乙酰钠	1.0 g
Bacto琼脂	5.0 g
蒸馏水	990 mL

(2)SGA成分

SeO_2	0.003 mg
万古霉素	3 mg
L-谷酰胺	3 mg
白蛋白V成分	2.0 g
蒸馏水	10 mL

(3)配制方法

BM成分于121 ℃灭菌15 min,冷却至50 ℃待用。SGA成分采用0.45 μm滤膜过滤除菌,无菌操作加入到BM溶液中混匀,分装于带螺旋盖的无菌管内,每管6 mL,4 ℃可用30 d。

3.盐酸δ-氨基-γ-酮戊酸试剂

盐酸δ-氨基-γ酮戊酸	0.34 g/L(2 mmol/L)
$MgSO_4 \cdot 7\ H_2O$	0.2 g/L(0.8 mmol/L)

4. 0.1 mol/L pH值6.9磷酸盐缓冲液

Na_2HPO_4	9.37 g
KH_2PO_4	4.64 g
蒸馏水	1 000 mL

5.厌氧菌硝酸盐培养基

硝酸钾	2.0 g
Oxoid细菌学蛋白胨	5.0 g
蒸馏水	1 000 mL

第二十二章 皮肤组织病理检查

结合临床症状做皮损的病理检查是诊断皮肤病的一个重要手段，并且能够辅助治疗，判断预后。

【适应证】

1.有高度病理诊断价值的皮肤病，如皮肤肿瘤，尤其是恶性皮肤肿瘤，不仅可以明确肿瘤的性质，还有助判断肿瘤恶性程度、范围、深度等。

2.有重要病理诊断价值的皮肤病，如扁平苔藓、大疱性皮肤病、肉芽肿性皮肤病、结缔组织病等。

3.具有病原体的皮肤病，如深部真菌病、皮肤黑热病、麻风及皮肤结核等。

4.诊断不清，具有明确皮肤损害的皮肤病。

【皮损的选择】

1.一般挑选新鲜、早期成熟、具有代表性的典型损害。

2.应尽量取原发损害，同时取一部分正常皮肤，以便与病变组织作对比。

3.对水疱性、脓疱性损害，应选择早期皮损，取材时应保持疱的完整性。

4.环形损害应在边缘取材，当同时存在不止一种损害时，应各取其一作检查。

5.为观察疗效，疗后的标本应在疗前取材的同一部位采取。

6.取材最好能包括皮下组织。

【取材方法】

1.取材部位应尽量选择在日后形成瘢痕不易察见处。

2.常规消毒皮肤后用1%~2%盐酸普鲁卡因或0.5%~2.0%盐酸利多卡因局麻。

3.取材较深、较大的组织，选择外科手术法，以利刀作菱形切口，刀与皮面垂直，切口方向应与皮纹一致。取较小组织或外科手术法取材困难者，选钻孔法，根据皮损大小选择合适孔径的钻孔器，一般多采用直径4 mm的环钻。

4.应尽量不损伤组织，避免用镊子直接夹取皮损组织，用针头挑起标本或小齿镊轻夹标本边缘，将标本从底部切断。

5.缝合切口，5~7 d后拆线。

【标本的处理】

切下组织块立即放入10%福尔马林液固定。怀疑有病原体者，切一半作培养，如怀疑真菌感染的皮肤病，取材的一半作组织病理检查，另一半作真菌培养。对大疱病及胶原病的皮损，取材的一半作组织病理检查，另一半作直接免疫荧光检查。

【染色种类】

1.普通染色法即HE染色,适用于一般检查,最常采用。

2.特殊染色法

(1)Van Gieson染色:平滑肌纤维呈黄色,胶原纤维显示红色。

(2)weigert染色:弹力纤维示暗蓝色至黑色。

(3)P.A.S染色:真菌壁和基底膜示红色或紫红色。

(4)结晶紫染色:淀粉样蛋白示紫红色。

(5)刚果红染色:淀粉样蛋白示橙红色。

(6)硫堇黏液染色:黏蛋白示紫红色。

(7)阿申兰染色:酸性粘多糖呈蓝色。

(8)姬姆萨染色:肥大细胞颗粒示异染性紫红色。

(9)苏旦III染色:需作冰冻切片,脂肪示橙红色。

【注意事项】

1.取材的大小,深浅应适宜,有些病变如结节红斑、硬红斑及脂膜炎取材必须深达皮下组织。

2.对需包括皮下组织的活检标本,应采取外科手术法切除,而不宜用环钻法。

3.有的疾病的确诊需多次取材,如蕈样肉芽肿。